大型活动食品安全风险防控丛书

国家重点研发计划项目“重大活动食品安全风险防控警务模式及关键技术研究”（2018YFC1602700）结项成果

危害食品安全犯罪刑法规制研究

张伟珂　著

中国人民公安大学出版社
·北　京·

图书在版编目（CIP）数据

危害食品安全犯罪刑法规制研究 / 张伟珂著 . —北京：中国人民公安大学出版社，2023. 6

（大型活动食品安全风险防控丛书 / 李春雷主编）

ISBN 978-7-5653-4667-5

Ⅰ. ①危…　Ⅱ. ①张…　Ⅲ. ①食品安全—刑事犯罪—研究—中国　Ⅳ. ①D924. 364

中国国家版本馆 CIP 数据核字（2023）第 045671 号

危害食品安全犯罪刑法规制研究

张伟珂　著

出版发行：中国人民公安大学出版社
地　　址：北京市西城区木樨地南里
邮政编码：100038
经　　销：新华书店
印　　刷：天津盛辉印刷有限公司

版　　次：2023 年 6 月第 1 版
印　　次：2023 年 6 月第 1 次
印　　张：17
开　　本：787 毫米×1092 毫米　1/16
字　　数：276 千字

书　　号：ISBN 978-7-5653-4667-5
定　　价：89. 00 元

网　　址：www. cppsup. com. cn　www. porclub. com. cn
电子邮箱：zbs@ cppsup. com　zbs@ cppsu. edu. cn

营销中心电话：010-83903991
读者服务部电话（门市）：010-83903257
警官读者俱乐部电话（网购、邮购）：010-83901775
教材分社电话：010-83901837

大型活动食品安全风险防控丛书
编委会

总　序

党的十八大以来，我国积极参与全球治理，相继在各地举办各类大型活动，逐渐成为国际政治、经济、文化交流的重要舞台。这类大型活动，人员规模大、政治规格高，举办期间餐饮服务供应人数众多、对象特殊、用餐集中，极易发生食品安全事件。如何科学地开展食品安全风险评估和针对性防控，受到历次大型活动承办方和食品安全保障部门的高度关注。但总体上，正如2019年5月公开发布的《中共中央国务院关于深化改革加强食品安全工作的意见》指出的，当前“我国食品安全形势依然复杂严峻。微生物和重金属污染、农药兽药残留超标、添加剂使用不规范、制假售假等问题时有发生。而且，新业态、新资源潜在风险增多”。与此同时，现代技术、文化冲突、社会割裂裹挟而来的公共风险，亦极大地增加了此类活动中食品安全风险防控和警务保障压力。“一地一事一策”“人海式被动应对”的现有警务模式，难以有效解决毒害危险物难防范、难预警、难处置等问题。为此，大型活动食品安全风险防控工作对技术与警务深度融合的新型执法模式需求迫切。

在此背景下，“十三五”国家重点研发计划“食品安全关键技术研发”重点专项2018年度项目申报指南中，第一次列出针对此类活动食品安全风险防控的重点研究项目——“重大活动食品安全风险防控警务模式及关键技术研究”，并面向全国公开招标。对此，我们高度重视并积极跟进，经过多轮研讨、磋商，最终组成了由中国人民公安大学牵头，中国检验检疫科学研究院、国家食品安全风险防控中心、北方工业大学、公安部物证鉴定中心、北京工业大学、国家粮食和物资储备局科学研究院、北京市疾病预防控制中心、中国仪器仪表学会、北京维德维康生物技术有限公司、江苏华安博远检测技术有限公司等大学、科研院所及科技公司参与的学科专业交叉、产学研用一体的项目申报组，我则以主持人身份具体负责组织论证、研究任务分工以及撰写申请书、带队答辩等工作。经过紧张准备、反复研讨、不断修改完善申报书，最终顺利通过管理部门的审核与专家组的问询、答辩。2018年12月，为期三年的项目研究合同书正式签定。之后，来自全国十一家科研单位的近百名研发人员，历经三年多的实地调研、扎实研究、成果应用示范，终于依约、保质、保量地圆满完成各项研发任务。2022年8月，项目组顺利通过科技部组织的综合绩效评价。本套十卷本丛书，亦即该项目研究成果的集中梳理与展现。

该项目的主要任务和研究目标，就是针对大型活动食品安全风险防控需求，研究毒害危险物现场快检与精准检测、毒害危险物全链条防范、警务情报信息综合研判、现场救援与应急处置等关键技术，达到“风险防范全面准确、危机预警确切及时、情报研判动态智能、应急处置协调高效”的技术要求，建立科学化、规范化、信息化的警务执法模式，实现对毒害物全链条防范、实时精准检测和食品案（事）件的智能研判与高效处置，显著提升大型活动食品安全风险防控能力与效益。由此，本套丛书的内容主要涵括：其一，以大型活动食品安全风险防控体系及其相应的危机处置警务模式为主要研究内容，以保障大型活动食品安全为目标，紧密结合食品安全风险危害和应急处置的实践需要，以低成本、可复制、可推广的风险防控体系与危机处置警务模式为出发点，进行了大型活动食品安全风险防控基础理论与警务执法模式研究；其二，以乳与乳制品、肉及肉制品、蔬菜等大型活动常见的食品基质为研究对象，进行了食品中毒害危险物现场快检与精准检测关键技术研究；其三，以大型活动中五类食品（粮食及其制品、肉及肉制品、乳与乳制品、果蔬、水产品）中的重金属、农兽药、致病微生物、真菌毒素及非法添加毒害物为研究对象，对大型活动食品毒害危险物全链条防范技术进行了研究；其四，为了对大型活动食品安全风险的预测预警提供强力支撑，研究了基于人工智能与复杂系统定性定量综合集成的情报信息综合研判技术；其五，着眼于食品安全保障中不法行为的刑法评价，从规范与经验两个视角对大型活动中食品安全问题的应急处置、事后处罚进行探讨，梳理提炼既往的司法处置经验并提出相关犯罪的认定标准；其六，针对大型活动中食品安全警务执法模式的应用示范，分别从应用示范点的筛选、应用示范流程、典型示例等多方面开展论述与分析。①

总体上，本套丛书涉及大型活动食品安全风险防控的体系与模式、技术与

① 在上述工作基础上，项目组还研发了大型活动食品安全现场救援、应急处置的集成化警务关键技术、应急标准及警务系统。但因相关内容较为敏感，故未收录到本套丛书中。

标准、模型与装备、数据库与平台以及综合成果的应用示范。一定意义上，相关成果填补了该领域高危毒害物国家检测标准空白，强化了食品安全防控效果；构建了低成本、可推广、高效率的食品安全防控警务机制，优化、节约了执法资源。希望本套丛书的出版，在促进大型活动食品安全风险防控的同时，也能更大程度上推动相关成果的外溢和转化，助力提升食品安全日常行政监管与刑事治理工作，全链条推进我国从农田到餐桌的食品安全！

大型活动的食品安全风险防控工作，涉及多学科、多专业、多部门，加之相关工作的高度敏感性，项目组对相关问题的认识未必十分精准，所提出的对策建议及相关研发成果，也未必全都能切合实际。为此，亦请业内理论与实务部门的各位领导和专家，对丛书的相关内容多加批评指正，我们将在后续再版工作中，及时修改完善。

中国人民公安大学犯罪学学院　教授
食品药品与环境犯罪研究中心　主任
2023 年 6 月于北京木樨地

强化食品安全制度保障
推进刑事规制范式转型

（代序）

在食品安全问题上，“无法证明安全的食品，就是有安全风险的食品”应该成为危害食品安全违法犯罪治理的基本信条，并成为处理法律规范与实践科学之关系的基本原则。因为食品不同于普通商品，其侵权责任评价也不同于一般侵权行为的认定，故而在食品安全犯罪治理上，不仅需要强有力的法律保障，而且需要治理理念、法律观念、保障机制等全方位的调整。经过多年持续不断地有力推进，全国食品安全形势整体趋于好转，但个中存在的问题也开始逐渐暴露出来。停留在传统犯罪框架下的司法治理理念，在应对食品安全这一专业性极强的犯罪类型时，不可避免地遭遇了诸多困境。我们在调研中注意到，地方执法部门在有限的权限范围内，曾积极探索食品安全保障的新模式、新机制，而对这些举措进行系统审视与观察，有助于构建科学有效的食品安全刑事规制范式。

一、地方代表性探索与实践

在惩治危害食品安全犯罪方面所取得的积极成效，与全国各地食品安全执法司法部门的积极探索密不可分。从全国范围来看，这些新模式、新机制涵盖面广、成效显著，对于顶层设计具有重要的实践意义。

队伍建设是保障食品安全的核心问题。面对复杂、严峻的犯罪形势，成立专业化的犯罪侦查队伍，成为近年来公安机关严厉打击危害食品安全犯罪的重要抓手。2019年年初，公安部组建了食品药品犯罪侦查局，统一承担打击食品、药品和知识产权、生态环境、森林草原、生物安全等领域犯罪的职责。而在此前，全国多地公安机关已经对专业队伍建设模式进行了积极探索。例如，山东、北京、河北、山西等八个省市在省公安厅（局）设立了专门的食品犯罪侦查总队，天津在刑侦总队下设专门的食品犯罪侦查支队，而浙江、江苏、湖北等地也在省公安厅治安总队加挂了食品犯罪侦查总队的牌子。这些专业队伍建设，有力地推动了危害食品安全犯罪侦查，提高了犯罪治理的效率。

准确评估食品安全监管中的安全风险，是食品安全执法与司法认定中的关键问题。然而，我国食品安全标准体系和食品安全风险评估机制定位上的偏差，直接导致危害食品安全犯罪司法认定普遍存在取证难、认定难、处罚难等问题。为此，上海市有关部门进行了机制上的创新探索，在市药品和医疗器械不良反应监测中心设立了食品药品安全专家库，要求对涉嫌“生产、销售不符合安全标准的食品”“生产、销售有毒、有害的食品”等需要开展食品安全风险评估认定的案件，由各级食品药品监管部门、公安机关统一委托监测中心进行风险评估认定。监测中心组建由医学、药学、农业、食品、毒理、化学、微生物、营养学等方面的专家组成的食品药品安全专家库，从食品药品安全专家库中选取专家，依照有关法律法规、技术标准和相关专业技术，对涉案物品来源、检验项目、检验方法、检测数据或者涉案物品特征进行科学分析后，出具风险评估认定意见，从而使上述难题在一定程度上得到了有效解决。

利用互联网实施犯罪是近年来危害食品安全犯罪的发展趋势，给运用传统侦查手段打击犯罪的公安机关提出了新的挑战。据公安部官网消息，2017年上半年，各地破获危害食品安全犯罪案件中涉互联网犯罪案件占40%以上。① 为了在传统法律规范框架下处理互联网犯罪的新问题，山东省公安机关积极探索打击危害食品安全犯罪新模式。针对互联网危害食品安全犯罪中存在的侦查取证难度较大、数据共享应用不到位等新挑战，山东省公安机关积极探索、主导创建了公安机关—行业协会—技术公司—行政机关—科研院校相互协作配合的社会协作机制（简称PITEC协作体系），即在打击涉网危害食品安全犯罪中，与行业协会合作，利用技术公司同步结构化处理数据、自动模型碰撞比对以及智能化分析研判，与其他行政部门形成联动机制；同时，与科研院所全面

① 《全国公安机关重拳打击涉互联网食品安全犯罪》，https：//app. mps. gov. cn/gdnps/pc/content. jsp？id=7477072，访问日期：2020年6月8日。

加强科技合作，探索食品检验检测的方式、方法，提高涉案食品检验检测的科学性、权威性。可以说，山东省公安机关进行探索的突出特点就是运用“互联网+”思维，以地方性立法为基础，推动区域执法的规范设计，加强食品安全领域社会资源的共享，从而形成社会共治的良好局面。

当然，除了在技术层面为食品安全监管提供科学保障以外，也有地方部门注重从规范层面为食品监管提供法治保障。尤其是面对食品安全类司法解释适用中出现的诸多争议，积极加强规范建设，通过地方立法的形式探索解决路径。比如，浙江省有关部门积极发挥主动性，针对实践中的新问题相继发布了《关于简化刑事案件管辖对接问题的意见》《关于办理部分生产、销售伪劣食品刑事案件具体适用法律有关问题的会议纪要》等规范性文件，从而提高了违法犯罪认定标准的统一性，在实现执法、司法公正的同时也提高了执法办案的效率。

二、当前面临的结构性问题

在笔者看来，上述颇具代表性的地方性探索是有关部门面对司法困境作出的积极应对，但客观而言，这些困境更多反映出了食品安全监管中的结构性问题，不仅涉及队伍建设这一主体性要素，还关系执法标准、执法规范等法治问题。

一是作为执法基础的食品安全国家标准不健全，不仅影响了食品安全监管的有效性，而且侵害了食品安全监管的科学性。国家食品安全标准不健全并非一个新的话题，但从食品药品执法来看，食品安全标准不完善不仅表现在指标更新慢、缺失严重，而且还表现为食品安全标准的单一性和食品安全违法、犯罪二元治理机制的不协调。我国的食品安全标准只注重行政监管而缺乏对刑事犯罪认定标准的直接评价，导致危害食品安全犯罪中伪劣食品危险性评价的权威性严重不足。当然，这也凸显出食品安全风险评估机制的定位问题——过于注重政府管控领域的宏观指导，忽视了在非法从事食品生产经营活动这一微观层面上的具体应用，导致行政执法部门与刑事司法部门在联合打击犯罪中难以形成有效合力。就此而言，上海市建立的药品和医疗器械不良反应监测中心在回应这一难题上颇具针对性。

二是食品安全监管主体的队伍建设严重滞后，在一定程度上影响了法律的实践效果。食品安全违法犯罪认定的特殊性在于，执法部门需要通过专业的检验报告、鉴定意见来证明违法犯罪行为的性质和程度，尤其是证明不法行为与危害后果的关联性以确定行为的危害性，进而准确进行处罚。但是，司法实践中存在缓刑比例高、轻刑比重大等问题表明，危害食品安全犯罪司法治理严重背离了从严治理的食品安全刑事政策。这一问题表面上是违法犯罪案件办理中的证据问题，但实质上是缺乏专业队伍对食品安全执法的专业性问题进行研究。只有在证据收集、固定的模式和方法上进一步提升，才能为依法认定违法犯罪事实提供支持。这一点，也可以对比山东等地公安机关办理危害食品安全犯罪案件所取得的成效来加以理解。

三是作为食品安全法律规范的科学性不足，严重影响危害食品安全犯罪的治理与防范。在食品安全领域，一定程度上存在“缺什么立什么”的立法思维。然而，食品安全立法的特殊性并不是纯粹的法律问题，而是与食品安全科学规律具有密切联系的。比如说刑法中有毒、有害的非食品原料的认定问题，就不是通过刑事立法、司法解释所能完全解决的，而是需要兼顾科学的风险评估和认定，否则极易引起司法争议。实践中，我们多运用传统注释法学思维，形式化解释科学问题，带来技术与规范的冲突与矛盾，这不仅导致食品安全领域行政违法与刑事犯罪重合，而且使刑事犯罪的界限变得模糊。也正是基于此，浙江、江苏等地通过制定地方规范性文件的方式来探讨规范标准，进行了一种积极探索。

三、规制范式的实践转型

要突破食品安全监管所面临的结构性问题，必须积极推动食品安全规制范式的转型，注重以科学主导顶层设计，向科学立法、精细司法转变，突出科技在危害食品安全犯罪治理中的主导地位，提高违法犯罪防、管、控的长效性和权威性。

一要强化安全技术应用，为食品安全刑事保障提供科学的基础支撑。

（1）完善食品安全国家标准，积极认可食品安全地方标准、行业标准在食品安全违法犯罪认定中的效力，并适时推动地方标准、行业标准国家化。

（2）推动食品安全风险评估在个案中的应用。透过危害识别、特征描述、暴露评估、风险特征，判断危险因素对人体产生不良影响的程度，确定是否需要对不法行为予以刑事归责以及归责程度，为依法处罚提供科学依据，提高违法犯罪治理科学性。

（3）建立食品安全司法鉴定制度。尽快建立食品安全司法鉴定机构，从根本上解决食品安全诉讼活动中亟须解决的专门性问题，如确定食源性疾病、食品安全事故的性质、范围、程度及其与相关行为之间的因果关系等，从而为违法犯罪行为的认定及处罚提供科学支撑。

二要加强执法队伍建设，为食品安全保障提供专业的人才支持。食品安全监管队伍建设应当注重人员优势向专业优势转变，从形式独立向内涵建设转变，建立熟悉食品安全问题的执法队伍。

（1）提高行政监管队伍的规范化。近年来的机构整合在提高执法效率方面发挥了积极作用，同时队伍执法规范化问题也日益突出。以执法规范化为引导加强队伍建设，才有助于提升监管效率和公信力。

（2）提升食品安全犯罪侦查队伍的专业化。与行政监管力量不同，食品安全问题的专业性是食品安全犯罪侦查队伍面临的突出问题，但从近两年的情况来看，许多地方的食品犯罪侦查队伍并未完全从其他警种中独立出来，而此前已建立的专职队伍个别地区甚至还有弱化的迹象。因此，强化食品安全犯罪侦查队伍的专业化建设，提升执法规范化水平，是必须着力解决的问题。

三要转变立法司法理念，为食品安全刑事规制提供科学的制度保障。

（1）立法层面，应改变既往的工具刑法理念，树立行政法律规范与刑事法律规范相协调的一体化立法观念，以食品安全法为基础构建相互衔接的刑事立法体系，形成科学、严密的犯罪治理网络。

（2）司法层面，应正确认识食品安全违法认定的特殊性，注重规范解释向规则创新转变，避免过于注重对疑难问题的形式解释而导致问题处置的表面化。从实践来看，有关部门应当通过发布指导案例等形式，探索适合食品安全违法犯罪治理规律的证据规则、证明标准等，在应对传统犯罪的基础上创新食品安全这一非传统安全问题的治理策略。

近年来，笔者持续关注危害食品安全犯罪刑事治理状况，相继发表了一些研究成果，探索治理范式转型之路。这些内容既有规范层面的反思，也有对司法规则的探讨。拙见汇集于此，并结合最新的立法司法动向进行系统修订，可归纳为两部分：一是关于危害食品安全犯罪立法与司法状况的经验性研究，侧重于从宏观视角分析危害食品安全犯罪刑事治理的实践经验；二是关于危害食品安全犯罪相关罪名的教义学研究，对不法行为评价、行为对象的规范认定、因果关系认定规则以及主观明知的司法推定等具体规范问题进行阐释。当然，相较于危害食品安全犯罪跨学科的庞大研究体系而言，这些议题只是其中的一方小天地，但伴随着食品安全战略的深入推进，如何在刑事法治层面积极探索规范化保障路径，仍大有可为。

2022年6月10日

目录

上　篇

危害食品安全犯罪刑法规制的宏观检视

第一章 危害食品安全犯罪的刑事司法政策

随着风险社会理论、宽严相济基本刑事政策研究的日益深入，立足于公共安全视野下的危害食品安全犯罪刑事政策研究也不断拓展。在既往的研究中，学者们已经对宽严相济刑事政策在食品安全领域的具体体现，以及危害食品安全犯罪具体刑事政策对刑事立法和司法的要求进行了诸多探讨。以此为基础，笔者从“威科先行·法律信息库”选取了网络公开的2021年度全国法院系统一审已决生产、销售有毒、有害食品案，共计1103份有效裁判文书。通过对这些案例进行经验分析，探寻危害食品安全犯罪刑事司法政策的执行状况以及存在的问题，并探讨司法政策的完善路径。①

一、危害食品安全犯罪刑事司法政策的社会共识

要确定危害食品安全犯罪的刑事司法政策，不能脱离宽严相济基本刑事政策的价值导向，更不能忽视危害食品安全犯罪的社会形势。

（一）宽严相济基本刑事政策的要求

关于宽严相济刑事政策的定位，曾经面临着刑事司法政策与基本刑事政策之争。而今，学者们对该问题已无太多分歧。宽严相济基本刑事政策不仅指导我国的刑事立法，而且对刑事司法活动也发挥了重要作用。当然，任何一项公共政策的提出都不是随意的，都有特定的时代背景和政治目标，宽严相济基本刑事政策也不例外。一般认为，宽严相济基本刑事政策是为了适应社会主义和

---

① 当然，危害食品安全犯罪的类型较多，本文之所以选择生产、销售有毒、有害食品案件为样本，主要是因为其犯罪构成简单、明确；同时，在危害食品安全犯罪中，生产、销售有毒、有害食品犯罪对公共安全的威胁、侵害更具有典型性。因此，可以作为评价该类犯罪司法现状的参考。

谐社会建设对犯罪治理的新要求，在审视和反思“严打”政策、“惩办与宽大相结合”的刑事政策的基础上提出的。如果说“惩办与宽大相结合”的刑事政策具有浓重的革命政治的特点，“严打”政策蕴含着浓郁的“乱世用重典”的工具刑法思维，那么宽严相济基本刑事政策则更多着眼于社会秩序的恢复以及对人权保障的追求。也正是基于此，有学者认为，“宽严相济刑事政策的确立，是构建社会主义和谐社会的时代产物”。[①] 这也决定了该刑事政策对刑事立法和刑事司法活动提出了不同于以往的政策要求，即它强调根据社会形势和犯罪分子的不同情况，区别对待，当宽则宽，当严则严，宽严有度，处置有序，从而在源头上最大限度地减少不和谐因素，促进社会和谐。[②] 因此，与“惩办与宽大相结合”的刑事政策相比，宽严相济基本刑事政策将犯罪治理的视角从犯罪行为的社会危害性延伸到犯罪行为发生的社会环境和个人因素，强调从行为性、人身危险性以及主观恶性等多个角度来全面评价不法行为人的责任，实现犯罪惩治、犯罪预防、秩序恢复的有机统一。就此而言，宽严相济刑事政策的宽与严看似简单，却需要对类型化不法行为的危害性做出网格式的明确区分，正所谓“宽严有度”“区别对待”。

“宽严有度”是宽严相济基本刑事政策的根本要求，“区别对待”则是该刑事政策的核心。“区别对待”，意味着不能在抽象意义上讨论“当宽则宽，当严则严，宽严有度”，而应在立法层面和司法层面具体分析不同问题，以此准确把握宽严之度。对于有观点认为“从实行宽严相济刑事政策的初衷来看，在宽与严的具体关系上，我们更应当倾向于宽是基础，严是补充”，[③] 笔者难以苟同。毕竟，对于公共安全犯罪来说，宽严之分需要对立法和司法进行严谨的分析和论证，不能简单确定整个公共安全犯罪的处置策略。如果说法网应当严密，刑罚可以考虑在死刑适用等方面予以宽缓，脱离具体犯罪类型而一概要求定罪量刑以宽为主、以严为辅，就会忽略公共安全犯罪中不同犯罪类型之间的治理现状。比如对于恐怖主义犯罪，恐不能简单概括为“宽是基础，严是补充”；相反，应当坚持“以严济宽”的立场。这不仅表现在立法上要严密法网，避免疏漏，而且在犯罪处罚中要坚持严厉惩治，审慎适用从宽处罚情节。可以

---

① 赵秉志：《和谐社会构建与宽严相济刑事政策的贯彻》，载《吉林大学社会科学学报》2008年第1期。

② 参见赵秉志：《和谐社会构建与宽严相济刑事政策的贯彻》，载《吉林大学社会科学学报》2008年第1期。

③ 孙万怀、邱灵、侯婉颖：《论公共安全刑事政策的合法性》，载《政治与法律》2011年第9期。

说，虽然宽严相济基本刑事政策是在积极反思“严打”政策的基础上提出的，但不能认为它的基本立场是立足于“以宽济严”之上。当然，若抽象地将宽严相济基本刑事政策简化为“以严济宽”的政策要求，进而主张构建“严而不厉”的刑法结构，即便在逻辑上没有问题，也同样会因忽略了不同犯罪在立法和司法上的差异而不合乎规律。

基于上述分析，笔者认为，宽严相济基本刑事政策表明了一种基本的立场。一方面，在犯罪治理过程中，要避免一味从严，反对盲目的“严打”策略，更不能过于宽缓，迷信刑罚轻缓化，要坚持宽与严的协调配合。另一方面，宽严相济之道在于以宽济严和以严济宽的区分和准确适用，不宜笼统地讨论两者的主次问题。只有在具体的犯罪类型甚至同一类案件的处理中，才能根据犯罪情节、犯罪人的个体差异等确定宽与严的侧重。之所以做出区分，是因为刑事政策的目标不是为了惩治犯罪，而是在于通过准确地评价不法行为以稳定社会秩序，进而实现犯罪防控。

（二）食品安全刑事司法政策的宽严之道

作为一项具体刑事政策，危害食品安全犯罪刑事政策理应恪守宽严相济基本刑事政策的要求。只是对刑事司法政策而言，宽严之道最终必然回到定罪量刑是否做到了宽严适度、区别对待这一根本问题上。然而，基于罪刑法定原则，刑事司法政策在认定罪与非罪时难有太大灵活性，但在法定刑的适用上，刑事司法政策却可以很好地起到调节作用，实现宽严相济基本刑事政策的要求。比如说，虽然立法上危害食品安全犯罪的法定最高刑为死刑，但若实践中对此类犯罪较多地适用十年以上有期徒刑、无期徒刑甚至死刑，远远高出刑罚量的均值，就可以考虑把从宽处罚作为一项政策要求。相反，若司法上鲜用重罚，则不能仅因为立法规定就认为刑事司法政策应以从宽为主，从而弱化刑法的效果。当然，危害食品安全犯罪刑事司法政策的选择并非如此简单，既要体现宽严相济基本刑事政策的要求，也应遵循危害食品安全犯罪治理的特点，即对犯罪形势、公众态度、犯罪危害等因素进行综合考量。[①] 在笔者看来，危害食品安全犯罪刑事司法政策应当坚持以严为主的基本立场。

---

① 参见张伟珂：《刑事政策视野下食药犯罪两法衔接机制的困境与出路》，载《山东警察学院学报》2016年第2期。

首先，食品安全的犯罪形势决定了刑事司法应当以严为主。“刑事政策作为犯罪治理的策略，表达了包括政党、国家以及社会群体乃至普通公民参与犯罪治理的集体努力，是国家对犯罪态势评估以及在此基础上作出的回应性策略。”① 因此，危害食品安全犯罪形势对于我们选择有效的刑事司法政策具有重要价值。总体来看，我们当前的危害食品安全犯罪形势依然十分严峻。最高人民检察院发布的信息显示，2021 年 1～9 月，全国检察机关共起诉危害食品安全犯罪 9442 人，同比上升 21.7%。罪名主要集中在生产、销售有毒、有害食品罪，生产、销售不符合安全标准的食品罪和走私国家禁止进出口的货物、物品罪，占全部危害食品安全犯罪的 79.2%。办案发现，该类犯罪呈现非食用物质在食品中被非法使用或滥用，通过网络直播、微商等方式层层销售以及犯罪产业化、链条化趋势明显三方面趋势，需强化防范、依法打击。② 最高人民法院有关人员也表示：“我国食品安全形势总体稳中向好，但食品安全违法犯罪行为屡禁不止，人民群众反映强烈。……犯罪分子作案手段不断翻新，新型犯罪层出不穷……”③ 可以说，要彻底改变这一局面，必须强化对犯罪行为的司法治理，在及时查处犯罪行为的同时，保证科处的刑罚能够满足惩罚与预防的现实需要。

其次，食品安全的公共政策决定了刑事司法应当以严为主。“切实加强食品药品安全监管，用最严谨的标准、最严格的监管、最严厉的处罚、最严肃的问责，加快建立科学完善的食品药品安全治理体系，严把从农田到餐桌、从实验室到医院的每一道防线。”④ 这是近年来我国食品安全保障体系建设和法治发展的总体要求。而“四个最严”的标准，不仅成为最高立法机关修订《食品安全法》以及此后相关食品类法律、司法解释的基本原则，而且主导未来一段时期内危害食品安全犯罪治理的基本方向。因此，既然公共政策层面上“严”是我国食品安全发展的基本立足点，那么，危害食品安全犯罪领域的刑事司法政策概莫例外，也应当体现出“严”的一面。既要在刑事政策上贯彻最严厉的惩

---

① 石聚航：《刑事政策司法化：历史叙事、功能阐释与风险防范》，载《当代法学》2015 年第 5 期。

② 参见最高人民检察院：《检察机关依法惩治危害食品安全犯罪保障人民群众“舌尖上的安全”》，访问网址：https：//www. spp. gov. cn/xwfbh/wsfbh/202110/t20211018_532413. shtml，2022 年 3 月 15 日。

③ 安翱、高雨、肖凤：《〈关于办理危害食品安全刑事案件适用法律若干问题的解释〉理解与适用》，载《人民司法（应用版）》2022 年第 7 期。

④ 《习近平：“4 个最严”监管食品药品安全》，载《新京报》2015 年 5 月 31 日，第 A01 版。

罚和最严格的监管，也要按照最严谨的标准和最严肃的问责将法律责任予以落实。正如最高人民法院、最高人民检察院、公安部、司法部于2010年9月联合下发的《关于依法严惩危害食品安全犯罪活动的通知》所要求，“对危害食品安全犯罪分子的定罪量刑，不仅要考虑犯罪数额、人身伤亡情况，还要充分考虑犯罪分子的主观恶性、犯罪手段、犯罪行为对市场秩序的破坏程度、恶劣影响等。对于危害食品安全犯罪的累犯、惯犯、共同犯罪中的主犯、对人体健康造成严重危害以及销售金额巨大的犯罪分子，要坚决依法严惩，罪当判处死刑的，要坚决依法判处死刑；要加大财产刑的适用，彻底剥夺犯罪分子非法获利和再次犯罪的资本；要从严控制对危害食品安全犯罪分子适用缓刑和免予刑事处罚”。

再次，立法导向也表明了从严惩治的刑事政策立场。从法定刑来看，1997年《刑法》修订以来，危害食品安全犯罪一直配置较重的刑罚。典型表现就是《刑法》第144[①]条生产、销售有毒、有害食品罪的法定最高刑为死刑。然而，为了更好地保证食品安全，对现行食品安全制度加以补充、完善，《刑法修正案（八）》对刑法中主要的危害食品安全犯罪立法做了修正。一是完善刑罚配置，取消单处罚金刑和拘役刑，即取消《刑法》第143条生产、销售不符合安全标准的食品罪，第144条生产、销售有毒、有害食品罪中单处罚金刑的规定，同时取消第144条中的拘役刑。二是将严重情节作为加重处罚条件。在《刑法》第143条、第144条第二档刑罚中，增加了“其他严重情节”的构成条件；在第144条第三档刑罚中，增加了“其他特别严重情节”，删除了“对人体健康造成特别严重危害”的表述。三是完善销售金额的有关规定。为解决在适用罚金刑中有的犯罪的销售金额难以认定的问题，将原来倍比罚金制改为不再规定具体的罚金数额。[②] 除了上述修改，在该修正案中，立法机关将《刑法》第143条原罪状中的“食品卫生”改为“食品安全”，客观上因食品安全外延更为宽泛而严密了刑事治理的法网。然而，总体来看，由于此次对危害食品安全犯罪两个条款的修订以加重法定刑为主，故而体现了立法领域从“最严厉的惩治”的角度贯彻刑事政策。

最后，司法解释的制修订也体现出了从严惩治的立场。为依法惩治危害食

① 为醒目易读，除引用司法解释原文，本书涉及的法条序号皆使用阿拉伯数字。

② 参见全国人大常委会法制工作委员会刑法室编：《中华人民共和国刑法修正案（八）条文说明、立法理由及相关规定》，北京大学出版社2011年版，第81~86页。

品安全犯罪，编织严密的刑事法网，进一步加大对危害食品安全犯罪的打击力度，2013 年 5 月 2 日公布的《最高人民法院、最高人民检察院关于办理危害食品安全刑事案件适用法律若干问题的解释》（以下简称《2013 年食品解释》），[①] 主要从两个方面贯彻“最严密的监管”。首先，通过完善不法行为类型严密法网。由于刑法只是规定了生产、销售行为入罪的标准，因此，对于运输、储存伪劣食品等行为该如何处理不无争议。为此，该解释第 14 条规定了共犯的认定标准，即明知他人生产、销售不符合食品安全标准的食品，有毒、有害食品，而为其提供资金、贷款、账号、发票、证明、许可证件的，提供生产、经营场所或者运输、贮存、保管、邮寄、网络销售渠道等便利条件等，就可以按照共犯论处。由此，即便提供帮助者并未与生产、销售者在经营伪劣食品方面有共同的故意，仍然可以成立共同犯罪，由此使共犯的认定范围明显扩大。其次，通过转换证明对象降低举证难度而严密法网。成立《刑法》第 143 条规定的生产、销售不符合安全标准的食品罪，要求涉案食品足以造成严重食物中毒事故或者其他严重食源性疾病。然而，如何评估涉案食品存在这一危险，一直缺乏客观有效的评价机制，从而导致刑法规范效果难以实现。为此，该解释第 1 条以列举的方式将“含有严重超出标准限量的致病性微生物、农药残留、兽药残留、重金属、污染物质以及其他危害人体健康的物质的”食品、“属于病死、死因不明或者检验检疫不合格的畜、禽、兽、水产动物及其肉类、肉类制品的”食品、“属于国家为防控疾病等特殊需要明令禁止生产、销售的”食品以及“婴幼儿食品中生长发育所需营养成分严重不符合食品安全标准的”情形直接认定为《刑法》第 143 条中的“足以造成严重食物中毒事故或者其他严重食源性疾病”。通过这一规定，将食品安全风险这一专业性较强的证明对象转换为是否符合食品安全标准的事实证明，从而降低了公安司法机关的证明难度，提高了犯罪治理的效益。与此相类似，《2013 年食品解释》第 20 条同样以列举方式明确了《刑法》第 144 条中“有毒、有害的非食品原料”的认定标准，[②] 为公安司法机关严厉打击此类犯罪行为提供了司法保障。可以说，这些

---

① 参见陈国庆、韩耀元、吴峤滨：《〈关于办理危害食品安全刑事案件适用法律若干问题的解释〉理解与适用》，载《人民检察》2013 年第 13 期。

② 《2013 年食品解释》第 20 条规定，下列物质应当认定为“有毒、有害的非食品原料”：（1）法律、法规禁止在食品生产经营活动中添加、使用的物质；（2）国务院有关部门公布的《食品中可能违法添加的非食用物质名单》《保健食品中可能非法添加的物质名单》上的物质；（3）国务院有关部门公告禁止使用的农药、兽药以及其他有毒、有害物质；（4）其他危害人体健康的物质。

规则在犯罪治理中取得了良好效果，也使2022年1月1日起施行的新修订的《最高人民法院、最高人民检察院关于办理了食品安全刑事案件适用法律若干问题的解释》（以下简称《2022年食品解释》）基本延续了原司法解释的主要思路，同时进一步强化了从严治理的导向。

可以说，对于危害食品安全犯罪刑事司法政策的定位，我们已经形成初步共识，即应当坚持宽严相济的基本刑事政策，但在宽与严关系的处理上，应当执行从严惩治的刑事司法政策。①

二、危害食品安全犯罪刑事司法政策的运行状况

从刑事政策的确定到实施，有赖于司法人员的职业判断。在这一过程中，司法人员是否能够理性处理基本刑事政策与具体刑事政策之间的关系，以及后者对不同案件的影响，无疑是对他们法律素养的考验。为此，我们可以通过样本案件，分析食品安全刑事司法政策运行状况。

（一）生产、销售有毒、有害食品案件的量刑分析

应当说明的是，本书所选案例样本不是2021年度全国所有法院审结的生产、销售有毒、有害食品犯罪案件，一些地方法院虽然已经作出判决但未能录入网络公开平台，所以不在本书研究范围之内。但考虑到这些案件发生地几乎涵盖了全国所有的省份（宁夏、西藏、上海等省、市、自治区没有公开的案例样本）。因此，这些样本可以为我们了解全国范围内危害食品安全犯罪的司法实践状况提供有效参考。

1. 关于自由刑和生命刑的适用状况（见表1-1）

根据《刑法》第144条的规定，生产、销售有毒、有害食品的，处5年以下有期徒刑，并处罚金；对人体健康造成严重危害或者有其他严重情节的，处5年以上10年以下有期徒刑，并处罚金；致人死亡或者有其他特别严重情节的，处10年以上有期徒刑、无期徒刑或者死刑，并处罚金或者没收财产。据此，自由刑和生命刑的适用状况，成为判断该类犯罪行为量刑状况的主要指标。通过分析样本发现，在全部的1103件案例中，对第一被告人宣告缓刑的

① 参见储槐植、李莎莎：《论我国食品安全犯罪刑事政策》，载《湖南师范大学（社会科学学报）》2012年第2期。

比例高达 70.1%（如果算上所有判决人数，缓刑适用率还会大幅度提升）。而在本年度，全国生效判决人数 171.5922 万人，判处缓刑总人数 44.4332 万人，缓刑适用率为 25.9%。[①] 此外，在样本中，一审法院判处被告人 3 年以下有期徒刑、拘役[②]的案件为 999 件，约占总数的 91%；判处 5 年以下有期徒刑、拘役的案件数量为 1050 件，约占总数的 95.6%；判处 5 年以上有期徒刑的案件数量为 53 件，约占总数的 4.4%；样本中有 12 起案件被判处了 10 年以上有期徒刑，没有判处无期徒刑以及死刑的案件。如果按照刑法理论上以 3 年有期徒刑为界区分轻刑、重刑的标准来看，判处轻刑的比例（含缓刑）高达 91%；如果按照《刑法》第 144 条所规定的法定刑标准，在最低法定刑幅度内（5 年以下有期徒刑）判处刑罚的案件数量约为 95.6%。由此来看，此类犯罪中绝大多数案件是在最低法定刑幅度内裁量，而其中又有相当数量的案件适用了轻刑。

表 1-1　样本中 2021 年生产、销售有毒、有害食品犯罪第一被告人量刑情况

刑罚适用	案件数量（件）	约占比重（%）
缓刑	773	70.1
拘役	10	1
3 年（不含）以下有期徒刑	989	90

① 参见《2021 年全国法院司法统计公报》，访问网址：http：//gongbao.court.gov.cn/Details/a6c42e26948d3545aea5419fa2beaa.html，2022 年 4 月 30 日。

② 10 个被判处拘役的案件分别为：河南省洛阳市洛龙区人民法院（2021）豫 0311 刑初 236 号刑事判决书，河南省三门峡市湖滨区人民法院（2021）豫 1202 刑初 45 号刑事判决书，江苏省无锡市梁溪区人民法院（2020）苏 0213 刑初 1229 号刑事判决书，江苏省无锡市梁溪区人民法院（2020）苏 0213 刑初 1228 号刑事判决书，湖南省湘潭市雨湖区人民法院（2021）湘 0302 刑初 37 号刑事判决书，河南省林州市人民法院（2021）豫 0581 刑初 55 号刑事判决书，山东省夏津县人民法院（2020）鲁 1427 刑初 238 号刑事判决书，河南省林州市人民法院（2021）豫 0581 刑初 18 号刑事判决书，湖南省长沙市天心区人民法院（2021）湘 0103 刑初 231 号刑事判决书，江苏省无锡市梁溪区人民法院（2020）苏 0213 刑初 1221 号刑事判决书。值得注意的是，《刑法修正案（八）》已经删除了生产、销售有毒、有害食品罪中拘役刑的配置，但上述判决中仍然判处被告人拘役刑，且没有明确说明判处拘役刑的事实根据和法律依据，只是大多采用了被告人具有从轻从宽处罚情节的表述。比如，在刘某生产、销售有毒、有害食品案中，法院认为，“被告人刘某销售明知掺有有毒、有害的非食品原料的食品，其行为已构成销售有毒、有害食品罪。公诉机关的指控事实清楚，证据确实充分，指控罪名成立。被告人刘某如实供述自己的罪行，可以从轻处罚，其自愿认罪认罚，可依法从宽处理。关于辩护人提出对被告人适用缓刑的辩护意见，因本案系被告人通过网络向不特定公众销售掺有有毒、有害的非食品原料的食品，社会危害性较大，故不宜适用缓刑，上述辩护意见不予采纳，辩护人其他从轻处罚的相应辩护意见予以采纳……被告人刘某犯销售有毒、有害食品罪，判处拘役二个月十五天”。参见江苏省无锡市梁溪区人民法院（2020）苏 0213 刑初 1221 号刑事判决书。

续表

刑罚适用	案件数量（件）	约占比重（%）
3 年以上 4 年（不含）以下有期徒刑	37	3. 3
4 年以上 5 年（不含）以下有期徒刑	14	1. 3
5 年以上 6 年（不含）以下有期徒刑	26	2. 3
6 年以上 7 年（不含）以下有期徒刑	7	0. 5
7 年以上 8 年（不含）以下有期徒刑	4	0. 3
8 年以上 9 年以下有期徒刑	4	0. 3
9 年以上 10 年（不含）以下有期徒刑	0	0
10 年以上有期徒刑	12	1

2. 关于判处 10 年有期徒刑的量刑情况

根据《2013 年食品解释》第 7 条的规定，生产、销售有毒、有害食品，生产、销售金额 50 万元以上，或者具有本解释第 4 条规定的情形之一的，应当认定为《刑法》第 144 条规定的“致人死亡或者有其他特别严重情节”，即处 10 年以上有期徒刑、无期徒刑或者死刑，并处罚金或者没收财产。在样本中，刘某某生产、销售有毒、有害食品案中，被告人刘某某犯生产、销售有毒、有害食品罪，判处有期徒刑 11 年，并处罚金人民币 347 万元。① 其主要原因，是不法行为人生产、销售有毒、有害食品的金额超过了 50 万元这一法定量刑标准，涉案金额高达 173 万多元。但对这些判决结果，我们不能简单理解为刑法适用过于严苛，而应当予以客观评价。一方面，判处 10 年有期徒刑是在该法定幅度内的最低量刑，没有因为行为人主观恶性严重等原因予以从严惩处；另一方面，判处被告人的罚金数额趋于严厉。笔者曾经对 2016 年度生产、销售有毒、有害食品犯罪案件中被判处 10 年以上有期徒刑的被告人被判处罚金刑的状况进行过统计，发现罚金刑判处过低或者罚金刑适用标准不清的问题比较突出。但是，此次统计发现，在被告人被判处 10 年以上有期徒刑的案件中，罚金数额普遍高于涉案金额，这在一定程度上表明对于严重的危害食品安全犯罪来说，罚金刑的适用在实践中趋于合理。

① 参见辽宁省铁岭市银州区人民法院（2021）辽 1202 刑初 267 号刑事判决书。

3. 关于禁止令、职业禁止的宣告情况

《刑法修正案（八）》规定，“宣告缓刑，可以根据犯罪情况，同时禁止犯罪分子在缓刑考验期限内从事特定活动”。这次修法增设禁止令的有关规定，符合刑罚个别化原则的要求，也有利于刑罚目的的实现，促进对犯罪分子的改造。[①]《刑法修正案（九）》更是进一步明确了职业禁止问题，规定“因利用职业便利实施犯罪，或者实施违背职业要求的特定义务的犯罪被判处刑罚的，人民法院可以根据犯罪情况和预防再犯罪的需要，禁止其自刑罚执行完毕之日或者假释之日起从事相关职业，期限为三年至五年”。据此，适用职业禁止的情形，不限于判处缓刑的案件，体现了对利用职务便利实施犯罪行为进行从严惩治的政策要求，有助于实现犯罪预防的目标。从样本来看，依据《刑法》第72条第2款对被害人判处适用禁止令的案件共有409件，最长的禁止令期限是自刑罚执行完毕之日起3年。其中，在《刑法修正案（九）》生效以后，按照《刑法》第37条之一对被告人适用禁止令的共有108起案件。从上述数据可以看出，虽然《刑法修正案（八）》规定，宣告缓刑的，可以根据犯罪情况禁止犯罪分子在缓刑考验期限内从事特定活动，但判处缓刑案件的数量和适用禁止令的案件数量相差较大。这说明立法者欲通过增设禁止令而达到犯罪惩治的目标并没有在实践中很好地与缓刑制度结合起来。即便刑法修正案规定对宣告缓刑的案件是“可以”而非“应当”适用禁止令，但这已经表明了立法者的立场，即对于限制从事特定活动可以实现犯罪预防目的的，原则上优先适用禁止令。尤其是对于危害食品安全犯罪来说，行为人从事食品生产、经营的资质对于犯罪而言具有重要意义。然而，禁止令的适用状况表明，司法机关没有充分利用禁止令制度加大犯罪预防、惩治的力度。

（二）食品安全刑事司法政策的实践分析

透过上述数据统计，可以较为直观地看出2021年度生产、销售有毒、有害食品罪的刑罚适用状况，并以此为基础分析宽严相济基本刑事政策在食品安全领域的执行状况。

1. 缓刑适用比例过高

缓刑制度既可以避免短期自由刑的缺陷与不足，也有利于实现犯罪预防的目的，帮助犯罪人及时复归社会，因此，对于社会秩序稳定、发展具有重要价

---

① 参见赵秉志主编：《刑法修正案（八）理解与适用》，中国法制出版社2011年版，第42页。

值。但缓刑制度属于延缓执行刑罚的措施，在适用时必须严格按照法律的规定予以审慎判断，否则，就有损裁判的严肃性、公正性，侵蚀刑罚的执行效果。然而，样本案件宣告缓刑的比例是70.1%，远大于本年度全国一审刑事案件缓刑宣告约为25.9%的比率。虽然不能因此认定该领域的缓刑适用存在滥用的可能，毕竟这些案件涉案金额较低，也没有造成严重的危害后果，但如此高的缓刑宣告比例，仍然有诸多值得研究的地方。笔者选择第一被告人被宣告缓刑3年的9起案件，[①] 可以发现，除了高某某、杨某生产、销售有毒、有害食品案与邓某生产、销售有毒、有害食品案中司法机关阐明被告人犯罪情节较轻，且有悔罪表现，没有再犯罪的危险，宣告缓刑对其所居住社区也不会造成重大不良影响，故而对其适用缓刑，[②] 其他7起案件中，司法机关都没有围绕《刑法修正案（八）》所规定的缓刑适用条件说明事实依据。只是因被告人坦白、自首或者属于共同犯罪中的从犯等就对其直接宣告缓刑，难以说明量刑的合理性。因此，笔者认为，当前危害食品安全犯罪宣告缓刑比例过高的直接原因，极有可能是司法人员降低了缓刑宣告的证据标准，将坦白等从宽事由等同于缓刑的具体标准，人为抬高了缓刑的宣告比例。

2. 主刑裁量总体偏轻

学者们大多认为，我国的危害食品安全犯罪立法属于典型的“厉而不严”之刑罚结构。但是，通过前述样本分析可以发现，量刑层面没有体现出这一刑罚结构中“厉”的一面，司法机关对被告人的量刑宣告不仅不能称之为“严厉”，甚至可以言之过缓。一方面，从轻刑化发展趋势来看，作为严重危害社会的危害食品安全犯罪，轻刑判决率远高于各类犯罪刑罚的整体适用比例，这是值得注意的。虽然从我国整个司法系统的量刑趋势来看，2003年以来，随着轻刑化的提倡以及宽严相济刑事政策的实践，轻刑率在刑罚裁量的整体水平上

---

① 这9起案件分别是山东省烟台市莱山区人民法院（2021）鲁0613刑初241号刑事判决书，四川省巴中市恩阳区人民法院（2021）川1903刑初132号刑事判决书，辽宁省铁岭县人民法院（2021）辽1221刑初152号刑事判决书，江苏省淮安市淮安区人民法院（2021）苏0803刑初282号刑事判决书，吉林省辽源市龙山区人民法院（2021）吉0402刑初118号刑事判决书，河北省秦皇岛市海港区人民法院（2021）冀0302刑初7号刑事判决书，辽宁省辽阳市宏伟区人民法院（2021）辽1004刑初7号刑事判决书，吉林省辽源市西安区人民法院（2021）吉0403刑初13号刑事判决书，江苏省南京市建邺区人民法院（2020）苏0105刑初341号刑事判决书。

② 参见吉林省辽源市龙山区人民法院（2021）吉0402刑初118号刑事判决书、辽宁省铁岭县人民法院（2021）辽1221刑初152号刑事判决书。

呈现出非常明显的上升趋势，由2003年的66.37%上升到2009年的72.49%，[①]但生产、销售有毒、有害食品犯罪中，3年以下有期徒刑（含宣告缓刑）的适用比例高达91%，在一定程度上可以说明危害食品安全犯罪司法裁判存在轻缓化的迹象。当然，这种轻缓化趋势能否有效应对当前严峻、复杂的犯罪形势颇值得怀疑。另一方面，从生产、销售有毒、有害食品犯罪的法定刑来看，轻刑适用比例也存在失调问题。根据《刑法》第144条的规定，本罪法定刑中主刑分为三个档次，分别为5年以下有期徒刑、5年以上10年以下有期徒刑和10年以上有期徒刑、无期徒刑、死刑。如前文所述，在第一档量刑幅度内量刑的案件比例高达95.6%，其中，判处3年以下有期徒刑的比例约为91%。如果说因这些样本中犯罪行为没有造成他人伤亡的严重后果或者其他严重犯罪情节，不能在5年以上有期徒刑的法定刑幅度内量刑的话，量刑集中在3年以上5年以下有期徒刑则只有4.6%，则反映出司法人员在裁量刑罚时的轻刑化倾向。其实，实证研究表明，“实际量刑活动中能够进入裁量者视野的变量范围非常有限，主要是与行为严重性相关的报应性变量”，[②]就此而言，不管是判处3年以下有期徒刑案件，还是判处3年以上5年以下有期徒刑的案件，犯罪事实中足以影响司法人员对犯罪人进行报应性评价的因素是相当的，当司法人员多选择3年以下有期徒刑量刑时，这种轻刑化的倾向值得我们关注。

3. 资格罚适用亟须规范

前述样本分析显示，资格罚的适用比率不高，难以满足危害食品安全犯罪的治理需要，应予以改善。一方面，从犯罪预防的角度看，危害食品安全犯罪是典型的利用职业便利实施的犯罪行为，因此，剥夺犯罪人实施犯罪的特定资格，对实现刑罚目的具有重要价值。另一方面，不管是《刑法修正案（八）》对缓刑犯适用禁止令的规定，还是《刑法修正案（九）》关于职业禁止的规定，都表明了立法者的基本立场，即强化资格罚的适用以强化犯罪预防的效果。然而，缓刑宣告与禁止令适用比例的严重不协调，说明了禁止令适用状况并不理想。基于此，强化资格罚适用必须首先提高资格罚的适用比例。此外，职业禁止的期限也缺乏规范层面的约束。从样本来看，依据《刑法修正案（九）》对被告人宣告职业禁止的案件中，职业禁止的期限大多是3年，当刑

① 参见赵志华、鲜铁可：《轻刑化问题实证研究》，载《中国刑事法杂志》2011年第9期。

② 李山河：《裁量活动与量刑规范：论确定刑罚的基础》，载《政法论坛》2015年第6期。

期长度超过3年时，适用职业禁止期限为5年的较为普遍。① 但是，判决书基本没有列明宣告职业禁止期限的理由，难以发现主刑与禁止期限之间的关系。这种处理思路的合理性、规范性令人不无疑问，也不可避免会影响特殊预防的效果。

通过以上分析可以发现，虽然在政策层面上，我们提出了以从严惩治的刑事司法政策来强化危害食品安全犯罪的治理。但从司法实践来看，总体量刑趋势呈现出宽缓的特点。因此，笔者认为，危害食品安全犯罪的刑事司法实践失之于宽，既违背了宽严相济基本刑事政策的要求，也无助于犯罪治理目标的实现。

三、危害食品安全犯罪刑事司法政策的经验总结

基于量刑趋于宽缓的司法现实，按照宽严相济基本刑事政策中区别对待的核心要求，食品安全犯罪治理过程中的“宽严区别”之道应当概括为“以严济宽”。当然，在理论层面上，基于对从严惩治刑事司法政策的共识性理解，通过以严济宽加强食品安全刑事司法治理并非新观点，但是这么多年来我们仍然未能在实践中实现从严治理，则说明仅仅在观念上进行探讨是不够的。

（一）量刑“失之于宽”的规范因素

立法规范与司法解释在贯彻执行刑事政策上的错位，是量刑“失之于宽”的规范因素。

首先，在立法层面，贯彻从严惩治的刑事政策，应当坚持“最严密的监管”而非仅仅以“最严厉的惩罚”为导向。按照刑法理论的通行观点，严而不厉的刑法结构是有利于刑法运作、确保刑法机制顺畅的最佳形式。② 在规范层面强化犯罪治理的效果需要建构科学的刑法结构体系，不管是全部犯罪还是某

① 比如，在徐某某生产、销售有毒、有害食品案［浙江省宁波市奉化区人民法院（2021）浙0213刑初157号］中，法院判决被告人徐某某犯生产、销售有毒、有害食品罪，判处有期徒刑11年，并处罚金人民币60万元；禁止其在5年内从事食品生产、销售及相关职业。在刘某某、李某某生产、销售有毒、有害食品案［天津市宝坻区人民法院（2021）津0115刑初38号刑事判决书］中，法院判决被告人刘某某犯生产有毒、有害食品罪，判处有期徒刑5年，并处罚金人民币20万元；禁止其自刑罚执行完毕之日起5年内从事畜禽养殖、销售经营活动。

② 参见储槐植、宗建文等著：《刑法机制》，法律出版社2004年版，第12~14页。

一领域的特定犯罪。然而，从犯罪类型来看，当前的危害食品安全犯罪刑事立法存在法网粗疏的缺憾。而在应然或合理的犯罪圈之内，增设罪名意味着严密法网，① 可以提高对严重危害社会行为的惩治效果。故而在立法层面，通过丰富不法行为类型、增加罪名数量是实现从严惩治的路径之一。遗憾的是，基于从严惩治的政策导向，《刑法修正案（八）》仅仅关注到了刑罚配置的不合理，按照“最严厉的惩罚”这一标准对该类犯罪的法定刑进行调整，却忽视了刑法立法更重要的职能——合理设定犯罪圈并明确犯罪的构成标准。由此造成的结果是，随着网络技术的迅猛发展和专业分工的日益细化，刑法规范在应对危害食品安全犯罪时显得消极滞后。客观而言，加重法定刑也是实现从严惩治的路径之一，从危害食品安全犯罪给公共安全、市场秩序带来的潜在风险和严重后果来看，这种刑法配置也难言是一种苛厉的刑罚——没有超出犯罪属性所需的刑罚量。② 但是，在忽略了犯罪圈是否科学合理的情况下，一味强调刑罚的严厉性，只是强化了对特定犯罪的惩治力度，无助于从整体上对该类犯罪予以从严治理。

其次，在司法层面，贯彻从严惩治的刑事政策，应当坚持“最严厉的惩罚”而非偏向于“最严密的监管”。对于司法活动而言，需要在坚持罪刑法定原则的前提下及时有效地将刑罚现实化。当然，在此基础上如果能够坚持从严惩治的导向则更具合理性。但是，在危害食品安全犯罪领域，刑事司法以“最严密的监管”为导向则有本末倒置之嫌。一方面，在从严惩治的政策导向下，司法的主要职能是对查证属实的犯罪行为在罪刑均衡的前提下适度从严。正如《关于依法严惩危害食品安全犯罪活动的通知》所要求的，对危害食品安全犯罪分子的定罪量刑，要从严控制对危害食品安全犯罪分子适用缓刑和免予刑事处罚。另一方面，在从严惩治的政策导向下，司法机关执行“最严密的监管”固然是刑事政策的应有之义，但是应当注意实现路径的选择。在笔者看来，司法机关实现严密监管的方式应当是通过合理解释弥补法律漏洞，而不是突破刑法规范的文本含义扩大犯罪圈。对此，虽然《2013 年食品解释》《2022 年食品解释》均强调是为了犯罪治理编织严密的刑事法网而明确了部分行为的入罪标准，但这恰恰是通过将行政违法行为犯罪化的方式实现的，与司法解释的功能不无冲突——本质上是将不具有相应危险性的行为解释为犯罪行为，有司法解

① 参见白建军：《犯罪圈与刑法修正的结构控制》，载《中国法学》2017 年第 5 期。

② 参见王志祥、韩雪：《刑法结构优化论》，载《人民检察》2016 年第 23 期。

释立法化之嫌。[1] 因此，司法层面本应当以“最严厉的惩罚”为主来实现从严惩治的刑事政策，但是却选择了“最严密的监管”这一本属于立法层面的实践方式，从而导致政策执行出现错位。

（二）量刑“失之于宽”的现实成因

应当承认，宽严相济基本刑事政策的初衷，要求在特定犯罪中充分重视依法从宽，避免一味从严。但实践中司法人员过于关注宽的一面而忽略严的要求，导致刑事司法出现了偏差。当然，这种量刑宽缓化的总体性导向也渗入危害食品安全犯罪的刑罚适用之中，最终背离了危害食品安全犯罪领域从严惩治刑事司法政策的要求。然而，从刑事诉讼的整个运行状况来看，刑罚宽缓化并非只是量刑环节造成的，而是一个系统性的问题。

首先，危害食品安全犯罪侦办质量影响“从严惩治”刑事司法政策的实现。刑事侦查是刑事诉讼活动的开端，其质量高低对审判机关定罪量刑具有基础性作用。按照罪责刑相一致原则的要求，量刑的轻重与行为人所实施的不法行为的社会危害性程度及其应当承担的刑事责任成正比关系。因此，如果公安机关能够查获危害食品安全犯罪中的主要犯罪人员甚至犯罪网络中的组织者等，必然会提高此类犯罪量刑的整体程度。然而，由于危害食品安全犯罪案件发现难、深挖难，公安机关查获主要犯罪人员较为困难。①行政执法部门向公安机关移送的涉嫌犯罪案件数量少，导致公安机关查办案件的数量与犯罪形势并不匹配，也造成进入诉讼程序的严重犯罪人员比例不高。危害食品安全犯罪案件查办的特殊性在于发现案件的主体力量是食药监管部门而非公安机关，所以食药监管部门发现并移送的涉嫌犯罪案件的数量和质量决定了公安机关案件受理的数量和质量。然而，案件移送少是多年来的老问题。以上述样本为例，一审结案数最多的五个省份分别是吉林省 190 件、河南省 136 件、江苏省 109 件、浙江省 101 件以及山东省 90 件，而在这五个省份中案件来源属于行政部门移送的案件数量分别是吉林省移送 3 件（约占总数的 1.6%）、河南省移送 5 件（约占总数的 3.7%）、江苏省移送 5 件（约占总数的 4.6%）、浙江省移送 18 件（约占总数的 17.8%）以及山东省移送 7 件（约占总数的 7.8%）。可以说，行政执法部门移送的案件比重非常低。这种状况也就导致公安机关能够发现的犯

[1] 参见赵秉志、张伟珂：《食品安全犯罪司法认定问题研究》，载《中南民族大学学报（人文社会科学版）》2017 年第 2 期。

罪案件数量极为有限，并最终影响被宣告重刑的犯罪人员数量。②专业力量不足导致案件经营、深挖困难，致使能够查获的严重危害食品安全的犯罪人员数量不多，而一般犯罪人员数量庞大。从实践来看，近年来的危害食品安全犯罪呈现出明显的跨区域性、组织性、技术性，执法人员是否能够彻底查处犯罪组织、犯罪网络，明确嫌疑人在共同犯罪中的地位、作用，对刑事责任认定举足轻重。然而，受制于犯罪侦办力量薄弱、专业化建设滞后等因素的影响，公安机关在办理危害食品安全犯罪案件中面临着案件经营难、取证难、深挖难等问题，直接影响案件办理的效果。

其次，刑事归责的证明困境影响“从严惩治”刑事司法政策的实现。要实现对不法者的归责以及责任的轻重判定，不仅要证明不法行为的存在而且要证明行为对法益的实质性侵害或者威胁，尤其是这两者之间的关联性对刑事归责极为重要。有学者通过量刑的经验性研究发现，决定刑罚的主要是与行为严重性相关的报应性变量，刑罚裁量仅是一个建立在与不法相抵偿这个单一目的之上的活动。[①] 然而，这种征表行为法益侵害性的报应性变量只有和行为建立因果联系之后，才具有刑法评价上的意义。依此分析危害食品安全犯罪，司法人员对不法行为人量刑时，既要关注行为本身的不法性，也要关注反映行为严重性的变量，以及两者之间的内在联系。但实践中，两者的关联性即因果关系的证明恰恰是司法难点，并在量刑结果中体现出来。一方面，因果关系的判定可以证明不法行为对法益威胁的程度，从而在报应责任的认定上予以区分。比如同属于禁止在食品中添加的物质，但毒害性差异可以用来区分行为危害性，有助于明确不同行为人的责任程度。例如，在豆芽中添加赤霉素、在面食中添加含铝添加剂以及在奶粉中添加三聚氰胺等，在没有造成现实危害后果的情况下，三种禁止添加物质对人体健康的威胁是不同的，这种法益威胁性程度应当成为区分不同行为危害性的因素并最终在量刑上体现出来。但是，由于缺乏因果关系尤其是危险性的判定标准，无法明确这种行为与相关危险之间的因果联系，导致量刑差异化上的因素被忽略掉。另一方面，因果关系直接确定了不法行为与致人伤亡的严重危害结果之间是否存在关联性。当无法证明这一点时，就难以根据客观存在的公共危险而适用更重的法定刑。可以说，围绕因果关系缺失而产生的不完善的危害食品安全犯罪归责体系及其实践成为该类犯罪量刑轻缓化的技术因素。

---

① 参见李山河：《裁量活动与量刑规范：论确定刑罚的基础》，载《政法论坛》2015 年第 6 期。

最后，司法人员传统量刑观念影响“从严惩治”刑事司法政策的实现。量刑过程坚持刑罚个别化原则是罪责刑相一致原则的具体体现。其要求司法人员在量刑时，既要考虑犯罪人实施犯罪的不同情况，如现实罪行轻重和客观危害大小，也要考虑犯罪人个人的其他情况，从而对实施同种犯罪的人判处不同的刑罚。[①] 由此，刑罚裁量不仅要考虑犯罪事实中的报应性因素，而且应当对预防性因素予以客观评价。但量刑的经验性研究结论表明，刑罚裁量是一个以确定行为严重性为导向的，仅对有限报应性变量进行笼统性评价的过程，而刑罚的预防目的却始终处于裁量的边缘化位置。[②] 与之相对应的是，在适用刑罚时，司法人员对资格罚这一体现刑罚预防功能的处罚措施缺乏足够重视，此次统计样本印证了这一点。可以说，忽略了预防性因素以及与之相关的资格罚的适用问题，是刑罚裁量中的传统问题，而非危害食品安全犯罪中的个例。但出现这一状况的原因，与我国司法人员量刑观念中长期存在的“重定罪轻量刑，重主刑轻附加刑”的思维不无关系。比如，对于样本中几乎所有的案例，司法人员都会将案件论证的重点集中在犯罪构成要件事实的认定上，而对如何裁量刑罚包括宣告缓刑等理由则鲜有详细论述（前文已做分析，不再赘述）；即便在量刑部分会提出一些从宽、从重处罚情节，但对罚金刑、资格罚等处罚措施大都不会阐明裁量理由。这也解释了资格罚适用的随意性——应宣告资格罚的不予宣告，以及肆意确定职业禁止的期限等。当然，这种量刑观念在我们的规范性文件中也有所体现。2010 年 2 月 23 日，最高人民检察院印发了《人民检察院开展量刑建议工作的指导意见（试行）》，以通过量刑公开来推动司法公正，强化对法官自由裁量权的监督。该意见唯独对罚金刑等附加刑的量刑建议规定极为宽泛，远不如主刑量刑建议之明确，也难以约束刑罚裁量权。如其第 5 条规定，建议判处附加刑的，可以只提出刑种的建议。可以说，正是从量刑建议到量刑宣告的整个过程始终缺乏充分有效论证，导致资格罚的适用在危害食品安全犯罪领域存在极大的不规范，影响了从严惩治刑事司法政策的贯彻。

四、“以严济宽”刑事司法政策的实践路径

面对量刑的轻缓化，贯彻从严惩治的危害食品安全犯罪刑事司法政策，就

① 参见马克昌主编：《刑罚通论》，武汉大学出版社 1999 年版，第 271 页。

② 参见李山河：《裁量活动与量刑规范：论确定刑罚的基础》，载《政法论坛》2015 年第 6 期。

必须在处理“宽严有度”“区别对待”的问题上做到“以严济宽”。既往研究所关注的重点，往往是通过约束司法裁量权来提高量刑的规范化，但笔者认为，危害食品安全犯罪刑事政策的贯彻，不能仅仅集中于司法审判的层面上，而应着眼于刑事诉讼的全过程。

（一）探索危害食品安全犯罪案件传统侦办思维转型

在司法层面，能够实现从严惩治的政策导向，取决于两个方面：一是能否尽快查获实施危害食品安全犯罪的行为并使之接受刑事追责；二是能够准确评价行为人的刑事责任，充分发挥影响定罪量刑的情节影响力。如果说公安机关成立专门针对危害食品安全犯罪的侦查队伍有助于提升侦查力量的专业化能力进而推动前一方面的实现，那么，对于后一方面存在的问题，则亟须司法机关加大司法规则的探索。结合危害食品安全犯罪的构成要件，影响法益侵害性的要素包括两个层面：①影响犯罪成立的要素，主要包括《刑法》第 143 条规定的是否存在足以造成严重食物中毒或者其他严重食源性疾病的危险状态，《刑法》第 144 条规定的有毒、有害的非食品原料，以及主观明知的认定等；②影响从重或者加重处罚的情节，比如不符合安全标准食品的危险性程度、涉案金额、危害后果等。然而，从司法实践来看，侦查部门围绕犯罪成立搜集证据的办案导向忽略了对其他量刑事实的查证，审查起诉以及审判阶段沿袭传统犯罪领域的证据审查规则而忽视了此类案件证明对象的特殊性。这些因素共同导致危害食品安全犯罪的司法实践难以满足从严惩治的效果，成为量刑轻缓化的诱因之一。基于此，按照从严惩治危害食品安全犯罪的政策导向，公安司法机关应当正视此类犯罪的特殊性，然后在此基础上与司法机关一起积极探索适合于危害食品安全犯罪特殊性的司法证明规则。

首先，危害食品安全犯罪的特殊性决定了应当转变办案观念，以强化量刑效果。与其他扰乱市场经济秩序犯罪和危害公共安全犯罪不同，危害食品安全犯罪的法益侵害性与食品中非法添加物质、食品性状有密切关系。在技术层面是否有效查实食品中存在某种非法添加的化学物质以及食品性状恶化程度，是犯罪认定以及量刑的关键。基于此，一方面，要准确把握食品安全风险对量刑的影响。食品中非法添加物的适用范围、含量多少是影响法益侵害性程度的重要因素，办案人员不仅要把检测报告作为认定犯罪的依据，而且要重视检验报告所载明的含量、属性对量刑的影响。另一方面，由于受客观条件制约，食品安全技术并不能充分有效地为食品安全司法评估提供保障。故而办案人员应当避免过于依赖国家标准，在通过检验检测技术难以直接得出司法结论的前提下，积极依托《2022 年食品解释》所允许的行政认定意见等方式确认不法行为的危险性，探索、拓宽取证的规范化路径，即要通过检测报告、专家意见确定是否存在法定危险以及对法益的侵害性程度，从而在量刑时作为确定刑罚轻重的重要依据。

其次，危害食品安全犯罪的特殊性决定了应当拓宽证明思路，以强化量刑效果。如果说生产、销售伪劣食品对公共安全所造成的危险是影响犯罪成立的重要因素，那么犯罪数额、实害后果的证明对于实现从严惩治的效果具有重要意义。当前司法治理呈现出的严重轻缓化的倾向与绝大多数案件犯罪数额、危害后果以及因果关系的评价规则不健全有密不可分的关系。在此，笔者围绕两个方面探讨证明思路的转变。①经营数额的证明思路。犯罪数额主要包括生产但未销售产品的货值金额和产品出售以后核算的销售金额。由于货值金额可以根据现场查获的涉案产品数量予以证实，而产品一旦销售出去就难以证明其销售数量以及已出售产品的质量，因此，销售金额的证明是难点所在。从司法实践来看，除个别地方法院采取公平原则等方式酌情确定销售金额外，大部分地方的司法机关没有明确的规则，以至于公安机关在办理此类案件时大多以食品危险性作为评价标准而不去搜集销售金额的证据。笔者认为，销售金额的确定可以采取推定规则，即在行为人无法充分履行《食品安全法》规定的索票索证、留票留证义务的基础上，推定案发以前销售的食品与导致案发的食品（现场查获的样品或者引起食品安全事故的食品）具有同类性状，然后结合销售时间、单位时间内的销售量来综合评价销售金额。②因果关系的证明思路。危害食品安全犯罪中因果关系判定不同于一般案件，大多数案件难以直接确定某种伤害结果是否由伪劣食品所引起。亦如在三聚氰胺案件中，其并非剧毒、高毒物质，对于婴幼儿造成的伤害后果往往具有漫长的潜伏期，而既往能够认定为造成严重后果的案件通常是食品中被掺入了剧毒物质而直接导致人员伤亡的情形。鉴于此，笔者认为，应当在食品安全领域通过指导性案例等方式确定因果关系判断的具体方式，明确具备何种条件可以将伤害后果与不法行为的事实联系，进而归责于生产经营行为。否则，难以充分评价行为人的刑事责任，遑论从严惩治。

（二）针对诉讼阶段任务差异构建区别化的提升机制

首先，在刑事侦查阶段，贯彻以严济宽的政策要求，必须强化执法专业建设和执法保障。危害食品安全犯罪的特殊性在于犯罪领域具有较强的专业性和技术性，比如有毒、有害的非食品原料的认定及其危害、不符合安全标准的食品类型及其危险性、不法行为与危害结果之间的因果联系等。更为重要的是，随着犯罪治理机制的不断强化，危害食品安全犯罪的技术手段也在发生变化。专业的执法力量更有助于在传统办案方式的基础上提高证据收集、法律适用的准确性和规范性，为从严惩治犯罪人员提供事实和证据支持。基于此，一要加强危害食品安全犯罪刑事侦查部门的独立性和专业化建设，建立专门警力打击危害食品安全犯罪。传统公安业务设置难以应对危害食品安全犯罪侦查的特殊性，在案件经营、侦查手段、案情研判等方面都滞后于危害食品安全犯罪的复杂形势，发展传统的刑事侦查模式更宜打击街头市集的一般犯罪人员，但难以深挖这些不法分子背后的犯罪团伙甚至组织。一旦建立起专门的办案队伍，就可以集中侦查资源经营、深挖案件，提高案件侦办质量。目前，虽然国家层面建立了专门的业务警种，但市县两级的队伍建设多不尽如人意。二要加强危害食品安全犯罪侦办的技术支持，为量刑提供证据支撑。与一般的危害公共安全犯罪不同，公安机关查获的危害食品安全犯罪大多没有直接造成他人伤亡的严重后果，更多地表现出对法益的现实威胁。因此，法益侵害的紧迫性、持续性、广泛性对确定不法行为的客观危险性具有重要价值。然而，要确定不符合安全标准食品或者有毒、有害食品对法益的威胁程度则是技术问题，故而为公安机关执法办案提供充分的专业技术支持和法律保障，是搜集、固定证据进而准确评价其刑事责任的前提和基础。否则，就会陷入只能确认其行为符合犯罪构成事实而难以充分评价其法益侵害性的现实窘境，难以为刑罚个别化的实现提供科学依据。

其次，在审查起诉阶段，贯彻以严济宽的政策要求，应当完善量刑建议规则。对公诉机关来说，贯彻执行从严惩治的刑事司法政策，不仅要准确把握批准逮捕的条件、审慎作出不起诉的决定，而且应规范准确提出量刑建议。上述样本显示，从宽处罚的司法现状主要表现为量刑的轻缓化，因此，应强化检察机关对量刑环节的制约监督机制。不过，当前的量刑建议规则不利于检察机关对附加刑的监督、制约。如前文所述，现行规则只要求检察机关明确适用附加刑的刑种即可，无须提出具体的适用情况。究其原因，也许如有学者所言，“对建议判处罚金、没收财产、剥夺政治权利等附加刑的，由于影响罚金和没收财产的数额、剥夺政治权利的年限的因素较多，庭审中某些因素发生变化的可能性也较大，因而一般可以只提出刑种，待取得经验后再具体化”。[①] 这一说法虽有一定道理，但却弱化了附加刑自由裁量权的制约机制。尤其是在危害食品安全犯罪中，对于不法行为都要适用罚金刑；根据《刑法修正案（九）》的规定，一般也应当适用职业禁止。在这种情况下，如果只是提出适用附加刑的种类，会导致量刑建议失去意义。因此，基于从严惩治的立场，应当完善资格罚、财产刑的量刑建议规则。一是对于适用资格罚、财产刑的案件，应当明确适用的资格罚期限、内容，财产刑的数量以及事实根据、理由等。这不仅符合量刑请求权的内在要求，更重要的是，“检察院将被告人诉至法院并提出量刑建议后，就对自己所建议的内容负证明责任，如果不能证明或证明不力，就要承担量刑建议得不到法院支持和采纳的不利后果”。[②] 二是不适用资格罚、财产刑的案件，应当明确不适用的理由。因为根据刑法规定，危害食品安全犯罪适用资格罚是原则性立场，而不适用资格罚只是例外，所以不适用资格罚的应当说明具体依据，供司法机关自由裁量。

最后，在刑事审判阶段，贯彻以严济宽的政策要求，应当强化量刑论证与说理。“裁判文书的理由是裁判文书最关键、最精华的部分，关涉着控辩双方证据的采信标准，关系着当事人刑罚适用的具体依据，是裁判文书法律事实、法律规范和法律结论的关键点和逻辑神经。”[③] 更重要的是，裁判文书说理是评判司法人员素养以及是否公正执法的重要依据，也是监督司法自由裁量权的重要根据。然而，在样本案例中，绝大多数的裁判文书中都缺少对量刑结论的说理与论证，致使我们难以从中了解司法者量刑的理由。这样一来，如何体现从严惩治的立场就无从判断，也为从宽处罚情节的随意适用以及附加刑的随意宣告提供了条件。因此，要贯彻从严惩治的立场，必须强化量刑说理，即对如何作出刑罚裁量提供事实根据和法律依据，同时对事实与法律之间的逻辑关系进行充分论证与说明，以此约束司法裁量权。对危害食品安全犯罪量刑来说，其主要表现在：①对于坦白、自首等从宽处罚情节是否影响量刑以及影响量刑的

---

① 朱孝清：《论量刑建议》，载《中国法学》2010 年第 3 期。
② 朱孝清：《论量刑建议》，载《中国法学》2010 年第 3 期。
③ 张伟珂：《论死刑舆论的引导机制：框架、模式与对策》，载《刑法论丛》2015 年第 1 卷。

幅度应当予以说明，以便对行为人人身危险性的认定与判断提供确定的事实依据。②要严格掌握缓刑适用标准，将缓刑的证明标准实体化，即司法人员在对被告人宣告缓刑时，应当将证明本案符合缓刑适用条件的事实依据予以说明，避免以刑罚宽缓为借口肆意宣告缓刑。③应当详述财产刑、资格罚的事实根据和法律依据。危害食品安全犯罪中规定了必罚原则，但没有规定最低数额或比例，因此，司法人员具有较大的自由裁量空间。而如何裁量才能体现出从严惩治的司法政策力量，并且与案件中存在的从重、从宽处罚情节相平衡，应当在裁判文书中予以详述。对于职业禁止期限的宣告，司法人员需要说明适用职业禁止期限的理由，以及确定期限长短的事实根据。尤其是同一案件中，不同人员之间适用相同或不同的职业禁止期限的根据是什么，应当予以说明，以此提高刑罚适用的准确和裁判的权威性。

小结

需要说明的是，在危害食品安全犯罪中提倡“从严惩治”的刑事司法政策，并不是说对所有犯罪人都一律从严惩处，而不考虑个案中的从宽处罚情节。从严惩治只是表明一种法治立场，一种应对具体犯罪的策略、态度，和个案中的坦白、自首、从犯、初犯等可以从宽处罚的量刑情节之效果并不矛盾。当然，考虑到从严惩治最终是以量刑结果体现出来的，故而实现从严惩治的司法政策目标，更有赖于审判人员在量刑过程中严格把握从宽处罚的适用标准及其对刑罚的影响。

第二章 危害食品安全犯罪的司法解释规则

“随着犯罪分子作案手段不断翻新，新型犯罪层出不穷，司法实践中对一些案件定性和处罚标准存在争议，影响对危害食品安全犯罪的惩治效果。同时，2015 年以来，《食品安全法》先后对食品安全监管制度进行了三次修订修正，农产品质量安全法、食品安全法实施条例、农药管理条例、兽药管理条例、生猪屠宰管理条例等一系列相关法律法规亦进行修订，《刑法修正案（十一）》对食品监管渎职罪作出修改。”① 在此情况下，最高人民法院、最高人民检察院修订颁布了《2022 年食品解释》，回应司法实践中出现的新问题、难问题等。不过，近两年来所发生的一些案件，却给我们全面审视相关的司法解释提供了契机。为此，本章结合具体案例，对食品安全领域相关犯罪的司法认定予以探讨，同时对司法解释的部分规定进行分析。

一、危险性评价：形式判断与实质判断之争

如前文所述，是否足以造成严重食物中毒事故和严重食源性疾病，是成立生产、销售不符合安全标准的食品罪的关键因素；在生产、销售的食品中是否掺入了有毒、有害的非食品原料，是成立生产、销售有毒、有害食品罪的关键因素。因此，在司法实践中，能否充分证明行为人的不法行为中存在这两个构成要件要素，对于实现犯罪治理效果极为重要。这就需要行政执法部门和刑事侦查部门提供有效证据如检测检验报告、鉴定意见等，证明上述构成要件要素的存在。然而，现实问题是鉴定意见只能出具送检物质中是否含有有害细菌或者其他污染物以及具体数值，无法对是否“足以造成严重食物中毒事故或者其

① 安翱、高雨、肖凤：《〈关于办理危害食品安全刑事案件适用法律若干问题的解释〉理解与适用》，载《人民司法（应用版）》2022 年第 7 期。

他严重食源性疾病”作出判定，原有规定的操作性不强；同时，“有毒、有害的非食品原料”也属于较为专业性的问题。因此，有必要通过司法解释的形式予以明确、完善。① 在此背景下，《2013 年食品解释》以“列举+概括”的方式，明确这一构成要件的司法认定标准。该解释颁布后，极大地提高了《刑法》第 143 条、第 144 条司法适用的明确性，危害食品安全犯罪案件在 2014 年之后审结数量得到了大幅提升。当然，在这一过程，也存在诸多争议，主要分歧是这些规则偏于形式判断而忽略危险性评价的实质性，由此引发了近乎十年的论争，而这也成为当下解决这一问题的关键。

（一）《刑法》第 143 条“危险性”评价的司法规则

《2022 年食品解释》延续了《2013 年食品解释》关于《刑法》第 143 条“足以造成严重食物中毒事故或者其他严重食源性疾病”的判断，而进一步限缩了《刑法》第 144 条“有毒、有害的非食品原料”这一认定标准，因此，形式判断与实质判断的纷争主要集中在第 143 条危险性评价上，本部分也将围绕该问题展开论述。②

《2013 年食品解释》第 1 条“采取了一般性、客观推定式的认定方法，即将实践中具有高度危险性的典型情形予以类型化，明确具有这些情形的即可认定为足以造成刑法规定的危险”。具体来说，其是在《食品安全法》第 34 条等规定的基础上，将四类食品认定为“足以造成严重食物中毒事故或者其他严重食源性疾病”的不符合安全标准的食品。③《2022 年食品解释》第 1 条基本保持了这一解释模式，即规定生产、销售不符合安全标准的食品，具有下列情形之一的，“应当认定为刑法第一百四十三条规定的‘足以造成严重食物中毒事故或者其他严重食源性疾病’：（一）含有严重超出标准限量的致病性微生物、农药残留、兽药残留、生物毒素、重金属等污染物质以及其他严重危害人体健康的物质的；（二）属于病死、死因不明或者检验检疫不合格的畜、禽、兽、水产动物肉类及其制品的；（三）属于国家为防控疾病等特殊需要明令禁止生

① 参见陈国庆、韩耀元、吴峤滨：《〈关于办理危害食品安全刑事案件适用法律若干问题的解释〉理解与适用》，载《人民检察》2013 年第 13 期。

② 关于《2022 年食品解释》对《刑法》第 144 条“有毒、有害的非食品原料”的认定标准，本书在第六章作专门论述。

③ 参见陈国庆、韩耀元、吴峤滨：《〈关于办理危害食品安全刑事案件适用法律若干问题的解释〉理解与适用》，载《人民检察》2013 年第 13 期。

产、销售的；（四）特殊医学用途配方食品、专供婴幼儿的主辅食品营养成分严重不符合食品安全标准的；（五）其他足以造成严重食物中毒事故或者严重食源性疾病的情形”。正是这种“原汁原味”的做法，使得原解释中存在的司法问题依然延续下来。对此，笔者在分析《2013 年食品解释》时曾提到过第 1 条存在的不必要性和不合理性，而今这些评价依然可以适用于这一条。具体而言：[①]

第一，第 1 条关于“足以造成严重食物中毒事故或其他严重食源性疾病”的认定标准中第（1）（4）两项解释是不必要的。

其一，关于第 1 条第（1）项。该项规定“含有严重超出标准限量的致病性微生物、农药残留、兽药残留、生物毒素、重金属等污染物质以及其他严重危害人体健康的物质的”，就可以认定为“足以造成严重食物中毒事故或其他严重食源性疾病”。由于实践中要证明某种危害物质足以造成上述危险状态较为困难，因此，司法解释将证明的对象从危险状态转向了物质的限量标准，即严重超出标准限量，以此提高案件定罪量刑的效率。然而，这一解释不仅未能改变司法困境，反而带来了新的难题，即何种程度才是严重超出标准限量并无具体标准。众所周知，《食品安全法》第 26 条中规定的食品安全标准只是要求制定食物中致病性微生物、农药残留、兽药残留、重金属、污染物质以及其他危害人体健康的物质的限量标准，而没有规定其他标准要求。如在食品安全国家标准之有害物质限量要求中，砷的限量指标值是≤2.0mg/kg，但是并没有规定何种指标值属于严重超出标准限量。换句话说，司法解释中所提到的“严重超出标准限量”仍然缺乏明确的规范依据；纵然超出标准限量是可以通过定量检测予以证实，但是否属于严重超出标准限量的“定量（超出标准限量）+定性（严重）”检测结论仍然缺乏具体规范，要求检验检测机构乃至相关领域专家进行个案认定的处理模式在基层执法中操作起来较为困难。所以，要达到“严重超出标准限量”的证明要求和“足以造成严重食物中毒事故或其他严重食源性疾病”的证明标准难度相当，司法解释的这一解释方式未能显著提高此

---

① 参见赵秉志、张伟珂：《食品安全犯罪司法认定问题研究——以法释〔2013〕12 号司法解释为视角》，载《中南民族大学学报（人文社会科学版）》2017 年第 2 期。

类案件的惩治效率，解释的必要性值得怀疑。[①]

其二，关于第 1 条第（4）项。该项解释与第（1）项存在同样的问题，即在确定“足以造成严重食物中毒事故或其他严重食源性疾病”的认定标准中运用了同样模糊的用语，导致本解释的可操作性大打折扣。《食品安全法》第 26 条规定，“食品安全标准应当包括下列内容：……（三）专供婴幼儿和其他特定人群的主辅食品的营养成分要求；……”但是，食品安全国家标准的营养成分要求往往只是涉及营养成分的种类及其含量要求，并没有规定缺乏何种营养成分或者营养成分的含量达到何种程度属于“严重不符合食品安全标准”。比如食品安全国家标准《婴儿配方食品》（GB 10765-2010）中规定婴儿配方食品必需成分为蛋白质、脂肪、碳水化合物、维生素、矿物质等，同时规定了这些物质的安全含量范围。但是，在婴儿配方食品缺少这些物质或者这些物质的含量是不符合国家安全标准的，而能否认定为“严重不符合食品安全标准”，仍然需要检测部门进行个案认定，依然陷入“定量+定性”的实践困境，与《刑法》第 143 条所规定的成立犯罪必须达到危险状态面临几乎一样的困难。所以该司法解释在实践中没有达到便利司法的目的，只是转换了证明内容，无助问题的解决。

---

① 其实，与此相类似的问题还有该司法解释第 8 条第 1 款的规定，即“在食品加工、销售、运输、贮存等过程中，违反食品安全标准，超限量或者超范围滥用食品添加剂，足以造成严重食物中毒事故或者其他严重食源性疾病的，依照刑法第一百三十四条的规定以生产、销售不符合安全标准的食品罪定罪处罚”。这里把“超限量、超范围滥用食品添加剂”规定为犯罪的成立条件也带来同样的司法难题。即在食品安全国家标准只规定了限量标准的情况下，确定何种程度属于“超限量或者超范围滥用”的难度丝毫不亚于证明“足以造成严重食物中毒事故或者其他严重食源性疾病的”这一危险状态。比如，《食品添加剂使用标准》（GB 2760-2014）规定，硫酸铝钾和硫酸铝铵属于食品添加剂，仅限于豆类制品、面糊（如用于鱼和禽肉的拖面糊）、裹粉、煎炸粉、油炸面制品、虾味片、焙烤食品、腌制水产品（仅限海蜇）加工过程中使用，且豆类制品、面糊（如用于鱼和禽肉的拖面糊）、裹粉、煎炸粉、油炸面制品、虾味片、焙烤食品铝的残留量≤100mg/kg（干样品）。但是，除了这一限量标准，国家标准中并没有规定超出标准限量何种程度属于严重超标。所以，公安机关在办理此类案件时遇到的突出问题就是如何证明涉案物品符合该解释所规定的情形。为此，各地公安司法机关在办理案件过程中只能寻求地方性探索，以确保此类犯罪行为得到有效惩治。以笔者调研的 J 省 T 市为例，当地公安司法机关及食药监管部门通过司法会商，以会议纪要形式要求，以销售为目的，在小麦粉及其制品［除油炸面制品、面糊（如用于鱼和禽肉的拖面糊）、裹粉、煎炸粉外］加工过程中非法添加硫酸铝钾和硫酸铝铵，或明知销售的小麦粉及其制品［除油炸面制品、面糊（如用于鱼和禽肉的拖面糊）、裹粉、煎炸粉外］加工过程中非法添加硫酸铝钾和硫酸铝铵仍进行销售，且铝的残留量大于等于 200mg/kg 的，可认定为足以造成严重食物中毒事故或者其他严重食源性疾病，应当依照《刑法》第 143 条的规定以生产、销售不符合安全标准的食品罪由公安机关立案侦查。

第二，第1条第（2）（3）项解释是不合理的。

其一，对于该条第（2）项认定规则，如果说属于病死的畜、禽、兽、水产动物及其肉类、肉类制品，因这些动物及其肉类制品中含有致病菌，可以推定此种行为足以造成严重危险状态的话，死因不明的或者检验检疫不合格的畜、禽、兽、水产动物肉类及其肉类制品，则未必含有危害人体健康的物质、病菌或者其他成分，进而出现刑法规定的危险状态。所谓“死因不明”，是指无法查明畜、禽、兽、水产动物的死因。既然无法确定死亡原因，那么是否足以造成严重的危险状态就是不确定的。此时，如果不考虑这一危险状态的现实性，就有可能出现虽然死因不明但并不会出现危及公众安全的严重后果（在个别案件中，辩护方也许会提供证据证明动物本身不含致病菌等），此时直接适用该认定规则就会导致刑罚处罚的不公平。检验检疫不合格的畜、禽、兽、水产动物也面临同样的问题。根据法律规定，检验检疫指标范围宽泛，包括了感官指标（如色泽、组织弹性等）、理化指标（如组织水分、“瘦肉精”、重金属等）以及微生物指标（如菌落总数、大肠菌群等）。据此，检验检疫不合格既可能是因为色泽、组织水分等问题不合格，也可能是因为“瘦肉精”检测、菌落总数等不合格，而前者一般情况下不会产生严重危及人身安全、健康的后果。所以，不加区分检验检疫不合格之具体情况，一律认定为刑法规定的危险状态，必然扩大刑法的适用范围，有侵犯公众自由之嫌疑。

其二，对于该条第（3）项认定规则，也是仅依据国家有关行政法规所作出的形式认定而做出实质判断，极有可能导致刑罚权的不当扩张。所谓“国家为防控疾病等特殊需要明令禁止生产、销售的”情形，一般包括国家为防控疾病等特殊需要明令禁止从国外进口、销售特定的食品，如为了防止疯牛病传播，原卫生部、原国家质检总局发布《关于防止疯牛病传入的公告》（2002年第1号），禁止从英国、爱尔兰、瑞士、法国等国家进口牛、羊等动物及其特定的肉类制品；或者国家为防控疾病等特殊需要对国内特定地区销售的食品作出特别规定，如《盐业管理条例》规定，在碘缺乏病地区必须供应加碘盐等。从上述分析可以看出，“国家为防控疾病等特殊需要明令禁止生产、销售的”情形属于典型的预防性规定，并不意味着生产、经营这些食品会产生严重的危险状态。因此，这种预防性措施与《刑法》第143条作为具体危险犯所规定的危险状态是相冲突的。如果将预防性措施作为《刑法》第143条规定的危险状态的征表，等于将刑罚权的启动进一步提前，进而导致刑罚处罚范围的扩大，有悖于刑法的公平、公正。

基于上述分析，结合地方司法机关所做的有益探索，有必要对司法解释的实践价值进行充分挖掘，并对其不合理性予以适度限制，从而强化司法解释的规范意义。

（二）《刑法》第 143 条“危险性”规则的司法适用

由于《2022 年食品解释》第 1 条列举了四种具体情形和一种概括性条款，故而本部分将分别探讨不同情形下的司法适用问题。

1. 关于第 1 条第（1）（4）项的司法适用

《2013 年食品解释》施行以来，一些基层执法部门建议以倍比数的方式明确第 1 条第（1）项“严重超出”和第 1 条第（4）项“严重不符合”的认定标准，部分地方制定了地方标准。征求意见过程中，有意见提出建议将农药残留、兽药残留及铅、汞、镉、铬、砷、铊、锑超过食品安全标准 3 倍以上的认定为“严重超出”。对这一做法，最高人民法院认为，“该标准的制定不仅是法律问题，更是科学问题。鉴于食品中涉及的物质种类繁多，不同物质标准制定过程中考虑的因素多样，且超出标准后的危害差异性悬殊，如农药就有高毒、中毒、低毒和微毒之分，故难以在司法解释中一刀切地以倍比数的方式加以解决”。[①] 客观而言，司法解释这一思路是有一定道理的，避免了不同毒害物同类评价的缺陷。否则，在赋予“严重超标”之明确标准的同时，也必然陷入“反科学”的争议之中。当然，在笔者看来，司法解释在否定“一刀切”的同时又没有明确反对地方有关部门的实践探索，应当说是规范与实践的一种妥协。因此，在《2022 年食品解释》保留这一认定规则的情况下，地方有关部门的规范性文件在指导司法机关审理该类案件依然是有效的。不过，从规范视角来看，笔者依然坚持曾经的立场，即应当以发布指导性案例的形式明确该危险状态的认定标准，同时明确“严重食物中毒事故”和“严重食源性疾病”的认定标准。[②] 因为从调研情况来看，《刑法》第 143 条中危险状态的证明难度主要有两点：一是现行检验、检测制度不能满足刑事诉讼证明的需要；二是刑法中规定的“严重食物中毒事故”和“严重食源性疾病”内涵不明确，即便个案

---

① 安翱、高雨、肖风：《〈关于办理危害食品安全刑事案件适用法律若干问题的解释〉理解与适用》，载《人民司法（应用版）》2022 年第 7 期。

② 参见赵秉志、张伟珂：《食品安全犯罪司法认定问题研究——以法释〔2013〕12 号司法解释为视角》，载《中南民族大学学报（人文社会科学版）》2017 年第 2 期。

中欲进行检测、认定，但因在这两个概念的理解上存在分歧，导致难以得出确定性结论。为此，在适当时候有必要明确“严重食物中毒事故”和“严重食源性疾病”的内涵，从而为个案定量检测、定性认定提供明确的判断依据。更重要的是，考虑到生产、经营不符合安全标准食品行为多种多样，为了确保刑法规定的危险状态即定罪标准上的统一性，有必要由最高司法机关以判例的形式将全国范围出现的典型食品安全案件予以公布，详述其证据标准、裁判理由，进而形成指导性意见，指导全国司法机关对同类案件的处理。其原因在于，虽然不同种类的污染物、农药、兽药等毒害性不同的，但是同一种类物质的毒害性是可以做统一评价的。因此，如果能够通过指导案例的形式明确某一类物质在食品中“严重超出标准限量”的认定标准，就可以解决全国范围内同类案件的司法规则。

2. 关于第 1 条第（2）项的司法适用

对于第 1 条第（2）项司法解释规则的理解，应当从实质判断角度，对动物肉类及其制品的危险性进行判断。这一点，应当说已经被《2022 年食品解释》所支持。该解释第 17 条第 2 款规定，“在畜禽屠宰相关环节，对畜禽使用食品动物中禁止使用的药品及其他化合物等有毒、有害的非食品原料，依照刑法第一百四十四条的规定以生产、销售有毒、有害食品罪定罪处罚；对畜禽注水或者注入其他物质，足以造成严重食物中毒事故或者其他严重食源性疾病的，依照刑法第一百四十三条的规定以生产、销售不符合安全标准的食品罪定罪处罚；虽不足以造成严重食物中毒事故或者其他严重食源性疾病，但符合刑法第一百四十条规定的，以生产、销售伪劣产品罪定罪处罚”。按照最高人民法院的观点，之所以对该类案件中使用或者注射相关药物等非食品原料的行为作出区别处理，其原因是从《刑法》第 144 条的构成要件来看，只有在食品（含食用农产品）生产、销售过程中使用有毒、有害的非食品原料的行为，才能以生产、销售有毒、有害食品罪定罪处罚。将屠宰相关环节对畜禽使用兽药和人用药行为一律以生产、销售有毒、有害食品罪定罪处罚，未充分考虑不同种类药品的属性差异和可能造成的危害，不符合《刑法》第 144 条的规定构成要件，不符合罪责刑相适应原则，也不利于区别对待、从严惩治严重危害食品安全犯罪。[①] 换言之，对于屠宰环节给动物体内注水或者使用药物的，要根据

① 参见安翱、高雨、肖凤：《〈关于办理危害食品安全刑事案件适用法律若干问题的解释〉理解与适用》，载《人民司法（应用版）》2022 年第 7 期。

该类物质的性状判断是否属于有毒、有害的非食品原料。上述意见符合司法实践的现状，也符合《刑法》第143条和第144条关于非法使用化学物质等行为的规范评价要求。这一规定对《2022年食品解释》第1条第（2）项的影响就是，同样属于关涉动物肉类及其制品的案件，也应当像第17条第2款一样对其适用作出实质解释，而不应当将该情形全部认定为“足以造成严重食物中毒事故或者其他严重食源性疾病”。比如，在生产、销售注水猪肉的案件中，根据有关法律规定，注水猪肉属于检验不合格的动物肉类。按照该解释项的认定规则，属于检验检疫不合格的畜、禽、兽、水产动物肉类及其制品的，就认定为“足以造成严重食物中毒事故或者其他严重食源性疾病”。然而，注水猪肉虽然是检验不合格的动物肉类，但这种不合格的肉类并不会产生上述严重的危险性，因此，如果进行危险性鉴定的话，是不能得出上述结论的。① 这也是第17条第2款作出新界定的缘由。

基于上述分析，笔者认为，对于这三类动物肉类及其制品，应当分别作出实质解释，即对于病死、死因不明的动物肉类及其制品，应当确定肉类及其制品中含有病菌的类型和数量，只有查实确有高致病性甚至致死性的病菌，才能认定为“足以造成严重食物中毒事故或者其他严重食源性疾病”。对于检验检疫不合格的动物肉类及其制品，应当根据不合格的理由对其进行区分，如果只是违反监管程序或者一些外观性状等原因而导致的不合格，不会严重威胁人身安全，则不宜纳入此类评价。只有在理化指标、微生物指标等显示具有高致病性或者致害性时，才能将其认定为“足以造成严重食物中毒事故或者其他严重食源性疾病”。

3. 关于第1条第（3）项的司法适用

第（3）项“国家为防控疾病等特殊需要明令禁止生产、销售的”食品，司法适用中对于何为“防控疾病等特殊需要”存在理解上的分歧。比如，在“海丝螺案”中，王某为招揽顾客多赚钱，在明知海丝螺有毒且不能销售的情况下，以每盘250克售价35元销售获利，累计销售30盘共计7.5千克，销售额为人民币1050元。经鉴定，所售海丝螺为织纹螺，含有河豚毒素，食用后可引起头晕、呕吐、口唇及手指麻木等中毒症状，属于原国家食品药品监督管理总局、原国家卫生和计划生育委员会明确要求不得采购、加工和销售的有毒生

---

① 参见赵秉志、张伟珂：《食品安全犯罪司法认定问题研究——以法释〔2013〕12号司法解释为视角》，载《中南民族大学学报（人文社会科学版）》2017年第2期。

物。法院认为，根据《2013 年食品解释》第 1 条第（3）项之规定，被告人销售的海丝螺，足以造成严重食物中毒事故或者其他严重食源性疾病，应认定为生产、销售不符合安全标准的食品罪。① 该案中，司法机关就将“海丝螺”认定为“国家为防控疾病等特殊需要明令禁止生产、销售”的食品。客观而言，海丝螺的确是具有较强毒害性的，正如原国家卫生和计划生育委员会 2012 年发布的《关于预防织纹螺食物中毒的公告》中所提到的，“引起织纹螺（注：俗称海丝螺）中毒的主要原因是其含有的河豚毒素，食用后可产生头晕、呕吐、口唇及手指麻木等中毒症状，潜伏期最短为 5 分钟，最长为 4 个小时。对食用织纹螺引起的中毒，目前尚无特效治疗解毒药物”，因此，“为保护消费者身体健康，为避免此类事件的再次发生，任何食品生产经营单位不得采购、加工和销售织纹螺”。禁止销售海丝螺，的确是为了避免食物中毒，但这是否可以被认定为是“国家为防控疾病等特殊需要”呢？对此，最高人民法院在制定《2022 年食品解释》时提到，该解释第 1 条沿用了《2013 年食品解释》将实践中具有高度危险的一些典型情形予以类型化的认定方式，其中，第（3）项中“防控疾病”是指人类可能患有的疾病，包括人畜共患疾病，但不包括非洲猪瘟等人类不会患有的疾病，因此，生产、销售感染非洲猪瘟的生猪及其制品，不能适用《2022 年食品解释》第 1 条第（2）项、第（3）项的规定以生产、销售不符合安全标准的食品罪定罪处罚，但根据《2022 年食品解释》第 13 条第 2 款的规定，构成生产、销售伪劣产品罪，妨害动植物防疫、检疫罪等其他犯罪的，可依照该其他犯罪定罪处罚。② 据此，该项中的“防控疾病”具有两个特点：一是以防控人类可能患有的疾病为准，不能使人类感染的疾病，不在这个范畴内。因此，司法实践中对于因销售非洲猪瘟病毒的动物肉类及其制品行为，按照本条规定定罪论处是不妥当的。③ 二是这里的人类疾病应当包括食物中毒事故。《刑法》第 143 条对于该罪的危险性做了限定，即严重食物中毒事故或者其他食源性疾病，虽然看似将食物中毒事故和食源性疾病作为并列概念，但是将前者纳入“疾病”范畴并没有超出基本内涵，并能保持处理规则上的一致性。基于此，上文提到的国家有关部门为防止食物中毒而禁止销售的海

---

① 参见浙江省舟山市定海区人民法院（2018）浙 0902 刑初 269 号刑事判决书。

② 参见安翱、高雨、肖凤：《〈关于办理危害食品安全刑事案件适用法律若干问题的解释〉理解与适用》，载《人民司法（应用版）》2022 年第 7 期。

③ 通过查询“威科先行·法律信息库”发现，因销售含有非洲猪瘟病毒的动物肉类而被判处《刑法》第 143 条之罪的案件有 81 起。

丝螺，也可以适用该项规定将其认定为“足以造成严重食物中毒事故或者其他严重食源性疾病”的食品。

这里需要提到的是，实践中这类案件有很多类型，比如常见多发的销售河豚案件也多被认定为《刑法》第143条之罪。因为根据《农业部办公厅、国家食品药品监督管理总局办公厅关于有条件放开养殖红鳍东方鲀和养殖暗纹东方鲀加工经营的通知》（农办渔〔2016〕53号）的规定，禁止经营养殖河豚活鱼和未经加工的河豚整鱼，禁止加工经营所有品种的野生河豚。但是，笔者认为，河豚虽然具有较强的毒害性，但是这种毒害性却可以通过加工技术而改变，所以对于该类案件的处理应当通过实质判断而区别对待。一方面，对于野生河豚、河豚活鱼或者河豚整鱼，虽然为防止食物中毒而禁止养殖，但是这些鱼本身并不必然导致食物中毒，而可以通过一定技术手段来清除毒素。正如该公告中所提到的，“养殖河豚加工企业应当按照河豚加工技术要求去除有毒部位和河豚毒素，河豚可食部位（皮和肉可带骨）经检验合格后附检验合格证方可出厂”，“河豚产品的河豚毒素含量不得超过2.2mg/kg（以鲜品计）”，据此，销售上述类型的河豚的，不宜直接认定为“足以造成严重食物中毒事故或者其他严重食源性疾病”，① 毕竟这一结果只是可能性结果（取决于加工者的技术方式）而非必然性结果。另一方面，对于销售河豚加工产品的，应当对该产品中的河豚毒素进行具体判断，当河豚产品的河豚毒素含量未超过2.2mg/kg时，属于合格产品，而当超过这个含量时，则需要进一步确定是否严重超出这一标准限量而足以造成《刑法》第143条之危险。

4. 关于第1条第（5）项的司法适用

该项规定的“其他足以造成严重食物中毒事故或者严重食源性疾病的情形”该如何理解，在司法实践中也存在较大争议。常见情形主要集中在以下三类：

（1）将滥用食品添加剂的行为认定为这一情形。比如，在“油条添加明矾案”中，被告人李某英在油条制作过程中过量添加明矾。经中国检验认证集团湖南有限公司认定，抽样的油条铝含量为5.04×10^2mg/kg，达到《食品安全国家标准食品添加剂使用标准》铝含量标准限值（≤100mg/kg）的5.04倍。司

---

① 当然，如果经营者故意隐瞒河豚的毒害性，以完全符合食品安全标准的名义对外出售，那么，这种行为方式本身为提高“河豚”的危险性——使消费者忽略加工的技术标准，危险大大提高，此时，可以认定为“足以造成严重食物中毒事故或者其他严重食源性疾病”。

法机关以其属于“其他足以造成严重食物中毒事故或者严重食源性疾病的情形”为由，判处被告人生产、销售不符合安全标准的食品罪。[①]

（2）将非法添加危险化学物质的行为认定为这一情形。比如在“氢化物白酒案”中，被告人李某某在不确认白酒是否合格的情况下，从上门推销的供货商处以4元/公斤的价格购入4桶（每桶40公斤）无标示、无合格证的散装白酒，并以6元/公斤的价格销售。经检验，该批次白酒中氰化物含量为40.6mg/L，严重超出国家标准限量（8.0mg/L）。司法机关以其属于“其他足以造成严重食物中毒事故或者严重食源性疾病的情形”为由，判处被告人生产、销售不符合安全标准的食品罪。[②]

（3）将为预防特定疾病而禁止生产、销售的食品认定为这一情形。比如在“深井海藻盐案”中，被告人李某某向一陌生人以每件（20公斤，内装有50小袋，每袋400克）83元购得深井海藻碘盐15件，放在其自己经营的门市部进行销售。经国家盐产品质量监督检验中心检测，按《绿色食品食用盐》（NY/T1040—2012）中加碘精制盐标准检验，其中亚铁氰化钾、碘项目不符合标准规定，其他项目符合标准规定，结论为该深井海藻碘盐不合格。司法机关以其属于“其他足以造成严重食物中毒事故或者严重食源性疾病的情形”为由，判处被告人生产、销售不符合安全标准的食品罪。[③] 上述案件的共同特点是，将司法解释中其他条文明确规定的情形仍然作为《2013年食品解释》第1条第（5）项兜底性情形。虽然这种做法在结论上并不会引起太大争议，但法律适用的不规范表明仍然有对该项规定进行阐释的必要。

在笔者看来，对该项规定中的“其他”进行理解时，应当遵循以下三个原则：

第一，对于《2022年食品解释》中其他条文已经有明确规定的，不能适用该项兜底性条款。本条与其他条文之间系一般规定与具体规定的关系，后者适用具有优先性；特殊条款为一般条款的解释提供了可参考的标准，具有解释论的意义，故而一般条款只能适用缺乏明确规定的情形。比如，该解释第5条规定，“在食品生产、销售、运输、贮存等过程中，违反食品安全标准，超限量或者超范围滥用食品添加剂，足以造成严重食物中毒事故或者其他严重食源

① 参见湖南省永顺县人民法院（2017）湘3127刑初52号刑事判决书。
② 参见浙江省缙云县人民法院（2018）浙1122刑初14号刑事判决书。
③ 参见山西省静乐县人民法院（2017）晋0926刑初2号刑事判决书。

性疾病的，依照刑法第一百四十三条的规定以生产、销售不符合安全标准的食品罪定罪处罚”；“在食用农产品种植、养殖、销售、运输、贮存等过程中，违反食品安全标准，超限量或者超范围滥用添加剂、农药、兽药等，足以造成严重食物中毒事故或者其他严重食源性疾病的，适用前款的规定定罪处罚”。而第15条第2款也规定了“生产、销售用超过保质期的食品原料、超过保质期的食品、回收食品作为原料的食品，或者以更改生产日期、保质期、改换包装等方式销售超过保质期的食品、回收食品”，构成生产、销售伪劣产品罪与生产、销售不符合安全标准的食品罪等罪名的，择一重罪处罚。因此，对于滥用食品添加剂、工业添加剂、农药、兽药，或者使用回收食品生产食品等行为，不能适用该项规定，上文提到的三类案件按照该项规定定性处理都是不妥当的。相反，前文所提到的销售河豚整鱼或活鱼的案件，在商家故意隐瞒河豚种类的情况下则可以适用这一兜底性条款。

第二，《刑法》第144条“掺入（有）有毒、有害的非食品原料的食品”属于该项规定中的“其他”。《2022年食品解释》在《2013年食品解释》的基础上，进一步限定了有毒、有害的非食品原料的类型，第9条第（1）项和第（2）项增加了“因危害人体健康”被禁用的限制性规定，强调对第（1）项和第（2）项的禁用物质要进行有毒、有害的实质性判断，避免将禁用物质完全等同于有毒、有害的非食品原料。[①] 因此，刑法中“有毒、有害的非食品原料”一定属于对人体健康具有危害性的物质。如果行为人在食品中掺入了“有毒、有害的非食品原料”，就应当认定该食品“足以造成严重食物中毒事故或者其他严重食源性疾病”。当然，对于这一观点，也有学者持不同意见，认为并非所有危害人体健康的物质，均足以造成严重食物中毒事故或者其他严重食源性疾病。[②] 客观而言，依据该解释所确立的“有毒、有害的非食品原料”的认定标准，其毒害性未必均高于《刑法》第143条中的类型，比如河豚毒素的毒害性要远高于一般的有毒、有害的非食品原料，但前者只是可能被认定为“足以造成严重食物中毒事故或者其他严重食源性疾病”。笔者认为，有毒、有害的非食品原料均应认定为“足以造成严重食物中毒事故或者其他严重食源性疾病”，是从规范条件的体系解释的角度作出的判断。因为《刑法》第144条系

---

① 参见安翱、高雨、肖凤：《〈关于办理危害食品安全刑事案件适用法律若干问题的解释〉理解与适用》，载《人民司法（应用版）》2022年第7期。

② 参见时延安、郑平心：《网络直播中违法营销食品的刑法问题》，载《公安学研究》2022年第3期。

抽象危险犯，且基本法定刑最高为五年有期徒刑，而《刑法》第143条系具体危险犯或者准抽象危险犯，法定刑也低于前者，所以从类型化的角度，《刑法》第144条中掺入有毒、有害的非食品原料的食品之危险性，应当是重于《刑法》第143条不符合安全标准的食品，将前者一概评价为后者也是合乎规范逻辑的。将“掺入有毒、有害的非食品原料”的食品，解释为“足以造成严重食物中毒事故或者其他严重食源性疾病”的食品，有助于解决无法证明《刑法》第144条主观明知情况下不法行为的定性问题。在司法实践中，一些案件因客观原因无法证明不法者对食品中掺入有毒、有害的非食品原料存在主观明知，而《刑法》第143条的主观明知之证明较为容易，因此，将“掺入有毒、有害的非食品原料”的食品解释为该项中“其他”，就可以将生产、销售有毒、有害食品的行为认定为《刑法》第143条之罪。

第三，对其他物质危险性的判断，应当在科学原则与规范目的之间实现平衡，而不能过于追求科学上的精确性。在风险社会中，人类对风险的感知往往带有较强的偶然性，而人类的实践能力也必然受制于诸多外在条件。因此，在食品安全风险的证明上，如果过于渴求危险性的科学证成，就可能因人类的技术缺陷而埋下隐患。尤其是食品工业技术的发展所带来的风险，我们必须正视。此时，“如果有人坚持严格的因果证据，他便扩大了对工业污染和文明疾病的否认，而减少了对他们的识别。‘纯粹’的科学是无辜的，风险研究者捍卫了‘因果证明的精湛技艺’，从而阻挠了市民的抗议。它以缺少因果关系为由，把这些运动扼杀在摇篮里。风险研究者看似在降低工业成本，让政客无后顾之忧，事实上，他们为普遍的生命威胁打开了一道闸门”。① 因此，在坚持“无法证明安全的食品就是不安全的”这一点前提下，设定刑事危险性的评价标准，是基于对公众健康安全的保护——需要考虑规范目的即通过设定法律红线引导生产经营者安全经营，为公众提供安全的食品。就此而言，刑法中对于“其他”情形中危险性标准的设定，并非基于危险的现实性，而是危险的不可知性。当然，这并非意味着可以随意设定“足以”的标准，仍然要考虑科学可以接纳的空间，即将那些已确证不会造成人体伤害的情形排除在外，而对危险性强化证据证明。在笔者看来，要保障此类案件的规范处置，至少在省级层面要成立相关领域的专家库资源，不管是从权威性还是公开性的角度，都有助于

---

① ［德］乌尔里希·贝克：《风险社会：新的现代性之路》，张文杰、何博闻译，译林出版社2018年，第67页。

为案件办理提供合理、科学的专家意见，帮助公安司法机关乃至辩护方提供客观、公正的法律支持，推动案件规范办理。[①]

二、共犯规则：片面帮助与共犯明知的认定

由于刑法只是规定了生产、销售伪劣食品犯罪的定罪量刑问题，因此，帮助生产、销售伪劣食品的行为人运输、储存等行为，该如何处理，在实践中引发了诸多争议。为了扫除滋生危害食品安全犯罪的环境条件，依法惩治危害食品安全犯罪的各种帮助行为，做到除恶务尽。[②] 《2022 年食品解释》保持了《2013 年食品解释》关于危害食品安全犯罪共同犯罪的处理原则，即“明知他人生产、销售不符合食品安全标准的食品，有毒、有害食品，具有下列情形之一的，以生产、销售不符合安全标准的食品罪或者生产、销售有毒、有害食品罪的共犯论处：①提供资金、贷款、账号、发票、证明、许可证件的；②提供生产、经营场所或者运输、贮存、保管、邮寄、网络销售渠道等便利条件的；③提供生产技术或者食品原料、食品添加剂、食品相关产品的；④提供广告等宣传的”。从该规定来看，行为人成立共犯，只要求其意识到为他人生产、销售伪劣食品提供帮助即可，不需要双方具有共同犯罪的意思联络。也就是说，司法解释肯定了片面帮助行为成立共同犯罪的观点。这种以司法解释的形式将片面帮助行为共犯化是否妥当，值得探讨。对此，笔者认为，刑法立法层面一直对片面共犯持消极态度，而司法解释中对此保持不断扩张之态，从罪刑法定原则等角度来看，有必要在立法上吸收片面共犯的相关理论成果，或者通过指导案例的形式明确具体操作规则。[③]

（一）片面帮助与共同犯罪的关系之争[④]

片面帮助行为能否成立共同犯罪，核心问题是如何理解《刑法》第 25 条

① 参见赵秉志、张伟珂：《食品安全犯罪司法认定问题研究——以法释〔2013〕12 号司法解释为视角》，载《中南民族大学学报（人文社会科学版）》2017 年第 2 期。

② 参见陈国庆、韩耀元、吴峤滨：《〈关于办理危害食品安全刑事案件适用法律若干问题的解释〉理解与适用》，载《人民检察》2013 年第 13 期。

③ 参见赵秉志、张伟珂：《食品安全犯罪司法认定问题研究——以法释〔2013〕12 号司法解释为视角》，载《中南民族大学学报（人文社会科学版）》2017 年第 2 期。

④ 参见赵秉志、张伟珂：《食品安全犯罪司法认定问题研究——以法释〔2013〕12 号司法解释为视角》，载《中南民族大学学报（人文社会科学版）》2017 年第 2 期。

所规定的“共同故意犯罪”。这也直接影响了司法实践中片面帮助行为的性质认定。比如在“无根豆芽案”中，被告人雷某某、谭某某夫妻二人为了提高销售量，在生产豆芽的过程中，在豆子里添加无根素，使豆芽胖且根须短。被告人胡某某销售黄豆等物品，同时向豆芽商销售无根素，其中就包括被告人雷某某、谭某某等人。公诉机关以被告人雷某某、谭某某、胡某某涉嫌生产、销售有毒、有害食品罪向法院提起公诉。在案件审理期间，被告人胡某某辩称其与雷某某、谭某某没有共谋，也没有获取利润，不能认定为是共同犯罪。法院认为，被告人胡某某在得知无根素系国家明令禁止使用的添加剂后，仍然为雷某某等人提供无根素生产、销售豆芽。根据《2022 年食品解释》第 14 条第（3）项“提供生产技术或者食品原料、食品添加剂、食品相关产品”的规定，应以生产、销售有毒、有害食品罪的共犯论处。[①]

该案中，虽然辩护人提出公诉方无证据证明胡某某与雷某某、谭某某共谋实施犯罪行为，不符合共同犯罪的构成特征，但司法机关作出有罪判决时，没有对被告人之间是否曾有共谋进行说明，而是直接引用司法解释中的共犯条款。可以说，该判决错失了借此阐明片面帮助行为与共同犯罪关系的机会，回避了司法解释中共犯条款与共同犯罪通行理论之间的冲突。之所以这样说，与我国刑法学研究中占主导地位的共同犯罪的构成特征理论密切相关。

片面共犯能否认定为共同犯罪，是古今中外刑法理论中长期存在的争议问题。对于主张片面共犯不是共同犯罪的学者看来，片面共犯不符合我国刑法中共同犯罪成立的主观条件，即共同犯罪的故意。该观点认为，“共同犯罪故意”包括了“共同”和“犯罪故意”两个要素。其中，“共同”是量的要素，指二人以上具有共同实施犯罪的意图，区别于单独犯罪的罪过和相互之间没有意思联络的同时犯等，体现了其区别于一般犯罪故意的特殊性。所以，共同犯罪故意，是指行为人之间通过意思的传递、反馈而形成的，明知自己是和他人配合共同实施犯罪，并且明知共同的犯罪行为会发生某种危害社会的结果，而希望或者放任这种危害结果发生的心理态度。[②] 按照上述观点，成立共同犯罪的故意，不仅要求共犯人明知自己是和他人配合共同实施犯罪，而且要求犯罪人之间有实施犯罪的意思传递和反馈，从而否定了片面共犯中行为人单方面知道和他人实施犯罪，也可以成立共同犯罪故意的主张。然而，主张片面共犯属于共

---

① 参见四川省广安市广安区人民法院（2014）广安刑再初字第 1 号刑事判决书。

② 参见赵秉志：《“片面共犯”不能构成共同犯罪》，载《检察日报》2004 年 7 月 8 日。

同犯罪的观点则与之相反，强调共同犯罪的成立并不要求两人之间有意思联络，这其中，既有观点认为“共同故意犯罪”是指共同“地”故意“的”犯罪，共同修饰的是“犯罪”而非“故意”，这样一来，“共同故意犯罪”就是二人以上客观上共同促成犯罪行为及其结果。① 也有学者认为，共同犯罪故意包括两种形式：一种是行为人之间具有相互认识的全面共同故意，另一种是行为人之间具有单方认识的片面共同故意，即单方面认识也属于主观联系的一种方式，从而将片面共犯认定为共同犯罪。② 从上述分歧可以看出，如何理解共同犯罪故意是问题的焦点所在。上述两种不同的学理解释基于不同的立场对片面共犯作出了截然相反的阐释，但都对立法和司法实践产生了重要影响。

在刑法立法上，我们看到通行观点依然是片面共犯不属于共同犯罪，即便是全国人大常委会法工委在对刑法典做条文释义时，也表达了同样的看法，认为，共同故意犯罪的主观方面，要求每个犯罪必须有共同故意，即不仅犯罪人对自己实施的危害行为都持故意的心理态度，而且每个犯罪人相互明知，认识到自己和其他人共同进行某一项活动，③ 从而否定了片面共犯属于共犯的一部分。此外，在刑法分则有关共同犯罪的规定中也强调通谋的意思。如《刑法》第 156 条、第 310 条和第 349 条第 3 款都专门规定了帮助行为以共犯论处的问题，但无不在帮助行为之外要求有事先通谋，强调共犯人在共同犯罪故意上的双向性。当然，在立法上，刑法分则在个别犯罪中也明确规定了片面帮助行为以共犯论处。如《刑法》第 350 条第 2 款规定，明知他人制造毒品而为其提供制毒物品的，以制造毒品罪的共犯论处。在司法上，将片面帮助行为认定为共犯的主张在多种犯罪的司法解释中都有所体现。前述《2013 年食品解释》《2022 年食品解释》关于共犯的认定并非首创，早在 2004 年 12 月 8 日最高人民法院、最高人民检察院《关于办理侵犯知识产权刑事案件具体应用法律若干问题的解释》等多个司法解释中规定了特定犯罪中片面共犯的认定规则。然而，需要注意的是，在司法实践中，对于司法解释明确规定的片面共犯处理规则，司法机关固然会依法而行，但对于司法解释之外的片面帮助行为能否认定为共犯，司法机关的理解并不统一。如在最高人民法院发布的中国刑事审判指

---

① 参见李强：《片面共犯肯定论的语义解释根据》，载《法律科学（西北政法大学学报）》2016 年第 2 期。

② 参见田鹏辉：《片面共犯研究》，中国检察出版社 2005 年版，第 88 页。

③ 参见全国人大常委会法制工作委员会刑法室编：《〈中华人民共和国刑法〉条文说明、立法理由及相关规定》，2009 年版，第 38 页。

导案例“马俊、陈小灵等盗窃、隐瞒犯罪所得案”的裁判理由中明确提到，共同犯罪要求各共同犯罪人之间必须有共同的犯罪故意，即共同犯罪人存在一定的意思联络，认识到其行为会发生危害社会的后果，并决定参与共同犯罪。这种意思联络，必须发生在犯罪既遂前。[①] 就此而言，该案件的裁判理由仍然沿袭了刑法理论中共同犯罪成立需要共犯人之间有意思联络的通行观点，否定了片面帮助行为的成立空间。

从上述分析可以看出，不管是刑法理论，还是司法实践，抑或刑法典本身规定，在片面共犯问题上尚未有统一的理解。由此引发出来的问题是，在司法实践中能否按照通行理论来评价片面帮助行为的违法性问题，尤其是在司法解释中，能否直接将片面帮助行为认定为共犯。片面帮助行为是否符合共同犯罪构成，在个案中只是关系到被告人的人身自由，但在司法解释中，则体现了该规范性文件是对刑法适用疑难问题的合理解释，还是超越刑法规定去解释疑难问题。这也是《2022 年食品解释》第 14 条所面临的现实问题。

（二）《2022 年食品解释》第 14 条规范评述[②]

按照通说观点，作为“共犯关系”存在的主观要件共同犯罪故意必须是双向的。因此，从逻辑上说，共同犯罪中根本没有片面共犯的成立空间。[③] 但是，认为片面共犯应当成立共犯的学者则大多认为，现实存在的片面帮助行为具有严重社会危害性，如果不能运用共犯理论予以处理，则很难让人接受。[④]《2022 年食品解释》第 14 条的立法初衷也是如此。也就是说，在理论上，我们可以基于犯罪治理的需要而选择一种合适的理解方式，以确保刑法能够有效地发挥作用，那么，在司法解释中，解释者能否为了实现犯罪惩治的需要而规定片面共犯属于共同犯罪呢？这就取决于我们对待片面共犯的立场。

从刑法体系来看，刑法中个别条文承认片面帮助犯属于共同犯罪，只是一种例外，是在刑法总则规定之外在分则具体罪名中作出的特殊性规定，而不具

① 参见最高人民法院刑事审判第一、二、三、四、五庭主编：《中国刑事审判指导案例（危害国家安全罪、危害公共安全罪、侵犯财产罪、危害国防利益罪）》，2009 年版，第 597 页。

② 参见赵秉志、张伟珂：《食品安全犯罪司法认定问题研究——以法释〔2013〕12 号司法解释为视角》，载《中南民族大学学报（人文社会科学版）》2017 年第 2 期。

③ 参见王志远：《我国现行共犯制度下片面共犯理论的尴尬及其反思》，载《法学评论》2006 年第 6 期。

④ 参见张明楷：《刑法学》（第 5 版），法律出版社 2016 年版，第 435~436 页。

有普遍性的意义。必须承认的是，不管是全国人大法工委在刑法释义中的观点，还是学者们做出的通行主张，都属于学理解释的范畴。就此而言，片面共犯否定论、肯定论都不能简单否定，而应当理性看待。但是这并不意味着我们在处理司法问题尤其是制定司法解释时可以自由地选择解释的方式而不受刑法规范的限制。在笔者看来，如果说刑法中承认片面共犯的话，那也是分则中作出的例外性规定，而不是总则所确立的共犯原则。有学者认为，《刑法》第198条第4款、第350条第2款规定的以共犯论处的情形，都属于注意性规定，因为这些行为完全符合刑法总则所规定的共同犯罪的成立条件。[①] 但是，这样一来，《刑法》第156条、第310条、第349条第3款规定相关行为以共犯论处时要求事先通谋或者事前通谋的限制性条件，岂不多余？毕竟，按照共同犯罪理论，片面帮助行为成立共同犯罪是不存在双方通谋一说的。所以，这两种不同的共犯表述方式所表达的含义以及对条文性质的影响是不同的。《刑法》第156条、第310条、第349条第3款三个条款以事前通谋限制共犯的成立范围，是对《刑法》第25条共同故意犯罪主观的重申，因此，这三个条款属于注意性条款。而《刑法》第198条第4款、第350条第2款由于对帮助行为的定性并不要求参与人之间存在通谋，不属于注意性条款，而是法律拟制性规定。其实，司法解释者在规定这一条时对背景的简单描述，也印证了这一点。毕竟，如果我国刑法关于共同犯罪的理论全面肯定片面共犯的话，该条司法解释就没有必要，更没有必要详细列明帮助行为的性质，以明确打击范围。就此而言，刑法中虽然存在片面帮助行为成立共犯的规定，但是这种规定不具有普遍性，而是刑法总则共同犯罪规定的一种例外。所以，《2022年食品解释》第14条承认片面帮助行为的共犯性，是有超越刑法立法解释嫌疑的。

但毋庸置疑的是，《2022年食品解释》第14条具有重要的实践意义。面对严峻的食品安全形势，党和国家明确提出了以“四个最严”的标准来治理食品安全违法犯罪行为。其中，最严厉的监管、最严格的处罚，既是对食品安全法的要求，也是对刑事立法和刑事司法的期待。就此而言，立足于严密法网、严厉打击危害食品安全犯罪现实需要而规定上述共犯条款，应当得到积极评价。那么，在司法实践中，若行为人以通说观点解释刑法总则关于共同犯罪的有关规定，能否抗辩《2022年食品解释》第14条的有效性呢？笔者认为，虽然第14条的规定与通行观点不符，甚至有越权解释的嫌疑，但是，在没有宣布该项

---

① 参见张明楷：《刑法分则的解释原理（第二版）》，中国人民大学出版社2011年版，第623页。

司法解释无效的情况下，基于司法解释公信力及其法律效力的天然性，应当尊重第14条关于以共犯论处的司法规则。犯罪嫌疑人、被告人以该条规定不符合《刑法》第25条规定为由提出抗辩的，司法机关可以不予采信。

但是从长远来看，基于罪刑法定原则的考量，关于片面共犯的问题，由刑法立法来解决更为适宜，而不是通过司法解释对各种类型犯罪中的片面帮助行为逐个解释。为此，可以考虑以下三种方式：一是在立法上丰富危害食品安全犯罪的行为类型，在生产、销售行为之外增加独立的犯罪类型。其实，除了《2022年食品解释》第14条所列举的四种情形以外，现实中还有许多具有严重危害食品安全的不法行为。如明知他人利用网络实施生产、销售伪劣食品，为其犯罪提供互联网接入、服务器托管、网络存储、通信传输等技术支持或者广告推广、支付结算等帮助的行为。[①] 因此，在当前生产、销售伪劣食品犯罪立法的基础上，将上述提供条件、帮助以及关联行为入罪化，不仅严密了刑事法网，而且有助于和食品安全法的法律责任体系相互衔接，密切两法衔接机制。二是借鉴《刑法》第350条第2款的规定，在《刑法》第143条、第144条中专门规定片面共犯的问题。在立法模式上，不需要像司法解释一样详细说明帮助行为的方式，以概括性表述更为妥当。司法解释以解决法律适用中的疑难问题，统一定罪量刑的规范为目的，所以解释务求详尽，但立法则要求具有包容性，以适应犯罪形势不断发展变化而不至于损害刑法的稳定性，故而只需表达出提供条件等片面帮助行为以共犯论处的处罚规则即可。当然，虽然说通过在分则中明确一些各罪构成要件的方式直接规定片面共犯，不利于维持构成要件行为的类型化，[②] 但是，这种方式的优点是维持了刑法总则关于共同犯罪规定的稳定性，避免了片面共犯范围的无限制扩张。三是对刑法总则有关共同犯罪的规定进行有权解释或者修改。总则与分则之间具有指导与被指导的关系，对总则的有权解释、修改，有助于维持犯罪构成的类型化，不过考虑到这一修改会对所有分则犯罪类型的共犯认定标准进行调整，因此，已经超越了危害食品安全犯罪的惩治问题。具体来说，这种模式既可以通过立法解释的方式进行，即对共同故意犯罪之主观特征进行有权解释，明确共同与犯罪故意之间的联系，从而解构传统“共犯关系”的整体性，为片面共犯的法定性提供依据；也

---

① 参见赵秉志：《为互联网时代的食药安全，提供有力的刑事法治保障》，载李春雷、许成磊主编：《惩治与保障：食品药品犯罪案件规范研究》，群众出版社2015年版，第4页。

② 参见王志远：《我国现行共犯制度下片面共犯理论的尴尬及其反思》，载《法学评论》2006年第6期。

可以在保持《刑法》第25条基本表述不变的情况下，增加片面共犯的规定，明确片面帮助行为、片面教唆行为等成立共犯的条件、特征。

（三）《2022年食品解释》第14条司法适用

该条款在司法适用中的难点，并非在于片面共犯的司法确认是否违反了刑法规范，而在于如何证明帮助者对实行行为人的行为存在“主观明知”。比如在前述“无根豆芽案”中，如何证明被告人之间存在“共谋”或者“单方面”的明知是认定问题的关键。对此，笔者认为，可以通过对帮助行为的类型化区分来加以解决。《2022年食品解释》第14条所确立的帮助行为主要包括四类：①物质帮助型，即提供资金、贷款、账号、发票、证明、许可证件的行为；②渠道帮助型，即提供生产、经营场所或者运输、贮存、保管、邮寄、销售渠道等便利条件的行为；③资源帮助型，即提供生产技术或者食品原料、食品添加剂、食品相关产品或者有毒、有害的非食品原料的行为；④推广帮助型，即提供广告宣传的行为。这四种帮助行为的表现形式各不相同，因此，在主观明知的评价上既有差异性又有共通性。所谓前者，是指行为方式不同，说明行为人参与生产、销售不符合安全标准食品或者有毒、有害食品案件的程度有所差异。比如，提供物质帮助、推广帮助的人员，可能未必会直接接触生产、经营过程甚至产品，而提供渠道和资源帮助的人员，对其经营模式、产品内容的了解程度可能会更高。这种情况下，不同人员对于产品本身的质量状况之认识也会存在相应的差异。所谓后者，是指这些行为本质上都是帮助行为，且都属于具有市场经营属性的行为，而非偶发性的行为，故而他们都承担着依法经营等法定义务，在参与市场活动中应尽到审慎的注意义务，这就为主观明知的认定提供了规范基础。

基于上述分析，笔者认为，对于主观明知的认定可以遵从一般性规则和特殊要求两个层面。

其一，对于一般性规则，主要是从片面共犯的角度来看，其对生产、经营不法性的认知和生产、经营者本身的身份属性应当是明知的，因为在帮助者知道实行行为人系食品生产、经营者的情况下，作为市场经营主体的帮助者就应当对食品安全经营义务有基本认知，故而两者在主观明知的评价上存在规则上的共通性。也就是说，《2022年食品解释》第10条规定的主观明知司法推定规则，应当同样适用于帮助者，即综合行为人的认知能力、食品质量、进货或者销售的渠道及价格等主、客观因素进行认定帮助者的主观明知。如果行为人长期从事相关食品、食用农产品生产、种植、养殖、销售、运输、贮存行业，不依法履行保障食品安全义务的，或者没有合法有效的购货凭证，且不能提供或者拒不提供销售的相关食品来源的；或者以明显低于市场价格进货或者销售且无合理原因的；或者在有关部门发出禁令或者食品安全预警的情况下继续销售的；或者因实施危害食品安全行为受过行政处罚或者刑事处罚，又实施同种行为的，可以认定为危害食品安全犯罪的“明知”，但存在相反证据并经查证属实的除外。当然，对于该主观明知推定规则所存在的问题，后续将做具体分析。

其二，关于审查中的特殊要求，需要考虑不同行业经营者注意义务的差异性。一般来说，不管是提供物质帮助、资源帮助抑或渠道帮助、推广帮助，对食品行业从业人员和产品的审查往往是形式审查，因此，要结合企业所属的行业规范来进行具体确认。比如，对于物流行业来说，判断物流经营者在对食品进行运输时，只需要按照法律规定的义务进行审查即可，如果被审查对象所提交的材料等完全符合法律规定的要求，不需要具体判断材料的真伪等实质内容。这一点在宣传推广行业也同样存在。比如，在“辛巴兜售假燕窝案”中，广州市市场监管局认为：“广州和翊电子商务有限公司（以下简称‘和翊公司’）作为涉事直播间的开办者，受商品品牌方广州融昱贸易有限公司（以下简称‘融昱公司’）委托，于2020年9月17日、10月25日，安排主播‘时大漂亮’通过快手直播平台推广商品‘茗挚碗装风味即食燕窝’。在直播带货过程中，主播仅凭融昱公司提供的‘卖点卡’等内容，加上对商品的个人理解，即对商品进行直播推广，强调商品的燕窝含量足、功效好，未提及商品的真实属性为风味饮料，存在引人误解的商业宣传行为，其行为违反了《中华人民共和国反不正当竞争法》第8条第1款的规定。……广州市场监管部门表示，在此次燕窝销售过程中，辛巴涉事直播公司存在引人误解的商业宣传行为，其行为违反了《中华人民共和国反不正当竞争法》第8条第1款的规定。根据《中华人民共和国反不正当竞争法》的规定，市场监管部门拟对其作出责令停止违法行为、罚款90万元的行政处罚。”① 在该案件中，有关部门认定和翊公司只是属于行政违法行为而不构成犯罪的重要原因之一就是其被食品生产

① 卢梦谦、林琳：《“辛巴直播带货即食燕窝”事件调查处理结果公布》，载《广州日报》2020年12月24日第A8版。

商所误导，不存在帮助虚假宣传的故意。而之所以作出这一认定，就在于其认为网络直播主体在推广有关商品时只负责形式审查义务而不对产品质量承担实质审查义务。因此，在把握广告商是否对危害食品安全犯罪存在明知时，其注意义务的审查以法律规定的法定义务为主，同时辅之以其对商品本身所具有的特殊认识来综合判断。

三、销售金额：销售价格与销售数量的认定

《2022 年食品解释》第 3 条规定："生产、销售不符合食品安全标准的食品，具有下列情形之一的，应当认定为刑法第一百四十三条规定的'其他严重情节'：（一）生产、销售金额二十万元以上的；（二）生产、销售金额十万元以上不满二十万元，不符合食品安全标准的食品数量较大或者生产、销售持续时间六个月以上的；……"第 7 条规定："生产、销售有毒、有害食品，具有下列情形之一的，应当认定为刑法第一百四十四条规定的'其他严重情节'：（一）生产、销售金额二十万元以上不满五十万元的；（二）生产、销售金额十万元以上不满二十万元，有毒、有害食品数量较大或者生产、销售持续时间六个月以上的；……"第 21 条规定："犯生产、销售不符合安全标准的食品罪，生产、销售有毒、有害食品罪，一般应当依法判处生产、销售金额二倍以上的罚金。共同犯罪的，对各共同犯罪人合计判处的罚金一般应当在生产、销售金额的二倍以上。"可以说，销售金额不仅影响主刑的适用，而且对于确定罚金刑有重要价值。如果在具体案件中不能确定销售金额，则罚金刑的合理性难免存在一些疑问。比如在"泡打粉包子案"中，法院虽然认定被告人自 2014 年 7 月开始在早点店制作小笼包子对外销售，且使用泡打粉，但是最终无法确定案发前含有泡打粉的包子的销售金额，故而法院只是以滥用食品添加剂认定被告人张某某犯生产、销售不符合安全标准的食品罪，却无法根据销售金额确定罚金数额。对此，即便判决中提到"并处罚金 5000 元（已缴纳）"，[1] 但据以裁判的理由则不甚明了。事实上，销售金额的确定规则，不仅在危害食品安全犯罪中容易成为争议问题，而且在经济犯罪中也普遍存在。故而探讨销售金额的司法认定具有重要的现实意义。

---

① 参见河南省延津县人民法院（2015）延刑初字第 07 号刑事判决书。

（一）销售金额的实践争议

根据2001年4月最高人民法院和最高人民检察院联合发布的《关于办理生产、销售伪劣商品刑事案件具体应用法律若干问题的解释》（以下简称《伪劣商品解释》），销售金额是指生产者、销售者出售伪劣产品后所得和应得的全部违法收入。而2004年12月22日起施行的《最高人民法院、最高人民检察院关于办理侵犯知识产权刑事案件具体应用法律若干问题的解释》（以下简称《知识产权解释》）第9条也将《刑法》第214条规定的“销售金额”解释为销售假冒注册商标的商品后所得和应得的全部违法收入。从这些规定来看，在内涵上，销售金额包括了已售商品所得和未售商品的应得收入两部分，当然，这里的未售商品所得也是有所限定的，即通常是指已经有明确销售对象但尚未交付的商品。如果是生产出来处于待售状态的商品，其价值只能认定为货值金额，不能是未售商品所得，否则就可能导致货值金额与销售金额两个概念的交叉重叠，使前者失去司法判断的独立性。但是，上述司法解释也仅仅是确定了销售金额的范围。实际上，关于销售金额的认定，主要涉及两个问题，一是涉案商品的销售价格，二是涉案商品的销售数量。确定了这两个范畴的认定规则，就可以直接确定销售金额。不过，现有的规范性文件只是明确了销售金额的内涵，在销售价格的认定上存在一些争议，并最终导致司法实践中缺乏统一的处理规则。

对于涉案商品的销售价格，《知识产权解释》第12条规定，“已销售的侵权产品的价值，按照实际销售的价格计算。制造、储存、运输和未销售的侵权产品的价值，按照标价或者已经查清的侵权产品的实际销售平均价格计算。侵权产品没有标价或者无法查清其实际销售价格的，按照被侵权产品的市场中间价格计算”。据此，该司法解释确定了销售价格的三种情形：一是已售商品按实际价格计算；二是待售商品以标价或者实际销售的平均价格计算；三是无法确定价格的，按照被侵权产品的市场中间价格计算。但是，《伪劣商品解释》规定的是“货值金额以违法生产、销售的伪劣产品的标价计算；没有标价的，按照同类合格产品的市场中间价格计算”。相比较而言，对于已经出售的商品按照实际价格计算，对于有标价的商品按照标价来计算，并无争议，而对于无法确定价格的，究竟是按照被侵权产品的市场中间价格计算还是同类合格产品的中间价格计算，两个解释并不一致。不过，对于危害食品安全犯罪而言，由于其犯罪类型属于生产、销售伪劣商品犯罪，且许多不符合安全标准的食品未必侵犯了其他产品的知识产权，故而适用后者规定以同类合格产品的中间价格计算更为合适。但是，商品流通的复杂性，使得如何确定商品的中间价格等依然存在争议。比如对于有多个中间商的环节，以哪一个环节的价格作为中间价格本身就容易产生争议。这一点还需要继续探讨。

在司法实践中，该如何确定涉案商品的销售金额，尤其是商品销售的时间段以及已售商品的质量，往往会存在较大争议。毕竟，已售食品的命运是被人食用，如何证明已售食品的质量与未售商品的质量一样，存在证明上的困难。司法机关在面对因销售时长、已售食品质量等争议而导致的销售金额认定疑点时，在坚持有利于被告人的原则下，也从不同角度进行了探索。

其一，依据交易习惯确定销售金额。在“工业盐冒充食盐案”中，法院虽然认为公诉机关认定的销售金额不妥，但同时认为，被告人李某某购进工业盐633 吨，购进价 354240 元，并且购进的工业盐以食盐名义进行销售，依据交易习惯，其销售金额应大于购进金额，超过 20 万元以上，从有利于被告人的原则出发，最终确定确定被告人李某某的销售金额为 354240 元，[①] 也就是说，在现有证据无法确定销售金额的情况下，以买入价等同于售出价来确定销售金额。

其二，依据就低认定原则确定销售金额。在“死牛肉案”中，法院认为，被告人李某与马某某销售牛肉款全部通过银行汇款凭证结算，二人在侦查阶段均供述该款中既包括好牛肉的款项，也包括死牛肉的款项，且供述反复不一致，数额无法确定，公诉机关再无其他证据与汇款凭证相互印证，故该汇款凭证不能证实被告人李某与马某某的销售牛肉往来款项 320573 元全部系销售病死、死因不明的牛肉款，出示的证据不能完全排他。在审理期间侦查机关依法调取了马某某销售死牛肉的记账本，所记载的销售金额是马某某向李某等人销售金额的最低数额，结合记账本和本案实际，本着有利于被告人的就低认定价值的原则，认定被告人李某与马某某销售死牛肉的金额为 157835.2 元。[②] 在该案中，司法机关在无法确定涉及销售金额的情况下，以被告人账本上的记账数额确定了最低销售金额。

其三，依照公平原则确定销售金额。在“注水牛肉案”中，法院认为，根

---

① 参见安徽省蚌埠市蚌山区人民法院（2015）蚌山刑初字第 00177 号刑事判决书。

② 参见陕西省定边县人民法院（2014）定刑初字第 00066 号刑事判决书。

据南京市溧水区畜牧兽医站的证明，可以证实该地区成年黄牛净肉率为40%，被告人李某甲供认净肉率为35%，牛肉的销售价格从人民币25元/斤至36元/斤不等。虽然牛肉已灭失，但是本案的三被告人的供认、相关证人证言、工商部门的现场笔录以及区畜牧兽医站出具的证明均相互印证，根据公平原则，作出有利于被告人的认定，即生产、销售涉案产品的数量为2013年12月27日至2014年1月14日每天3头，共计57头，每头牛重量取最轻的800斤，净肉率为35%，每头牛出肉为280斤，价格取人民币25元/斤，认定三被告人生产、销售涉案产品金额总计人民币399000元。①

这三起案件虽然在确定销售金额上采取了不同原则，但是都遵循着有利于被告的基本方向，只是在具体运用因案件不同而所有差异。比如，对于依据交易习惯确定销售金额时，通常适用于有中间商的场合，即转售行为往往有价格差，此时以买入价核算销售金额通常不会导致销售金额的认定偏高，即确定了涉案金额也有利于被告人，容易为双方所接受。但是这种做法对于那些存在再加工的案件来说，可能导致销售金额认定偏低，难以反映实际交易情况，故而不宜作为普遍性规则。对于依据就低原则确定销售金额的情形，是以经营者的账本为核算依据，应当说这具有一定的准确性，毕竟，作为书证，账本本身的证明力是强于其他言词证据的。就此而言，所谓的就低原则，也是在无法通过供述等其他证据确定销售金额的情况下，依据书证这一客观证据来认定交易事实。因此，该做法更具合理性。然而，在很多案件中，尤其是小作坊、黑作坊等场合，不法者未必会将销售情况统计入册，这种情况下该规则就难以适用。依照公平原则确定销售金额，看似简单实则较为复杂。正如在“注水牛肉案”中，多少牛被注水、销售时间多长、销售了多少牛肉，都会成为影响公正性的因素。因此，公正原则的背后必然是对案件事实的充分查证，否则，所谓的“公正”也只是存疑有利于被告人的一个变换而已。事实上，在很多案件中，很难做到像该案件一样有较多的证据以及运用详细的计算方式，言词证据、书证之间甚至会存在不同程度的不一致甚至矛盾，在这种情况下，如何确定销售金额，实际上是证明方式的选择问题。如果缺乏这些方式的合理审理，就可能导致案件裁判依据的模糊性，有损司法公信力。比如在“豆腐丝案”中，法院认定，从2017年7月至2018年12月，张某、张明某在其家中生产豆腐丝，并在生产过程中添加苯甲酸钠。被告人任保某明知该两人生产的豆腐丝中含有苯

① 参见江苏省南京市溧水区人民法院（2014）溧刑初字第225号刑事判决书。

甲酸钠仍进行全部收购、销售，生产、销售金额共计 50 余万元。被告人及辩护人对此有异议。法院对此的回应是，根据被告人张某、任保某在公安机关的供述，可以认定销售金额最低为 50 万元；从被告人任保某让任某送黄豆的数量上来看，也可以认定销售金额最低为 50 万元，故对三被告人及辩护人的意见，不予采信。① 可以说，该判决只是笼统地提及被告人供述，没有综合运用其他证据加以确证，径直认定销售金额的做法，是值得商榷的。

（二）销售金额的司法认定

1. 关于销售价格的确定

只有明确商品的价格，才能确定商品的销售金额，前述司法解释规定的三种方式成为判断销售金额的基本逻辑，即在确定销售价格时，应当坚持根据已售商品的实际价格、未售商品的实际价格或者标价以及同类合格产品的市场中间价格计算。这三种计算方法不是任选的，而是具有先后序位，只有按照前种方法无法认定产品的价格时，才适用后种方法进行计算。② 但是，对于销售价格不稳定或者不能查清实际销售价格时的计算方式，理论上存在诸多争议。比如，在前述“注水牛肉案”中，牛肉的销售价格从人民币 25 元/斤至 36 元/斤不等，每个价格所对应的牛肉数量是难以确定的。这种情况下，法院最终按照有利于被告人的原则，将价格认定为人民币 25 元/斤。此外，在有多个中间商环节的情况下，以哪个环节的商品价格作为同类合格产品的市场中间价，也不无疑问。对此，有观点认为，为有效保护法益和实现罪刑均衡，无论经过多少中间销售环节，均应统一以正品的市场零售价计算销售金额。以市场的正品零售价计算销售金额，才能准确反映行为的法益侵害程度，才能避免上述罪刑不均衡的现象。实践中，制售伪劣产品的企业通常没有清晰的账簿，而且即使有清晰的账簿，司法人员往往也难以查获，致使实际销售价格和销售金额往往难以查明。因此，统一以正品的市场零售价计算销售金额，可以最大限度地降低侦控犯罪的难度，节省司法资源。③ 笔者认为，在无法准确把握每批次产品价格与其销售数量的情况下，存在两种类型需要区分。对于前述第一种情况，如

① 参见河北省定兴县人民法院（2019）冀 0626 刑初 137 号刑事判决书。

② 参见刘军华、唐震、巩一鸣：《二审新证据的审查及销售假冒注册商标的商品罪中销售金额的认定》，载《人民司法（案例版）》2011 年第 12 期。

③ 参见陈洪兵：《生产、销售伪劣商品罪立法模式研究》，载《南通大学学报 · 社会科学版》2018 年第 3 期。

果无法确定每批次商品的具体数量，而只能对数量做总体认定情况下，每次出售货物的实际金额即便能够认定，要确定全案的销售金额也是比较困难的，这时就面临是按照最低价格还是同类合格产品的市场中间价格确定之争。相对而言，按照市场中间价格的做法虽然有规范上的依据，但是不宜适用于该种情况。因为此情形中实际销售的价格是清晰的，只是无法对应销售的量，所以如果按照同类合格产品的市场中间价格销售，可能导致已经查实的实际价格低于中间价格。按照后者处理，违背了客观事实，导致销售金额过高，故而按照最低价格计算更为合理。对于第二种情况，在无法查明实际销售价格时，笔者赞同上述观点，即以统一的正品市场零售价格认定销售价格。当然，这里需要限定“无法查明”的内涵，即应当是根据现有证据无法确定商品价格。比如在行为人的账本对不同时期的产品销售价格有明确标识，只是因市场变化而有价格上的浮动，或者账本上的价格和言词证据有所出入，这时不能简单将其认定为“无法查明”。

2. 关于销售数量的认定

销售数量的认定受到产品形式、产品类型、销售方式以及检查方式等影响，因此，需要考虑不同情形分别处理。

（1）在一般性的证明方式上，应当以账本为主，结合证人证言、被告人供述等综合认定。从司法实践来看，在经营时间、伪劣产品的经营时段上，不同参与者、利益关联者的供述会有较大差异，此时要注意结合客观证据，按照有利于被告人的原则进行认定。因此，取证范围越广泛、证据保存越完整，相对来说越容易确定生产经营产品的具体状况，从而确定总体数量。比如，在“老台门包子案”中，上诉人陈某丽及其辩护人提出“对一审认定的陈某丽经营额24000元存在异议，实际数额没有这么多”的上诉理由，法院认为，一审认定本案三名上诉人销售数量均是根据其供述（供述中提到的每天经营数额）并结合相关证人证言（购买原料的数量等）、营业时间等证据予以确定的。① 当然，在这些案件中，由于每天的营业额有变化，在缺乏账本准确记载的情况下，侦办部门对言词证据的取证质量显得极为关键。因此，办理此类案件时，公安机关必须转变工作思路，对证据收集做精细化处理，并确定合理的有利于被告人的事实认定方式，比如取经营数额的中间值；如果取中间值仍有困难，则可以按照就低不就高的原则来确定。

---

① 参见山东省德州市（地区）中级人民法院（2015）德中刑二终字第67号刑事裁定书。

（2）对特别类型案件，需要结合行业特点来确定证据收集方式和证明方式。比如动物肉类及其制品领域，尤其是在养殖屠宰这一食品安全风险高发领域，经营者使用有毒、有害的非食品原料或者加工不符合安全标准的食品过程中，往往要把动物加工成肉类及其制品，因此，养殖、屠宰或者买入动物活体的数量和销售数量未必一致。这种情况下就需要考虑产品的产出率等特殊问题，再结合第一项证据运用方式来核算。比如，在“注水牛肉案”中，司法机关的事实认定方式体现了司法精细化的要求。关于生产、销售涉案产品起算时间的确定，被告人李某甲最初供认在宰杀牛之前给牛注水是在2013年六七月份，后又供认是在2014年1月13日至2014年1月15日案发，还供认2013年12月27日张某利到其屠宰场后在其教授下开始给牛注水。本案在两次庭审过程中，被告人李某甲均供认是从2013年12月27日张某利来后开始给牛注水至2014年1月15日案发。被告人荆某供认被告人李某甲从2013年九十月份天冷时开始注水，后又供认夏天不能给牛注水；被告人代某供认其2011年8月到被告人李某甲处就看见给牛注水；证人王某甲的证言证实其看见被告人李某甲给牛注水有3~5次。上述证据相互印证，且2014年1月15日注水的牛肉未销售，法院最终将生产、销售涉案产品起算时间确定为2013年12月27日至2014年1月14日。可以说，在现有证据无法准确评价的情况下，采纳就近不就远的原则，是较为妥当的。此外，关于生产、销售涉案产品的数量和销售金额的确定问题，李某甲最初供认2013年12月27日张某利到其屠宰场后开始给牛注水，两人共同宰杀。从2013年12月27日至2014年1月14日，每天杀3头牛，其中张某利杀2头，被告人李某甲杀1头，第二天将肉卖掉。后又供认2012年开始到现在，进腊月后是旺季，每天杀四五头。还供认13号杀2头，14号杀2头，15号准备杀3头，但杀了2头就被记者抓到了。补充侦查阶段供认2013年10月左右在王某乙处购买的活牛中在溧水杀了58头，牛肉全部在溧水卖的。在第一次庭审中供认牛拉回来不是立即宰杀，都要养一段时间，至少20天左右。在第二次庭审中供认每天杀1头，过节或礼拜天每天杀两头。被告人荆某供认冬天一天杀两三头。被告人代某供认一天一般要杀3头左右，最多的一天能杀四五头。证人李某乙的证言证实，中秋节天冷之后是旺季，一般一天杀三四头。三名被告人供认和王某乙等人的证言均证实每头牛的重量不等，最轻的800多斤，最重的1100多斤。南京市溧水区畜牧兽医站的证明证实该地区成年黄牛净肉率为40%，被告人李某甲供认净肉率为35%。法院最终认定，生产、销售涉案产品的数量为2013年12月27日至2014年1月14日每天3头，共计57头，每头牛重量取最轻的800斤，净肉率为35%，每头牛出肉为280斤，[①] 也同样是按照就低不就高的原则。

小结

本章所谈到的危害食品安全犯罪司法解释中的一些问题，在一定程度上反映了行政犯罪司法认定的特殊性和复杂性。与一般犯罪不同，行政犯罪的司法认定，不仅要熟知行政法规范的相关规定，而且应准确把握刑法规范与行政法规范在法律用语、调整对象等方面的关系，否则，就会因顾此失彼而在犯罪认定标准与刑法理论、公众认知等方面产生冲突与对立。危害食品安全犯罪的司法认定即是如此。不仅要求司法者在制定司法解释的过程中需要了解行政执法的现状、行政法规范的相关规定，而且要求刑法研究者能够对行政法规范做出准确理解和判断，应当尊重、坚持食品安全法规范与刑法规范的协调与配合。只有这样，才能确保刑法运行的顺畅。毕竟，刑法功能的实现，绝不仅仅是刑法自身的问题，尚依赖于其他部门法的协调配合，这也是刑事一体化理念的重要价值所在，更是以危害食品安全犯罪为代表的行政犯罪治理所亟待解决的问题。

① 参见江苏省南京市溧水区人民法院（2014）溧刑初字第225号刑事判决书。

第三章　危害食品安全行为入罪化规范研究

2019 年 5 月 9 日，中共中央、国务院联合发布了《关于深化改革加强食品安全工作的意见》（以下简称《加强食品安全意见》），明确指出要“深化改革创新，用最严谨的标准、最严格的监管、最严厉的处罚、最严肃的问责，进一步加强食品安全工作，确保人民群众‘舌尖上的安全’”。在此基础上，为了强化食品安全监管与犯罪行为治理的法律保障，《加强食品安全意见》要求“加快完善办理危害食品安全刑事案件的司法解释，推动危害食品安全的制假售假行为‘直接入刑’”。这表明，有关部门已经注意到食品安全刑事司法解释在解决法律适用问题中所存在的缺陷以及刑事立法在犯罪治理中所暴露出来的供给不足。① 但《加强食品安全意见》所提出的“危害食品安全的制假售假行为直接入刑”该如何理解，是否将食品行业所有制假售假行为如同“醉驾入刑”一样均纳入刑法范畴，还是进行适度筛选，将成为刑法立法必须直面的问题。为此，本章将从危害食品安全制假售假行为这一基本范畴切入对“直接入刑”的规范性进行系统探讨，对立法发展趋势做宏观探讨。

一、危害食品安全制假售假行为直接入刑的实践背景

制假售假并非刑法学意义上的规范概念，如果在立法上考虑该类行为直接入刑的正当性，必须对其进行规范阐释。在食品安全这一特殊语境中，“制”就是广义上的生产（包括种植、养殖、加工等），售即为“销售”（包括餐饮服务等），“假”谓之“不真”。如果说“真”食品是符合安全标准的食品，那么“假”食品就是不符合安全标准的食品。如此一来，制假售假行为实质上就

① 参见赵秉志、张伟珂：《食品安全犯罪司法认定问题研究》，载《中南民族大学学报（人文社会科学版）》2017 年第 2 期。

是生产、销售不符合安全标准食品的行为。众所周知，由于食品安全标准涵盖的范围极其广泛，因此，食用不符合安全标准的食品未必一定会对公众安全造成威胁甚至伤害，比如食用刚刚超过保质期1天的食品。这也是《刑法》第143条将“足以造成严重食物中毒事故或者其他严重食源性疾病”作为限制生产、销售不符合安全标准的食品罪成立范围的客观原因。换言之，如果将危害食品安全的制假售假行为“直接入刑”理解为“一律入刑”，就意味着要取消《刑法》第143条中上述限制性条件，从而面临犯罪圈扩张的正当性问题。虽然这种观点在实践中不乏支持者，[①] 但是，由于我国刑法将“严重的社会危害性”作为犯罪的本质特征，而食品行业制假售假行为的社会危害性因行业特点、产品属性不同具有一定的复杂性，制假售假“直接入刑”是否满足这一实质标准，不无疑问。基于此，本章拟从制假售假行为的行为类型、方法类型以及罪过类型三个方面分析“直接入刑”的实践限制。

（一）食品行业制假售假行为类型多样

从纵向层面来看，在“农田到餐桌”的全链条过程中，制假售假可能出现在任何一个环节，但是在不同环节的制假售假也有较大差异。在这一过程中，以农产品的种植、养殖为开端，从原材料采购、原料验收、投料等原料控制到生产工序、设备、贮存、包装等生产关键环节控制，再到原料检验、半成品检验、成品出厂检验等检验控制；从食品生产、加工到贮存、运输再到食品销售和餐饮服务，都可能被不法分子利用，使不符合安全标准的食品进入公众餐桌。倘若仅仅从行为危害性来看，在生产加工食品过程中掺杂掺假以及销售不符合安全标准食品的行为固然表现出较强的法益侵害性，但在原料检验、半成品检验以及包装环节等也同样可以掺杂掺假进而导致食品不合格。然而，如果说前者会对公众安全与健康直接造成高度风险，那么提供不符合安全标准的原料、半成品甚至包装等行为则未必会产生危及公共安全的紧迫危险。事实上，按照我们通常的理解，采购、提供原料、半成品的行为，更符合为生产经营行为提供条件的预备行为特点，因此，其危害性和生产、销售不符合安全标准食品的行为是不同的。除此以外，物流仓储环节违反食品安全标准的非法经营行为不仅可以使合格食品变成不合格食品，而且会加速不符合安全标准的食品顺

① 参见旺娜、张志伟：《食品安全刑事保护若干问题探析》，载李春雷、许成磊主编：《惩治与保障：食品药品犯罪案件规范研究》，群众出版社2015年版，第52页。

利进入市场，推动食品安全风险的现实演变，但物流仓储行业在食品生产流通中所具有的独立性与辅助性特点，也使其表现出帮助行为的特点。

在横向层面上，食品行业制假售假的行为类型也丰富多样。仅仅以生产、销售行为为例，因为行为对象的差异就表现出不同的行为类型。根据《食品安全法》第26条规定，食品安全标准包括：①食品、食品添加剂、食品相关产品中的致病性微生物，农药残留、兽药残留、生物毒素、重金属等污染物质以及其他危害人体健康物质的限量规定；②食品添加剂的品种、使用范围、用量；③专供婴幼儿和其他特定人群的主辅食品的营养成分要求；④对与卫生、营养等食品安全要求有关的标签、标志、说明书的要求；⑤食品生产经营过程的卫生要求；⑥与食品安全有关的质量要求；⑦与食品安全有关的食品检验方法与规程。如果说第5项、第6项、第7项仅仅涉及生产经营规范和检验方法标准，和制假售假没有直接的关联性，那么，前四项所涉及的食品安全通用标准和特定的产品标准则与食品安全密切相关。只是从内容上来看，既有涉及食品安全形式的要求，如对与卫生、营养等食品安全要求有关的标签、标志、说明书等外包装的形式规格，也有关于食品中特定物质含量的营养与安全标准；既有关于食品添加剂这类非食品原料的质量标准，也有关于食品中合法添加物质的限量规定这些影响安全性的实质标准。显然，违反形式标准而出现的制假售假与违背实质标准的制假售假在食品安全风险上有明显差异，不法行为的社会危害性程度不能一概而论。

（二）食品行业制假售假方法类型多样

“先进的化学方法，为查出假货提供了更加坚定、更加明确的检测方法，也为掺假者创造了更多的制假机会”。[①] 事实上，从近年来舆论曝光的制假售假案件来看，食品行业制假售假的方式多种多样。当然，不同方式所表现出来的对公众健康的威胁与侵害也是不同的。

首先，从制假售假的手段来看，包括食品中非法添加化学物质行为、制售不合格的动物肉类及其制品行为，制售营养成分不合格食品以及制售标签、包装不合格甚至过期食品等。在非法添加领域，既有不法人员使用非食品原料生产食品、在食品中添加食品添加剂以外的化学物质和其他可能危害人体健康的

① ［英］威尔逊：《美味欺诈：食品造假与打假的历史》，周继岚译，生活·读书·新知三联书店2016年版，第92页。

物质，或者用回收食品作为原料生产食品的行为，也有在食品中添加药品，还有制售致病性微生物、农药残留、兽药残留、生物毒素、重金属等污染物质以及其他危害人体健康的物质含量超过食品安全标准限量的食品、食品添加剂行为。在肉类行业，既有经营病死、毒死或者死因不明的禽、畜、兽、水产动物肉类，或者生产经营其制品，也有经营未按规定进行检疫或者检疫不合格的肉类，或者生产经营未经检验或者检验不合格的肉类制品，还有生产经营国家为防病等特殊需要明令禁止生产经营的食品，如销售走私的冷冻肉等。在虚假标识方面，既有生产经营标注虚假生产日期、保质期或者超过保质期的食品、食品添加剂，也有在食品药品监督管理部门责令其召回或者停止经营后仍然销售的行为。即便有特殊用途的食品领域，也有生产经营未按规定注册的保健食品、特殊医学用途配方食品、婴幼儿配方乳粉，或者未按注册的产品配方、生产工艺等技术要求组织生产，甚至存在以分装方式生产婴幼儿配方乳粉，或者同一企业以同一配方生产不同品牌的婴幼儿配方乳粉的行为等。

其次，从高发领域来看，不同食品领域制假售假方式多样。比如，在农产品领域，重金属污染、农兽药残留、添加剂滥用、违法生产加工等属于食用农产品制假售假的主要方式，而在水产品领域，使用违禁药物、农兽药残留超标、滥用食品添加剂、重金属超标、微生物污染以及其他原因导致的产品不合格是主要表现形式。① 在食用油领域，随着近年来公安机关开展严厉打击地沟油犯罪的专项行动，该类案件数量有了明显下降，而相应的犯罪手段呈现出较强的技术性和隐蔽性。传统餐厨废弃物型地沟油案件在持续减少，但通过先进的工艺设备和技术升级将非法原料加工为合格食用油的案件不断涌现，同时，回收残油熬制老油以及利用猪肉废弃物提炼食用油的案件在一些地方的餐饮行业仍然较为突出。在动物肉类及其制品领域，除了监管部门严厉打击的制售病死、毒死以及其他死因不明的动物肉类，较为典型则属于注水肉问题。而在注水肉制假售假方式上，则存在着非法注射饮用水、生活废水和药水等不同类型。② 在其他食品加工行业，也会因食品性质的不同而带有鲜明的行业色彩，比如在白酒行业，非法勾兑、以低端酒冒充高端酒等制假售假行为较多，而在其他大多数的食品制假售假行为中，非法使用食品添加剂的行为带有典型性，既包括了超限量、超范围滥用食品添加剂，也包括使用过期甚至有安全隐患的

---

① 参见尹世久、李锐等：《中国食品安全发展报告 2018》，北京大学出版社 2018 年版，第 63~79 页。

② 参见张伟珂：《危害食品药品安全犯罪典型类案研究》，研究出版社 2019 年版，第 90~96 页。

食品添加剂等情形。

当然，通过对上述制假售假行为的类型化概括，可以发现不同的制假售假手段对公共安全所带来的威胁有较大差异，比如，在食品中超限量使用食品添加剂的行为和非法使用食品添加剂以外的化学物质甚至高毒性物质的行为显然不能等同视之，其在法律评价上应当有所区别。

（三）食品行业制假售假罪过类型多样

食品行业制假售假行为是否直接入刑，还应当考虑不法行为人主观罪过的多样性。有观点认为，食品掺假就是“为了获利或者欺骗，而故意在商品中掺加一种或者多种物质，实际情况与销售名称不符的商品”。[①] 现行刑法对于危害食品安全犯罪以故意犯作为主要的犯罪形态，在理论研究中引起了极大争议。且不说不同案件中故意制假售假的行为人的主观罪过会有明显差异，而且过失性的制假售假行为也是客观存在的。

过失是与故意相并列的责任形式，通常来讲，在存在故意犯的场合，往往就存在相应的过失行为，只不过基于处罚必要性而对过失犯的成立范围予以限制，因此，只有在特别规定的场合，过失犯才会成为刑罚处罚的对象。[②] 然而，依照刑法有关规定，危害食品安全犯罪可以适用的罪名绝大多数都属于故意犯罪，而鲜有过失犯，如《刑法》第 114 条以危险方法危害公共安全罪，第 140 条生产、销售伪劣产品罪，第 143 条生产、销售不符合安全标准的食品罪，第 144 条生产、销售有毒、有害食品罪以及第 225 条非法经营罪等，只是在特定情况下为了解决行为人因违反注意义务而发生食物中毒事故时，才会寻找相近的过失犯定罪处刑。但是，因过失而导致的制售不符合安全标准食品的行为是客观存在的。比如，在“误售白糖案”中，许莫某店内准备用亚硝酸盐（俗称硝卤精）调配硝卤水，因忙于其他事务而将亚硝酸盐遗留在经营区域。店内其他销售人员误将亚硝酸盐混入白糖销售箱，销售给张某忠、蔡某珍等人。当日下午，被害人唐某兰在食用该白糖后发生亚硝酸盐中毒，经抢救无效死亡。经鉴定，被害人唐某兰系亚硝酸盐中毒死亡。案发后，许莫某主动到公安机关投

① ［英］威尔逊：《美味欺诈：食品造假与打假的历史》，周继岚译，生活·读书·新知三联书店 2016 年版，第 108 页。

② 参见［日］山口厚：《刑法总论（第 3 版）》，付立庆译，中国人民大学出版社 2018 年版，第 239 页。

案，最终被司法机关以过失以危险方法危害公共安全罪论处。[1] 客观而言，本案属于典型的过失性质的制售不符合安全标准食品的行为，但却因刑法中没有专门的过失危害食品安全犯罪，只能以过失危害公共安全犯罪论处。事实上，不管是从行为人的主观意图还是从客观行为之“危险方法”的相当性来看，将该行为认定为过失以危险方法危害公共安全罪是不妥当的。之所以出现这样的司法判决，更多是刑法中缺乏过失型危害食品安全犯罪的无奈之举。就此而言，现行刑法中在危害食品安全犯罪领域过失犯付之阙如，不能不说是立法上的一大疏漏。不过，该如何在立法上体现过失犯罪，抑或过失性的制假售假行为是否可以全部入刑，则需要加以规范研判。

可以想见，随着《加强食品安全意见》明确提出要“修订完善刑法中危害食品安全犯罪和刑罚规定”，立法机关必然会尽快考虑适时扩充危害食品安全犯罪的犯罪类型并完善刑罚规定。如上所述，危害食品安全的制假售假行为外延广泛（见图 3-1），而刑罚权的扩张必须考虑犯罪治理的规律性。比如，《2022 年食品解释》在征求意见过程中曾经提到无证生产普通农药、兽药是否可以非法经营罪论处的问题。如果从危害食品安全犯罪预防的角度而言，加大对无证生产农药、兽药的打击力度，并按照非法经营罪论处，有利于实现食品安全的源头治理，符合预防为主的食品安全治理理念，但从刑法规范来看，农药、兽药并非特许经营行业，黑作坊私自生产农药、兽药的行为是否严重扰乱农兽药市场也未有明证，因此，将其作为非法经营罪论处不符合《刑法》第 225 条的构成特征。更何况，私自生产的农兽药若存在质量问题且造成较大损失的，可以按照《刑法》第 147 条生产、销售伪劣农药、兽药罪论处；若不存在质量且并非禁用的农药、兽药，则可以由行政机关进行依法处理，皆无犯罪化的必要性。因此，从危害食品安全行为的上述特点来看，食品行业制假售假直接入刑应当审慎应对，而《2022 年食品解释》最终没有将无证经营行为犯罪化也是值得肯定的。

---

① 参见最高人民法院刑事审判一至五庭主办：《刑事审判参考（总第 101 集）》，法律出版社 2015 年版，第 57 页。

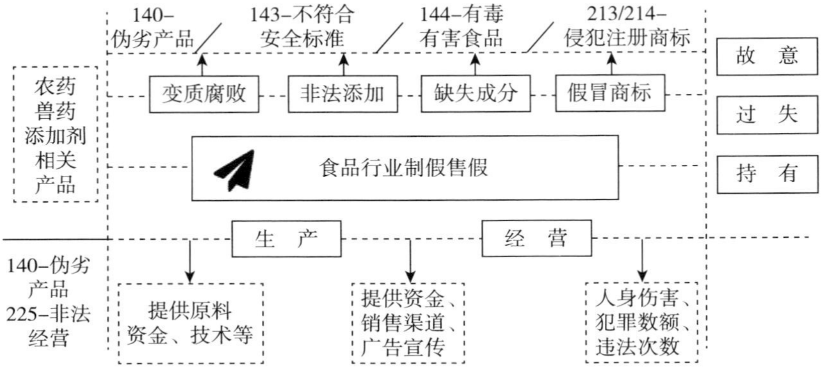

图 3–1　危害食品安全制假售假行为结构图

二、危害食品安全制假售假刑事立法评析与理论争议

与危害食品安全制假售假的多样化形式相对应的是，我国现行刑法立法在保障食品安全方面似乎过于简单，由此引发了理论界关于食品安全刑法立法改革的激烈争论。

（一）当前危害食品安全犯罪的刑法评价体系

当前食品安全刑事立法可以概括为“一体两翼”的立法格局和“一罪过两行为”的犯罪构成模式。

首先，从法益类型上看，食品安全刑法立法呈现出“一体两翼”的立法布局。所谓“一体”，是指以侵犯公众人身健康与生命安全的犯罪行为作为立法惩治的主体。根据《食品安全法》第 150 条的规定，“食品安全，指食品无毒、无害，符合应当有的营养要求，对人体健康不造成任何急性、亚急性或者慢性危害”。因此，不安全的食品通常是指对人体健康可能造成危害的食品；而生产、经营不符合安全标准食品的行为就成为刑法立法重点打击的对象，也是实践中犯罪数量最为集中的领域。不过，刑法中该类罪名的数量并不多，目前只有四个罪名即《刑法》第 140 条生产、销售伪劣产品罪，第 143 条生产、销售不符合安全标准的食品罪，第 144 条生产、销售有毒、有害食品罪，以及第 114 条、第 115 条以危险方法危害公共安全罪。从司法实践来看，以危险方法危害公共安全罪论处的案件比较少，仅限于一些社会危害性较为严重、社会影响较大的案件，比如2011年河南“瘦肉精”案件和2008年河北三鹿奶粉案中的主要犯罪人均被司法机关以以危险方法危害公共安全罪追究刑事责任。而危害食品安全犯罪的特征因素、民意因素和政策因素成为适用这一罪名的影响因素。[①] 所谓“两翼”，是指立法者把知识产权和市场监管秩序这两类法益作为公众健康的补充，通过对关系食品安全质量的外在条件的保护丰富食品安全保障的路径，从而严密危害食品安全犯罪治理的立法网络。在知识产权保护方面，相关罪名主要是《刑法》第213条假冒注册商标罪、第214条销售假冒注册商标的商品罪等。从司法实践来看，主要集中在商标侵权领域，其中又以白酒行业最具代表性。在市场监管秩序方面，该类犯罪主要涉及在特定的食品生产加工行业违反国家市场监管的有关法律而构成犯罪的情形，以《刑法》第222条虚假广告罪、第225条非法经营罪为代表。如《2022年食品解释》规定，“违反国家规定，私设生猪屠宰厂（场），从事生猪屠宰、销售等经营活动，情节严重的，依照刑法第二百二十五条的规定以非法经营罪定罪处罚”；“违反国家规定，利用广告对保健食品或者其他食品作虚假宣传，符合刑法第二百二十二条规定的，以虚假广告罪定罪处罚。”但总体来看，上述危害食品安全犯罪的立法体系较为简单。

其次，从行为类型来看，以生产、销售行为为主要的不法形式。不管是《刑法》第3章第1节生产、销售伪劣商品罪中涉及食品安全的犯罪，还是第7节侵犯知识产权犯罪、第8节扰乱市场监管秩序领域的食品行业相关犯罪，抑或《刑法》第2章与食品相关的危害公共安全犯罪，都是将犯罪客观方面的实行行为限定为生产、销售行为。因此，从犯罪构成要件来说，危害食品安全犯罪的行为类型呈现出高度的集中性、概括性。然而，如上所述，从食品行业全链条流程来看，食品行业制假售假的行为并不局限于生产、销售过程中，至少在《食品安全法》中食品生产、销售行为与餐饮服务、食品贮存、运输等行为并非互相包容的范畴。为此，为了更好地满足司法治理的需要，刑事实践的惯常做法是通过司法解释来扩充不法行为类型，丰富生产、销售行为的内涵。比如，《2022年食品解释》第5条规定：“在食品生产、销售、运输、贮存等过程中，违反食品安全标准，超限量或者超范围滥用食品添加剂，足以造成严重食物中毒事故或者其他严重食源性疾病的，依照刑法第一百四十三条的规定以

---

① 参见赵秉志：《危害食品安全犯罪定性问题研究》，载《河南大学学报（社会科学版）》2014年第1期。

生产、销售不符合安全标准的食品罪定罪处罚。在食用农产品种植、养殖、销售、运输、贮存等过程中，违反食品安全标准，超限量或者超范围滥用添加剂、农药、兽药等，足以造成严重食物中毒事故或者其他严重食源性疾病的，适用前款的规定定罪处罚。”通过这一方式将种植、养殖、销售、运输、贮存等行为涵盖其中。此前，在最高人民检察院出台的《关于办理非法经营食盐刑事案件具体应用法律若干问题的解释》中，也是以同样的方式扩充了生产、销售行为的外延。如第 1 条规定：“违反国家有关盐业管理规定，非法生产、储运、销售食盐，扰乱市场秩序，情节严重的，应当依照刑法第二百二十五条的规定，以非法经营罪追究刑事责任。”同样，最高人民法院、最高人民检察院联合发布的《关于办理非法生产、销售、使用禁止在饲料和动物饮用水中使用的药品等刑事案件具体应用法律若干问题的解释》第 4 条规定，“明知是使用盐酸克仑特罗等禁止在饲料和动物饮用水中使用的药品或者含有该类药品的饲料养殖的供人食用的动物，而提供屠宰等加工服务，或者销售其制品的，依照刑法第一百四十四条的规定，以生产、销售有毒、有害食品罪追究刑事责任”，从而把提供屠宰等服务行为认定为生产行为。通过这一系列的司法解释，将生产、销售行为的内涵几乎扩充到了食品生产经营的全链条。当然，这种方式固然可以构筑严密的刑法立法体系，但是否遵循了罪刑法定原则不无疑问。

最后，从罪过形式来看，以犯罪故意作为唯一的主观责任要素。不管是生产、销售伪劣食品类犯罪，还是非法经营、侵犯知识产权类犯罪，这些以破坏社会主义市场经济秩序罪为主体的食品行业制假售假犯罪类型，在刑法理论上均将罪名归为故意犯罪。[①] 由于《刑法》第 15 条第 2 款明确规定“过失犯罪，法律有规定的才负刑事责任”，因此，过失犯罪的缺位成为此类犯罪的典型特征。然而，如上所述，由于危害食品安全犯罪属于以违反注意义务为前提的犯罪类型，而对注意义务的违反是过失犯罪与故意犯罪的共同特征，故而在食品行业完全存在过失导致食品质量出现严重问题的情形。从法益保护来说，不管是何种罪过形式下的食品制假售假，一旦流入社会，都有可能威胁公众人身健康与生命安全。以故意犯罪作为单一犯罪形态的立法模式，就会导致法益保护的不完整。也正是基于此，司法机关在面对此类情形时，只能类推适用其他罪

① 也有部分研究者认为生产、销售不符合安全标准的食品罪属于过失犯罪。如有人认为，行为人对其生产、销售不符合安全标准的食品可能造成严重食物中毒事故或者其他严重食源性疾病进而致人死亡或者致人残疾的后果，主观上是疏忽大意或者轻信能够避免的心理态度。参见杜菊、刘红：《食品安全刑事保护研究》，法律出版社 2012 年版，第 77 页。

名加以处理。

（二）扩大食品行业制假售假犯罪圈的理论争鸣

客观而言，现行的食品安全刑事立法在保障食品安全、维护公众健康方面发挥了重要作用，但当前以1993年7月2日第八届全国人民代表大会常务委员会第二次会议通过的《全国人民代表大会常务委员会关于惩治生产、销售伪劣商品犯罪的决定》为底本的食品安全刑事立法在应对复杂的危害食品安全犯罪形势时显得有些单薄、滞后，更不像有学者所认为的“我国刑事法律中危害食品安全犯罪的罪名体系比较完整，法网比较严密，几个罪名所配置的刑罚比较合理，严惩的力度形成阶梯”。[①] 因此，近年来，理论界关于危害食品安全犯罪刑法完善的呼声不断，当然，这也为食品行业制假售假直接入刑的理论主张提供了学术基础。具体而言，理论界关于食品安全刑事立法的改革研究大致可以归为以下四类：

1. 充实危害食品安全犯罪的犯罪对象

从《刑法》第143条、第144条的规定来看，刑法中涉及食品安全的犯罪集中在食品行业，而对于食品之外的其他关系食品安全的特殊商品如食品添加剂等未作专门规定。为此，有学者认为，将食品添加剂等物质纳入刑法的调控范围，契合了食品安全法的有关规定，是十分必要的。此外，还可以考虑摄入性物质与非摄入性物质的区别，为食品类包装材料、容器、生产设备、工具等食品相关产品单独入罪化，可以避免调整对象的主次混淆。[②] 当然，也有学者提议对刑法中的“食品”做扩大解释，明确将食品添加剂纳入“食品”的概念范畴，[③] 将食品相关产品纳入生产、销售不符合安全标准的食品罪中。[④] 除了上述主张以外，还有观点认为，应当在刑法中明确涉及食品标识与检验方面制假售假行为的刑事责任。如增加食品、食品原料、食品添加剂及相关文件查验的规定，提出不得对食品标签的全部或部分内容进行改变、损毁，否则要承担相应刑事责任，并明确不得在食品标签中做夸大或回避性说明。此外，提出对

---

① 李兰英：《公害犯罪研究》，法律出版社2016年版，第186页。

② 参见黄星：《中国食品安全刑事概论》，法律出版社2013年版，第208页。

③ 参见刘鹏、冯卫国：《食品安全犯罪刑法规制：法律归属与要件扩容》，载《东南学术》2014年第5期。

④ 参见舒洪水主编：《食品安全犯罪的罪与罚》，中国政法大学出版社2014年版，第167~169页。

出示虚假、误导性食品安全检验报告的单位和个人追究刑事责任。[①]

2. 丰富危害食品安全犯罪的实行行为

《食品安全法》在食品生产经营基础上，单独增加了贮存、运输的规定，并明确了食品生产经营者拒不履行召回义务的法律责任。然而，刑法立法并没有对此进行相应调控，从而引发了如何完善立法的学术纷争。具体而言，有以下三种观点：①将现行刑法中的生产、销售行为修改为生产、经营行为。有观点认为，将储存、运输作为预备行为或者共犯来处理，就会导致量刑畸轻，也低估了这两种行为在危害食品安全犯罪链条中的作用。因此，可以考虑将生产、销售改为生产、经营，从而有效保护运输、贮存等流通环节。或者增设新罪名，对非法储存、运输等行为进行规制。[②] ②增设“持有”这一新的犯罪类型。有学者认为，持有危险食品的危害性比持有毒品者更甚，危险食品会造成肉体与精神的双重伤害。故而刑法上应当增加持有危险食品罪。这里的非法持有包括了储藏行为在内，危险食品包括不符合食品安全标准的食品和有毒、有害食品，危险食品也是不安全食品。[③] 也有学者认为，应当通过特定目的来限定非法持有的范围，即增设以生产、销售为目的而持有有毒、有害食品及食品添加剂、食品原料的犯罪行为。[④] ③增设拒不召回问题食品罪。《食品安全法》第63条规定，“食品生产者发现其生产的食品不符合食品安全标准或者有证据证明可能危害人体健康的，应当立即停止生产，召回已经上市销售的食品，通知相关生产经营者和消费者，并记录召回和通知情况”。据此，有学者认为，对食品生产经营者发现有缺陷食品之后没有立即采取召回措施造成重大损失的，应当以拒不召回问题食品罪论处，[⑤] 以此和食品安全法规范保持一致。

3. 健全危害食品安全犯罪的罪过形式

如前所述，因违反安全生产义务而过失造成不符合安全标准食品进入流通领域的情形并不鲜见，甚至在一些案件中该不法行为还造成了严重的危害后

---

① 参见左袖阳：《关于食品安全领域犯罪化问题的若干思考》，载《理论月刊》2014年第1期。

② 参见莫洪宪：《我国危害食品安全犯罪刑法规制完善之路径》，赵秉志主编：《危害食品药品安全犯罪的防制对策》，清华大学出版社2015年版，第166页。

③ 参见张亚军：《风险社会下我国食品安全监管及刑法规制》，中国人民公安大学出版社2012年版，第277页。

④ 参见张旭、王晓滨：《危害食品安全犯罪之立法的反思与完善》，载《社会科学战线》2014年第10期。

⑤ 参见康均心、秦继红：《海峡两岸食品安全犯罪规制对策比较研究》，载《政法论丛》2016年第3期。

果。故而在危害食品安全犯罪中增设过失犯，获得了较多学者的支持，不过，在过失犯的具体形态上有不同表述。有观点认为，应当按照刑法总则的规定增设一般的过失犯，即以危害结果的出现作为过失犯罪成立的条件，即在《刑法》第 143 条、第 144 条后面分别增加“过失犯前款罪，对人体健康造成严重后果的……”之规定。[①] 然而，有学者主张过失危险犯形态更符合食品安全保障的现实需要。论者认为，刑法必须尽量提前介入食品安全领域，以期在实害结果发生前对此类行为进行规制，增设过失危险犯，就可以在过失情况下对法益提前保护，强化刑法的威慑力和保障效果。[②] 当然，在增设过失危险犯的具体类型上，各种观点也有差异。有学者提出应当在已有的《刑法》第 143 条、第 144 条中增设过失条款，以足以造成严重食物中毒事故或者其他严重食源性疾患作为入罪标准，[③] 也有观点不赞同所有危害食品安全的行为均应增设过失危险犯，应将其限定于生产、销售有毒、有害食品罪这一特定犯罪。[④]

4. 降低部分危害食品安全犯罪的成立条件

这一观点主要是针对《刑法》第 143 条生产、销售不符合安全标准的食品罪。从司法实践来看，绝大多数的危害食品安全犯罪集中于生产、销售不符合安全标准的食品罪和生产、销售有毒、有害食品罪两大类别。前者属于具体危险犯，即犯罪成立需要证明不法行为对公众健康所造成的威胁已经达到法定状态。不过，从现有的司法保障条件来看，确定涉案的不符合安全标准食品对法益造成的威胁程度尚存在技术上的困难，尤其是在日常高发的滥用食品添加剂、滥用非禁用农药与兽药等案件中往往无法确定这一具体危险，从而使案件陷入难以充分评价其法益侵害性的现实窘境。[⑤] 鉴于此，有学者认为，抽象危险犯的立法模式具有独特的防控功能，能够积极有效回应风险社会对刑法的价值需求，同时使得追诉机关的举证责任大为减小，因此，面对我国当前危害食品安全犯罪的严峻形势，应当取消危害食品安全犯罪中的具体危险这一限制性要素。[⑥]

---

① 参见岳蓓玲：《论食品安全的刑法保护》，知识产权出版社 2018 年版，第 174 页。

② 参见付玉明、李泽华：《食品安全犯罪的立法完善》，载《河南社会科学》2019 年 6 期。

③ 参见吴喆、任文松：《论食品安全的刑法保护（哲学社会科学版）》，载《中国刑事法杂志》2011 年第 10 期。

④ 参见张磊：《我国食品安全犯罪刑事立法政策反思》，载《学术探索》2014 年第 10 期。

⑤ 参见张伟珂：《危害食品安全犯罪刑事司法政策研究》，载《中国人民公安大学学报（社会科学版）》2017 年第 3 期。

⑥ 参见刘伟：《风险社会语境下我国危害食品安全犯罪刑事立法的转型》，载《中国刑事法杂志》2011 年第 11 期。

面对复杂的食品安全违法犯罪形势与过于粗疏的食品安全刑法立法，犯罪化似乎已经成为不可避免的趋势。上述观点为我们健全食品安全刑事立法提供了良好的分析视角，即在时间线上强调刑法的提前介入，在空间面上强调刑法的全面介入。然而，危害食品安全行为犯罪化的特殊性在于，虽然刑法立法上增设某罪是在维护公共或社会秩序，但对秩序的维护并不是刑法的根本价值取向。[①] 危害食品安全行为的犯罪化不能聚焦于制假售假行为的反规范性，而应当从公众人身健康与安全角度合理确定犯罪化的界限，忽略不符合安全标准食品的危害差异性而过于强调刑法提前介入的立法思路是应当慎之又慎的。换言之，危害食品安全的制假售假入刑应当受到犯罪化的法理限制。

三、危害食品安全制假售假行为直接入刑的法理限制

《食品安全法》实施以来，不断变化的食品安全形势提醒我们，强化食品安全刑事立法保障势在必行。也正是在这个现实层面，“食品安全制假售假行为直接入刑”被列为一项政策性议题。“在实定的食品安全行政法中的违法行为清单已经不断延伸，而危害食品安全的违法行为仍然猖獗，食品安全的治理态势仍然严峻的情势下，刑法将危害食品安全的行政违法行为‘直接入刑’，则不仅不是犯罪圈的恣意扩张和刑法的过度干预，恰恰相反，其实正是刑法对其所肩负的保障法使命的大力践行和对其谦抑性的坚定恪守。”[②] 然而，从上述诸多观点的分析来看，食品行业制假售假行为直接入刑的表述似乎对立法问题做了简单化处理。我们可以理解社会公众日益希望刑法扮演着社会治理万能器的心情，试图通过刑法适用，助力国家监管，改变社会治理中的“肌无力”现象。[③] 但刑法立法不能沦为公众情绪的文本表达——基于食品行业制假售假行为的复杂性，“直接入刑”不等于“一律入刑，”应当接受立法正当性的检视。

（一）制假售假行为直接入刑应遵循刑法谦抑性理念

食品行业制假售假行为直接入刑，是近年来刑法立法日益活跃在食品安全领域的思维呈现。犯罪化传递着我们追求规则体系完整性的积极努力，以及力

① 参见姜敏：《论犯罪化的根据》，载《中国刑事法杂志》2019 年第 3 期。

② 田宏杰：《“直接入刑”：如何彰显刑法保障性与谦抑性》，载《检察日报》2019 年 11 月 18 日。

③ 参见刘艳红：《法定犯与罪刑法定原则的坚守》，载《中国刑事法杂志》2018 年第 6 期。

图构筑一幅“法网恢恢、疏而不漏”的理想图景，但这一立法动向显得盲目且过度。[①] 言及于此，“直接入刑”固然可以满足建构最严密法网的政治追求，但却不无违反刑法功能定位的法治隐忧。毕竟，入刑的直接后果是刑事处罚。作为最具制裁性的处罚措施，刑罚伴有极强的副作用，比如资格限制和犯罪标签，故而理性的立法者通常会在判断以什么作为刑法对象的时候采取极为审慎的态度，将刑罚定位于为了控制人的违反规范的行为采取的最后手段，这就是刑法的谦抑性。[②] 客观而言，我国理论上大多是在刑法性质的层面探讨谦抑性，强调刑法的补充性、不完整性，即能够以其他手段实现法益保护目的的时候，务必放弃刑法。[③] 而近年来刑法立法借助公众对公共风险的强烈不安而表现出的犯罪化，的确使刑法谦抑性这一传统的法治理念面临被架空的尴尬处境。虽然这与刑法谦抑性本身过于抽象的内涵而有碍刑法微观调整机能的发挥有一定关系，[④] 但这并不意味着刑法谦抑性永远只是一种理念而缺乏实际的操作空间。比如，在立法修订时，刑法谦抑性对刑法立法的指导机能并非一种抽象的存在；立法活动是否符合刑法的补充性有其内在的论证逻辑，尤其是在行政犯领域，我国行政违法与刑事犯罪的二元评价体系是刑法谦抑性实践化的重要依托。这一点与西方犯罪化的正当性有所不同。如果说他们刑法立法中的犯罪化是把某些行为从被允许的行列中删除，并通过施加刑罚惩罚那些闯入该被禁止领域的活动，[⑤] 那么，我们的犯罪化未必是把某种行为从被允许的行列中删除，还有可能是从违法的行为中进行选取，即行政法的规制效果是犯罪化不可忽略的重要因素。“刑法立法发掘、评判、遴选的结果，不仅将符合宪法价值指引的自然状态的利益承认转型为法律状态的法益，而且经由前置法上的调整性规则和第一保护性规则以及法体系最后保障的刑法之层层评判、进阶确立、保护调整，形成从利益→前置法上的调整性法益→前置法上的第一保护性法益→刑法上的第二保护性法益即刑法法益。”[⑥] 故而在对某一行为犯罪化之前，如果没有充分检讨是否穷尽了前置法的规范手段以及该行为是否对重大法益构成直接

① 参见石聚航：《刑法谦抑性是如何被搁浅的?》，载《法制与社会发展》2014 年第 1 期。

② 参见［日］西田典之：《刑法总论（第 2 版）》，王昭武、刘明祥译，法律出版社 2013 年版，第 25 页。

③ 参见《刑法学》编写组：《刑法学（上册·总论）》，高等教育出版社 2019 年版，第 38 页。

④ 参见童春荣：《刑法不得已原则之提倡》，载《湖北社会科学》2015 年第 7 期。

⑤ 参见姜敏：《论犯罪化的根据》，载《中国刑事法杂志》2019 年第 3 期。

⑥ 田宏杰：《立法扩张与司法限缩：刑法谦抑性的展开》，载《中国法学》2020 年第 1 期。

威胁，立法犯罪化就有违反谦抑性之嫌。

我们对食品安全刑法立法体系性的质疑，很大程度上忽略了行政监管在推动食品安全过程中所发挥的效能与问题，以及刑事司法是否能够充分实现刑事立法的目的，因此，立法评价极易陷入公众宣泄的工具期待之中。比如，有观点认为，将生产、销售不符合安全标准的食品罪设定为危险犯，不利于保护最底线的法益，是从刑事政策上放任此类行为。[①] 然而，食品安全标准是以食品安全为规范目的，只是表明了食品安全的量值，换言之，即便不符合食品安全标准的食品，也未必会对公众安全造成直接侵害，故而去掉具体危险这一限制因素，势必导致刑法条款彻底沦为秩序规范，与行政法相冲突，同时有危及公众自由的高度风险。正是基于此，罪刑结构调整乃至犯罪化的问题，应当回归刑法的本源，即遵循立法的谦抑性，科学考察“直接入刑”是否超越前置法的约束而使刑法冲上了社会调控的第一位。要做到这一点，既不能依赖简单的逻辑判断，更不是立法的概念性推理，而有赖于对食品安全监管机制系统性评价。其中拟犯罪化之前三个方面的考察尤为重要：一是文本考察，即该行为是否被行政法规范所禁止并明确了责任后果；二是逻辑考察，即是否可以通过解释等方式将该类行为涵盖于某一刑法规范之中；三是经验考察，即行政法规范此前的规制效果是否表明其失去了应有的约束机能。显然，立法者对刑法谦抑性的实践不能单单从刑法自身中需求答案。[②] 以此而论，危害食品行业制假售假行为直接入刑不等于一律入刑，应当是最直观的结论，因为食品安全法在保障食品安全过程中发挥了重要作用，而且绝大多数的不法行为受到了有效处理。这些可以通过行政法规范予以规制的轻微制假售假行为是不需要入刑的，这是刑法谦抑性的当然逻辑。

那么，犯罪化的界限在哪里？对此，笔者拟以持有行为入刑为例从谦抑性的角度予以分析。如前所述，有观点主张在刑法中增设持有危险食品罪，但其妥当性不无疑问。①行政法规范中没有将持有危险食品作为禁止性规范，如果增设持有危险食品罪，就会导致情节轻微的该类犯罪缺乏行政法评价的尴尬境地；同时，仅以食品之危险作为入刑的条件，忽略了伪劣食品的量对法益侵害性的影响，必然会到犯罪圈的迅速扩大。②不管是将危险食品等同于不安全食

① 参见刘期湘、廖剑聪：《略论食品安全监督过失犯罪中的注意义务》，载《法学评论（双月刊）》2013年第4期。

② 参见张德军：《刑法规制危害食品安全犯罪的系统论思考》，载《中州学刊》2015年第1期。

品，还是等同于有毒、有害食品，都忽略这两个概念的特定性，即食品安全标准的多样性决定了不安全食品未必一定会对人体造成实际伤害。而当前关于“有毒、有害的非食品原料”的司法解释规则，也使得有毒、有害的食品未必会对人体健康造成紧迫的安全风险。因此，在危险食品是否具有高度危险性这一特征无从确定的情况下，以行为犯的模式增设持有型犯罪无疑会失去刑罚的正当性。③即便通过特定目的或者数量来限定非法持有的范围，仍然可能导致刑罚过剩。一方面，将持有型犯罪限定在基于生产、销售目的而持有的场合，对公众安全的侵害风险未必是具体的、明确的，其对秩序的侵害远大于安全本身，故而按照未遂犯论处的现实做法足以体现合理评价；另一方面，将持有行为入刑的标准限定在“较大数量”的前提下，会导致注意义务的不当转移，有侵犯公众自由之嫌疑。因为从法益侵害性来看，禁止“持有”的立法目的着眼于对秩序的保护。这样一来，食品安全监管中作为生产经营者的注意义务就会转嫁给购买食品的消费者身上，即故意购买假冒伪劣食品而自用行为也可能构成犯罪，从而使消费者在购买商品时需要承担起严格的查验义务。这不仅会因苛责于消费者而影响实效性，也会极大地侵蚀公众的消费自由。因此，在食品安全领域增设持有型犯罪违背了刑法谦抑性。

（二）危害食品安全制假售假直接入刑应受现行立法限制

如果刑法谦抑性提示我们在犯罪化的过程中要准确把握刑法的最后保障法地位，那么，刑法稳定性也告诫我们要注意刑法司法的内在张力，即能够通过合理的法律解释解决不法行为的评价问题时，应当优先选择司法路径而非求助于立法修订。然而，在面对食品安全这样与我们日常生活息息相关的社会风险时，公众更加倾向于依赖刑法立法达到立竿见影的效果，由此也催生了国家借助刑法立法强化社会控制和风险预防的社会心理，毕竟作为最强制裁力的刑法的确能够满足人们对犯罪预防的内心期待，即便这种立法更具有象征性的意味。回顾近年来，我们在立法上追求精致化的条文规范和密集化的犯罪罪名体系正是这一心理的现实表现，甚至可以说，“在整个中国特色社会主义法律体系建构的历史征程中，刑法被赋予了过度的担当。反映在具体的立法活动中，便是大量地创生新的规则，由此形成了由诸多法律概念浇筑而成的概念天国”。[1] 当然，食品安全刑法立法的特殊性还在于，1997 年的刑法立法简单照

① 石聚航：《刑法谦抑性是如何被搁浅的》，载《法制与社会发展》2014 年第 1 期。

搬了原有单行刑法之规定，呈现粗疏型立法的特点，与当今刑法立法明确化、具体化的趋势并不一致，故而凸显了构建更加丰富的食品安全刑事立法的客观必要性，以便可以充分发挥其普遍规范作用，减少主观任意性，实现公正价值。[①] 但是，这并不意味着建构食品安全体系可以忽略现有条文的包容性，只能以新的罪名来表达我们对食品安全的关切。因为刑法分则并非界定具体犯罪的定义，而是以抽象性、一般性的用语描述具体犯罪类型，使不法行为更具开放性，[②] 所以是否充分挖掘了现有罪名体系的潜在资源，是立法之前必须考量的问题。更何况刑法作为定罪量刑的主法，其适用却依靠刑法典之外的、以司法解释为主体的辅助体系，否则，刑事立法规定再科学，也难以达到契合目的的规范效果。[③] 鉴于此，立法之前必须从现行法的角度对拟修订部分进行系统审视，否则就可能导致立法资源的浪费。

以此为基础来看食品安全中制假售假行为的直接入刑，是否可以被现行立法所涵盖应当处于优先考量的位置。例如，前文中提到有学者认为应当将食品添加剂等物质纳入刑法的调控范围，并考虑摄入性物质与非摄入性物质的区别，使食品类包装材料、容器、生产设备、工具等食品相关产品单独入罪化。此外，还要在刑法中增加食品、食品原料、食品添加剂及相关文件查验、食品标签的规范。对此，笔者认为实无必要。因为不管是食品添加剂还是食品类相关产品，脱离食品本身就和普通产品没有太大差别，它们只有被用于食品的生产经营时才会影响到食品安全进而与公众人身安全产生联系。就这一点来说，这些产品和其他为人所使用的商品并无明显的特殊性，对于生产、销售不符合安全标准的食品添加剂和食品相关产品的行为，完全可以按照《刑法》第 140 条的规定定罪处刑。需要提及的是，有观点认为，如果在食品添加剂的加工、包装、运输、贮存的过程中，因为处置不当而导致食品添加剂带有毒害性的行为，是无法以生产、销售伪劣产品罪论处的；同时，作为一种特殊产品，不符合安全标准的食品添加剂所具有的社会危害性，显然不是一般的伪劣产品所能相比的，未免有重罪轻罚之嫌。[④] 但是，之所以出现这一定罪上的问题，并不

---

① 参见赵秉志主编：《中韩刑法基本问题研讨》，中国人民公安大学出版社 2005 年版，第 82 页

② 参见张明楷：《罪刑法定与刑法解释》，北京大学出版社 2009 年版，第 92 页。

③ 参见刘艳红：《观念误区与适用障碍：新刑法施行以来司法解释总置评》，载《中外法学》2002 年第 5 期。

④ 参见刘鹏、冯卫国：《食品安全犯罪刑法规制：法律归属与要件扩容》，载《东南学术》2014 年第 5 期。

是因为食品添加剂这一特殊对象不能被刑法所评价，而是加工、包装、贮存行为是否可以被生产、销售行为所评价存有争议；换言之，将其作为独立的犯罪对象设定新的罪名仍然无法解决这一问题。此外，食品添加剂的特殊性并不足以将其再作为独立的评价对象。一方面，不符合安全标准的食品添加剂固然会危害公众健康，但是不符合质量标准而侵害公众安全的伪劣产品举不胜举；如果以行业特殊性作为设立新罪的标准，必然导致刑法立法失去应有的概括性与灵活性。比如，食品添加剂和食品相关产品是不是应当区分而设立两个罪名？药品相关产品是否也需增加一个新罪名？诸如此类的问题将导致立法过于琐碎。另一方面，食品添加剂本身的安全性也是有差异的，忽略了性状、含量而从概念上想象其对人身安全的影响有失偏颇。如亚硝酸盐、泡打粉等物质的毒害性、适用范围有很大差异，对于后者，几乎没有因超范围使用而导致消费者身体受损的案件。那么，在立法时，是否有必要对这些不同类型进行区分呢？基于此，食品添加剂、食品相关产品等固然属于特殊产品，但不足以成为刑法中独立的犯罪对象而增设新的罪名，在《刑法》第 140 条的量刑幅度内可以充分评价该类非法行为的社会危害性。至于食品标签标注不实的问题，食品安全治理更加注重的是安全治理，食品标签虚假倘若不影响食品安全质量，实无刑法适用之必要，而如果存有食品安全风险甚至导致公众安全事故，则归责之原因不在于标签，而是食品本身。“法律排斥过剩的、矛盾的和不适当的规定。”[①] 对于危害食品安全犯罪刑法立法来说，回归法益保护之本意，应当将犯罪化的视角限定在侵害公共安全风险的场合，单纯的标签造假不应被犯罪化。

四、危害食品安全制假售假刑事立法体系的规范补充

基于上述分析，此次推动危害食品安全制假售假行为直接入刑的决策具有一定的合理性，但是，在修订立法时要注意两点：一是这里的危害行为直接入刑不同于一律入刑，即不能将所有危害食品安全的制假售假行为都纳入刑法规范的调整范围，否则就混淆了行政违法与刑事犯罪的界限。更重要的是，对危害食品安全的行政违法行为不加区分地予以犯罪化，在增加司法成本的同时也会导致罚责失衡而侵蚀法律公正，最终影响犯罪预防的效果。对此，前文已有

① 张明楷：《罪刑法定与刑法解释》，北京大学出版社 2009 年版，第 53 页。

分析，不再赘述。二是在推动危害食品安全制假售假行为直接入刑时，应尽量维护刑法规范的稳定性。若能通过合理解释进而依据现行刑法规范追究刑事责任，就不宜增设新罪；对不法行为的治理与防范没有穷尽行政监管方式时，也不宜增设为新罪；在增设的新型犯罪中，应当尽可能地将实害结果、具体危险作为犯罪成立的条件，而慎用抽象危险犯的立法模式。鉴于此，笔者认为，由于危害食品安全制假售假行为复杂多样，应当审慎考虑入刑的范围，应当优先考虑经过规范、经验考察的立法建议，而不能依赖于简单的逻辑推演。

（一）增加以实害犯为基本形态的过失犯

作为与故意相并列的罪过形式，传统的过失理论认为非难的根据在于，只要行为人观念上稍加重视，就可以认识、预见犯罪事实的发生，但却因欠缺足够的警惕而没有注意，进而导致结果发生。[①] 由于行为人的主观可谴责性相对较弱，因此，传统理论上通常将过失犯作为处罚的例外。但面对公众人身健康与生命安全，刑法并不会因为不法行为人罪过程度低而不予处罚。不管是故意还是过失，只要因食品制假售假行为导致消费者的人身健康与生命安全受到侵害，就应当由不法者对法益侵害后果承担刑事责任，这是法益保护主义的必然要求。故而当前危害食品安全犯罪中缺失独立的过失罪名是不合理的。其实，刑法理论上对于违反业务上注意义务的过失犯，主张加重其刑罚，因为业务人员的注意能力较强，即便违反了同一注意义务，但从事业务的人违反的程度更高。[②] 比如，普通农户和庄园农场虽然都从事农作物的种植，但是对于农产品安全生产的注意义务却有明显差异，后者的注意能力远远高于前者，同样因违反注意义务而在造成食物中毒事故的场合，前者可以按照普通过失犯来处理而后者则不同，如果适用相同罪名，难以体现罪刑的差异性评价。因此，无论是基于法益保护原则，还是基于业务过失的特殊性，增设专门过失犯罪的罪名是必要的。

关于过失条款的立法表述，与前文提到的四种观点不同，在条文结构上，应当在《刑法》第 143 条生产、销售不符合安全标准的食品罪中增加过失犯，不需要增加过失型生产、销售有毒、有害食品罪；在犯罪形态上，应以一般过失犯为基本犯罪构成，慎用过失危险犯。具体分析如下：

---

① 参见［日］甲斐克则：《责任原理与过失责任》，谢佳君译，中国政法大学出版社 2016 年版，第 82 页。

② 参见［日］前田雅英：《刑法总论讲义》（第 6 版），曾文科译，北京大学出版社 2017 年版，第 180 页。

其一，《刑法》第144条生产、销售有毒、有害食品罪中不需要增加过失犯。从刑法规定来看，成立生产、销售有毒、有害食品罪，需要行为人主观上明知食品中掺入了有毒、有害的非食品原料。当行为人违反注意义务导致食品被误加有毒、有害的非食品原料时，主观认识表现为两种形式，一是明知掺入了非食品原料但不知其性状为有毒、有害；二是不知道掺入了非食品原料，也自然不明知其形状为有毒、有害。对于情形一，因行为人对掺入非食品原料系明知，所以其主观上对于食品系不符合安全标准为明知，故而符合《刑法》第143条犯罪之构成特征，应按照故意犯罪处理而没有必要单独增设新的过失犯罪；对于情形二，因行为人对掺入非食品原料不明知，当然对食品系不符合安全标准食品也不存在明知，不符合现行《刑法》第143条之规定，此时方有立法增设的必要。但是这种情况下情形二较情形一的主观罪过程度更轻，实无单独为其在《刑法》第144条单独增设新罪的必要性，完全可以通过在《刑法》第143条增加过失犯而得到充分评价。

其二，《刑法》第143条新增过失犯，应当以实害犯为基本形态，即只有造成食物中毒的实际后果才成立犯罪。虽然有观点主张增设过失危险犯，以便可以更充分地实现对重大法益的提前保护，① 但是，在行政处罚与刑事处罚二元分离的法律体系中，如果增设过失危险犯，就会导致生产、销售不符合安全标准食品的行为，在失去犯罪数量、犯罪后果的限制之后，大范围的被犯罪化，从而使食品安全法的许多法律责任条款被架空，而刑法则处于食品安全监管的前列。“为了给行政处罚预留空间，我国刑法将那些发生了法益侵害结果或者情节严重的行为才规定为犯罪，对于那些没有发生法益侵害结果或者情节较轻的行为一般都予以行政处罚，在这种情况下，过失危险行为一般都只是行政处罚的对象，而不能进入刑事立法的视野。”② 相应地，如果以实害结果作为犯罪成立的条件，就可以在法益保护性与刑法补充性之间达成平衡。当然，在这种实害犯形态中，由于危害结果是犯罪的条件，非食品原料的毒害性通过危害后果的具体样态而得到相应评价，因此，没有必要单独增设生产、销售有毒、有害食品罪的过失犯。

有必要提及的是，食品行业的制假售假行为，以行为人违反安全生产经营的注意义务为核心特征，并由此表现出突出的反规范特征，也是不法行为应当

---

① 参见付玉明、李泽华：《食品安全犯罪的立法完善》，载《河南社会科学》2019年第6期。
② 陈兴良：《过失犯的危险犯：以中德立法比较为视角》，载《政治与法律》2014年第5期。

处罚的正当化基础。因此，如果行为人尽到了合理的注意义务，则不能追究其刑事责任，这也是责任主义的应有之义。事实上，《食品安全法》第136条之规定的行政责任免除也体现了这一原则，即“食品经营者履行了本法规定的进货查验等义务，有充分证据证明其不知道所采购的食品不符合食品安全标准，并能如实说明其进货来源的，可以免予处罚，但应当依法没收其不符合食品安全标准的食品；造成人身、财产或者其他损害的，依法承担赔偿责任”。基于此，对于在食品安全领域增加严格责任的主张并不适宜，且不说与我国刑法总则的罪过规范相冲突，而且与行政法规范明显不相协调，与食品安全监管强化主体责任的总体导向相背离。

（二）修改不法行为类型，审慎扩大犯罪圈

增设新的不法行为类型，是当前多数学者在分析修订危害食品安全犯罪立法时的观点，尤其是现行食品安全法的框架下。不过，笔者认为，考虑到法律规范的开放性与包容性，增设新的不法行为类型应当慎重，而修改不法行为类型的方式更为可行。

其一，将《刑法》第143条、第144条中的销售行为改为“经营”行为。

随着现代物流产品的飞速发展，独立于生产者、销售者的第三方运输、贮存主体成为食品生产、流通中的重要参与者。但由于现行立法对食品包装、运输、贮存等行为缺乏明确规定，而这些行为又难以归入销售行为的范畴（独立第三方所提供的服务为劳务性质），导致刑法对这些行为难以及时评价。事实上，这些行为的普遍性、危害性与生产、销售过程中的滥用毒害物质并无二致。比如，在我国农产品处于大流通的格局之下，运输距离远、时间跨度长，农产品运输中质量安全与营养面临新挑战，尤其是鲜活农产品，不法分子就会通过滥用农药、兽药的方式达到存活、保鲜的效果；① 一些中小经营者运输水产品时会采用高密度方式，为防病害就只能大量使用药剂。② 因此，通过刑事规范加以评价是十分必要的。虽然目前以司法解释的方式将此类型为共犯化，有一定的合理性，③ 但对于那些行为人在生产、销售之外经营过程中实施的非

---

① 参见周勉、郭远明等：《农药滥用农民很无奈，高效低毒农药亟待推广》，载《半月谈》2012年第14期。

② 参见向志强、周琳等：《新食安法实施1年水产品安全治理追踪：非法添加仍频》，载《中国青年报》2016年12月25日。

③ 参见左袖阳：《食品安全刑法立法的回顾与展望》，载《湖北社会科学》2012年第5期。

法行为就无法适用共犯之规定，比如粮食贮存单位为了避免虫害而滥用农药就和生产、销售方没有任何主观联系，如果销售方在检测不严谨的情况下直接接受并销售，则可能导致食物中毒事故。此时，虽然可以按照现行规定追究销售方的责任，但是对于粮食贮存单位滥用农药的行为则难以有效评价，从而导致物流运输主体与销售主体刑事责任评价的差异化。基于此，将贮藏、运输等行为正犯化是必要的。

在具体方式上，笔者建议将《刑法》第143条、第144条罪状中的“销售”行为改为“经营”行为，分别为“生产、经营不符合食品安全标准的食品，足以造成严重食物中毒事故或者其他严重食源性疾病的，……”与“在生产、经营的食品中掺入有毒、有害的非食品原料的，或者经营明知掺有有毒、有害的非食品原料的食品的，……”应当说明的是，虽然《食品安全法》第2条将食品经营界定为食品销售和餐饮服务，而食品的贮存、运输是独立于食品经营的，但是刑法中如果以“经营”来涵盖食品的销售、贮存、运输、餐饮服务，不会造成概念上的冲突。因为在行政刑法中，虽然行政规范与刑法中相关术语保持一致，有助于提高法律规范的明确性，但是对于像“经营”这种非专业性术语而言，根据规范目的的不同在部门法之间作出不同阐释是必要且正当的，但是这不意味着“经营”的内涵不受约束。对于有学者提出将“经营”细化为生产、销售、采集、收购、加工、持有、贮藏、运输、包装等具体行为之主张就有失妥当性。[①] 因为生产、加工行为属于生产行为的范畴，而采集、收购、持有往往不具有独立性，是依附于生产、加工行为或者作为销售的预备行为而存在，和贮存、运输伴随物流行业发展起来而具有较强独立性的行为类型是不同的。故而经营行为应当限于食品销售、餐饮服务、贮存、运输等相关联的行为。这样既可以避免表述过于烦琐，也可以达到规范评价的目的。

其二，生产、销售前的预备行为与事后行为不宜直接入刑。

首先，诸如为生产、销售食品而购买、储备等预备行为不宜直接入刑。有观点认为，对于生产、销售行为的前置预备行为，如购买行为、储备行为，缺乏专门刑法立法，而此类行为又不符合生产、销售伪劣产品罪的构成特征，只能等到生产、销售阶段来处罚，保护不够周延，应在立法上予以完善。[②] 对此，如果销售者购买的是已经制作好的食品，那么，购买、储备行为就是销售行为

---

① 参见胡胜友、陈广计：《危害食品安全犯罪的实证研究》，载《中国刑事法杂志》2014年第3期。

② 参见舒洪水主编：《食品安全犯罪的罪与罚》，中国政法大学出版社2014年版，第163~165页。

的一部分，可以按照未遂犯处理，不存在无法评价的问题。如果是为了生产、销售食品而购置、储存了不符合安全标准的食品原料，此时不具有处罚的必要性。虽然食品质量问题往往关系到公众健康，面对不确定的安全风险，人们倾向于通过保护前置的方式来强化犯罪预防与治理效果，但是这并不是说我们可以放弃对食品安全风险的具体判断而将犯罪评价的界限无限提前到原料采购的场合。在社会舆论对食品安全的持续关注过程中，公众产生对食品安全的强烈担忧是可以理解的，但防范风险的诉求不能过于依赖刑法，从而超越部门法之间的界限。从近年来的立法情况来看，政策性的原则要求完全可能在风险态势下催生为急剧的刑事立法活动，出现风险刑法的功能性僭越，[①]“直接入刑”的政策提示已经隐含着这一隐忧，故而在对食品安全领域的不法行为进行立法研判时，不能以抽象的安全风险作为入罪化的依据，应对风险进行具体判断，避免以观念逻辑代替规范论证。在笔者来看，从食品原料到食品再进入流通，尚需诸多环节，购买、储备不符合安全标准的食品原料给公众安全带来的威胁并不紧迫；在生产、销售不符合安全标准食品尚且要求具体危险状态才构成犯罪的情况下，购买、储备等预备行为的法益侵害危险更弱。仅仅以形式上的考量而寻求犯罪化的思路会侵蚀公众自由，彻底打乱行政法规范与刑事法规范的界限。毕竟，预备行为入罪化过多地服务于安全目的而损害了刑法的法益保护功能，因谦抑不足而损害了刑法的人权保障功能，因执行不足而损害了刑法的实用主义功能。[②]

其次，拒不履行食品召回义务的行为不宜直接入刑。《食品安全法》第63条明确了国家建立食品召回制度，规定："国家建立食品召回制度。食品生产者发现其生产的食品不符合食品安全标准或者有证据证明可能危害人体健康的，应当立即停止生产，召回已经上市销售的食品，通知相关生产经营者和消费者，并记录召回和通知情况。"据此，有观点认为应当在刑法中增设不履行食品召回义务罪。然而，在增加过失犯以后，这一不法行为完全可以通过其他罪名予以评价。按照不作为犯理论，不履行食品召回义务属于不作为，而生产行为则属于先行行为。虽然对先行行为是否可以是犯罪行为这一问题刑法上存在诸多争议，但是通常来讲，如果先行行为所指向的侵害后果与不作为行为所引起的侵害后果具有同一性或者表现出结果加重的关系，则该犯罪行为不被视为先行行为的情况下并不影响后一不作为的规范评价。比如，当食品生产者故

---

① 参见焦旭鹏：《风险刑法的基本立场》，法律出版社 2014 年版，第 196 页。
② 参见刘艳红：《象征性立法对刑法功能的损害》，载《政治与法律》2017 年第 3 期。

意生产不符合食品安全标准的食品时，在有关部门查获食品不符合安全标准或者有证据证明可能危害人体健康以后，若不履行该义务，则可以根据涉案食品的危险程度直接按照故意犯罪来处理；当食品生产者是违反了安全生产义务过失导致食品出现质量问题时，如果拒不召回，也可以按照过失犯追究责任。当然，如果涉案食品的质量问题非生产者的过错，应当召回而不召回时，则无予以刑事处罚的必要，可以以行政责任论处。事实上，正如有学者所提到，增设拒不履行召回义务犯罪具有一定合理性，但是考虑到过失型犯罪增设处于优先的地位，则无异于堵塞了过失危害食品安全犯罪的立法之路。之所以出现这一观点，正是由于过失的行为不受处罚，才会催生在已知的情形下的作为义务，进而构成不作为的犯罪。[①]

小结

面对复杂的公共安全局势，通过控制风险来安抚公众在政治层面具有压倒性的优势，传统刑法观上因报应与谴责的需要而惩罚的立场遭遇挑战。[②] 危害食品安全制假售假“直接入刑”是这一变化在食品安全领域的现实体现。然而，基于最后保障法的规范属性，将刑法置于食品安全监管的前沿地位的选择是不妥当的。因为食品安全风险与恐怖主义风险、国家政治风险不同，食品质量对公共安全的影响呈现出撕裂性的差异，有的质量隐患可以忽略不计，有的质量问题可以直接导致人身伤亡，在缺乏一种“可以认知的物质化的侵害后果表现出来或者物质化的侵害后果超越了人类目前能够控制的时间和空间的界限”时，对某些危险行为的责任追究缺乏依据。[③] 从形式上去理解危害食品安全制假售假行为进而强调“直接入刑”难免造成刑法的过度干预，而前文所提到将这一政策性主张视为“刑法对其所肩负的保障法使命的大力践行和对其谦抑性的坚定恪守”的观点，也是本文所难以认同的。因此，即便在食品安全治理态势复杂严峻的情况下，刑法也应当恪守应有的本分，审慎筛查制假售假行为的类型化风险，避免扮演一个纯粹的秩序法角色。

---

① 参见李森、陈烨：《食品安全领域泛犯罪化思考》，载《政治与法律》2013年第7期。

② 参见劳东燕：《公共政策与风险社会的刑法》，载《中国社会科学》2007年第3期。

③ 参见龙敏：《秩序与自由的碰撞——论风险社会刑法的价值冲突与协调》，载《甘肃政法学院学报》2009年第5期。

第四章 危害食品安全犯罪预防立法观检视

食品安全与国家安全辅车相依，自古就被视为关系社稷安危的基石。面对公众对食品安全的深切期待，党的二十大报告中明确提出要强化食品药品安全监管，提高公共安全治理水平。可以说，这是继党的十九大报告提出实施食品安全战略之后，食品安全这一传统的社会治理难题再次以国家战略的高度被纳入总体国家安全观的宏大视野之中。当然，国家战略层面的顶层规划反过来促使食品安全法治治理的路径随之转轨，以国务院发布的《国务院关于印发“十三五”国家食品安全规划和“十三五”国家药品安全规划的通知》（国发〔2017〕12号）（以下简称《食品安全规划》）为标志，以“预防为主、风险管理、全程控制、社会共治”为基本原则，服务于全面建立严密高效、社会共治的食品安全治理体系这一目标的食品安全观逐渐成形。[①]

客观而言，《食品安全规划》所体现出的食品安全观是对社会发展所带来的高度不确定的食品安全风险的积极回应。因此，对于这一风险的认知与判断在很大程度上重构了我国的食品安全立法与监管模式。即便在逻辑上，不管是以“严防严管严控风险隐患”为核心的“风险管理”，还是以“从农田到餐桌全链条监管”为内容的“全程控制”，以及以企业、政府、社会、公众为主体的“社会共治”，无不以“坚决守住不发生系统性区域性食品安全风险的底线”为直接目标，这其中所蕴含着的风险预防的基本导向，正是“预防为主”这一原则的基本内涵。[②] 因此，在笔者看来，“预防为主”既是当前食品安全观的首要原则，也是后者的主旨思想。毕竟，“世界范围内不断出现的食品安

---

① 参见2017年2月14日国务院发布的《国务院关于印发“十三五”国家食品安全规划和“十三五”国家药品安全规划的通知》（国发〔2017〕12号）。

② 根据《食品安全规划》，预防为主原则的要求是，坚持关口前移，全面排查、及时发现处置苗头性、倾向性问题，严把食品安全的源头关、生产关、流通关、入口关，坚决守住不发生系统性区域性食品安全风险的底线。

全事件使人们逐渐认识到针对食品安全问题‘防重于治’，防止损害的发生比任何严厉的惩罚措施都更有效”。[①] 就此而言，被涂上了“风险防范”的重彩之后，在一定程度上，食品安全观也可称之为一种预防性食品安全观。当然，以“预防”作为食品安全治理的核心原则，并非我国首创之举，更非以此次《食品安全规划》的形式初见于文端，在“世界法律实验室”的欧盟食品安全法体系中，风险预防原则早已成为规制食品安全问题的基本原则，[②] 并成为世界范围应对食品安全挑战的一项普遍性规则。而在我国，不管是 1997 年《刑法》中关于危害食品安全犯罪的刑事立法，还是 2009 年《食品安全法》中关于食品安全风险监测与评估制度，也都留下了风险预防的深刻烙印，而随后 2011 年《刑法修正案（八）》、2015 年《食品安全法》等规范的颁行，更是直接体现了预防性食品安全观的主旨。因此，《食品安全规划》所倡导的预防性食品安全观也是对多年来我国食品安全治理法律实践的总结，而其对“风险预防”这一原则的高度重视，也必然对以后的食品安全立法、执法与司法产生重大影响。

在法治国的语境下，食品安全治理最终定然是规则之治。食品安全现代化治理体系也必然以立法的科学性、执法的有效性和司法的公正性为基本评价标准。预防性食品安全观固然可以因对风险的高度重视和合理预判而主导建立一种契合食品安全治理规律的法律机制，但是“风险预防”本身的局限性也决定了我们必须不断审视预防性食品安全观的实践状况。探寻既往历史发现，在行政监管层面，风险预防原则的过度适用，不仅有可能阻碍技术的进步、妨碍贸易自由，[③] 而且会为行政权的扩张提供看似合理的法律依据却侵蚀公众的权利自由。同样，在刑事治理层面，风险预防立法观多年来一直因为“抵牾刑法谦抑精神”“社会治理的过度刑法化”“刑法新工具主义”“象征性立法”等被研究者所诟病，被学者们担忧存在“不可预知”的法治风险。[④] 事实上，透过近年来发生的“问题豆芽案”“瘦肉精案”以及系列滥用食品添加剂案件等，可以从中发现人们对预防性食品安全观的良好期许和执法司法实践的巨大落差。鉴于此，对预防性食品安全观的法治实践展开系统性分析，探寻预防原则实践

---

① 孔繁华：《论预防原则在食品安全法中的适用》，载《当代法学》2011 年第 4 期。

② 参见张华：《论欧盟食品安全法中的风险预防原则：问题与前瞻》，载《欧洲研究》2011 年第 4 期。

③ 参见孔繁华：《论预防原则在食品安全法中的适用》，载《当代法学》2011 年第 4 期。

④ 参见高铭暄，孙道萃：《预防性刑法观及其教义学思考》，载《中国法学》2018 年第 1 期。

性的不足与缺失，对于充实预防原则的技术支撑，强化食品安全观的制度供给具有重要的理论意义。

一、预防原则主导食品安全法治的历史观察

所谓预防原则，按照《食品安全法》的解读，“是指各项工作要关口前移，不要等到发生问题再查处、追责，要通过加强日常的监管工作，消除隐患，防患于未然”。[①] 从环境保护的具体原则演变为食品安全保护一项主导性政策，预防原则在公害犯罪防控中扮演着举足轻重的作用。而导致这一扩张的规范基础，正是基于环境安全与食品安全所面临的共通性风险以及风险应对的普遍性逻辑。就前者而言，公共安全所面临的现代风险，在乌尔里希·贝克的研究语境中，被定义为以系统的方式应对由现代化自身引发的危险和不安，是现代化的威胁力量和令人怀疑的全球化所引发的后果。[②] 这一风险区别于传统意义上个人从事危险运动而隐含的行为风险，是一种伴随着现代科技文明而生甚至往往难以直接感知的人类危机。因此，基于这一风险演变而形成的社会治理路径，难以沿袭传统的自然法理论所倡导的事后归责与惩治模式，而是注重以风险预防与风险控制为核心的预防原则在行政监管领域的突出作用。就后者来说，与其他公共领域的安全风险一样，食品安全风险固然存在但并非不可预知，而食品安全危机的不可控性以及极大的法益侵害性，都决定了建立在科学基础之上的事先防控与责任评价机制的有效性和低成本性。为此，我们可以从以下四个方面理解预防原则的基本要素：①风险引起的损害应该避免；②科学研究在确定威胁时具有重要作用；③预防危害的行动是最基本的，即使在缺乏因果关系的结论证明之前；④所有技术发展应当满足公共安全的基本要求。[③] 应当承认，我国对预防原则的重视并在规范层面导入，与近年来频繁出现的食品安全事件不无关系，而对传统治理理念的深切反思，“反映了食品安全监管理念上的根本转变，即由事后的监管转向事前的预防”。[④] 与之相适应，我们加大了食品安全法治体系的制度性建设，以强化风险预防为导向，对食品安全规

---

① 信春鹰主编：《中华人民共和国食品安全法解读》，中国法制出版社 2015 年版，第 8 页。

② 参见［德］乌尔里希·贝克：《风险社会：新的现代性之路》，张文杰、何博闻译，译林出版社 2018 年版，第 21 页。

③ 参见谭德凡：《论食品安全法之预防性原则》，载《求索》2011 年第 10 期。

④ 彭东昱：《预防为主，风险防范》，载《中国人大》2014 年第 14 期。

范、标准以及配套机制进行系统改革。截至目前，从纵向来看，我国已经形成了以《食品安全法》《农产品质量法》为主轴，以行政法规、部门规章、司法解释、地方性法规与地方政府规章为支撑，一系列规范性文件为依托的食品安全风险治理的法治体系。[①] 从横向来看，以《食品安全法》为核心的行政治理和以《刑法》为主体的刑事治理双轨并行的法治体系已初步成型。同时，不管是食品安全行政法规范（含民事责任条款），还是食品安全刑事法规范，无不受到风险预防这一理念的深刻影响。基于此，对于预防原则主导食品安全法治体系的发展轨迹，本部分将从食品安全行政规范和刑事规范两个角度进行规范分析。

（一）食品安全行政规范体系中预防原则的实践轨迹

随着被誉为“史上最严”的《食品安全法》于 2015 年 10 月 1 日生效实施，食品安全国家战略与法治体系互为一体的风险防控格局初步形成。因此，以《食品安全法》为中心的食品安全行政规范的发展脉络，无不体现出预防原则的深刻印迹。在此，笔者拟结合 2015 年立法机关对 2009 年《食品安全法》的系统修订，对预防原则在行政规范领域的贯彻予以梳理。

1. 明确预防原则的总则性地位，强调风险预防对食品安全监管的基础作用

虽然世界范围内多数国家早已将风险预防作为食品安全治理的一项基本原则，但是在我国，直到 2015 年《食品安全法》修订时才将其作为一项工作原则规定其中。在此之前，已经失效的《食品卫生法》主要是将法律责任评价这一事后追究模式作为保障食品安全的主要手段，相比之下，2009 年的《食品安全法》在风险预防机制建设领域有一些突破。虽然该法中依然没有明确把预防原则作为食品安全治理的工作方针，但是第二章关于“食品安全风险监测和评估”的增设也体现了风险预防的思想，甚至有学者据此认为该法在总体上已经确立了食品安全的风险预防原则。[②] 不过，仅以该章节的设置就认为原《食品安全法》在总体上确立了预防原则，难免有失客观。食品安全风险管理是食品安全风险预防机制中不可或缺的重要组成部分，但预防原则主导下的食品安全监管规则并不限于此，且不说风险管理本身应当涵盖风险监测、风险评估、风

① 参见尹世久等：《中国食品安全发展报告 2018》，北京大学出版社 2018 年版，第 262~266 页。
② 参见黄辉：《〈食品安全法〉中“预防原则”之立法检讨》，载《河南财经政法大学学报》2014 年第 6 期。

险监督管理和风险交流在内的多项内容，即便在风险管理之外也有诸多与风险预防密切相关的制度、规则，故而原《食品安全法》只是在一些制度上体现了预防原则，尚不能将其称之为指导立法和执法实践的基本原则。与之不同的是，2015 年《食品安全法》第 3 条明确了食品安全的工作方针，即“预防为主、风险管理、全程控制、社会共治”，以此确定了食品安全各项活动的基本遵循，以建立科学、严格的监管制度。由此，预防原则作为食品安全监管的首要原则，从食品安全风险管理这一具体制度上升为指导食品安全立法、执法的基本行动指南。在这一原则要求下，《食品安全法》不仅完善了食品安全风险管理制度的原有规定，而且在食品安全标准、食品生产经营规范、监督管理等各个章节根据风险预防的需要而进行了系统修订。总体而言，此次修订“重在消除隐患和防患于未然”，① 而食品安全监管以未来危险和风险为调整对象的功能变化，② 也决定了风险预防必然被置于规范完善的突出位置，预防原则成为食品安全工作首要原则当属必然选择。

2. 完善食品安全风险管理机制等，强化预防原则的制度支撑

作为一项总体的工作方针，预防原则应当通过各项具体制度予以落实，而风险管理、责任约谈以及自查制度则成为《食品安全法》中体现这一原则的主要内容。

（1）强化风险管理制度。风险管理有广义与狭义之分，后者是与风险评估相互并行的范畴，是“根据风险评估的结果并衡量食品安全法之目的以选择适当的法规措施”。③ 然而，作为《食品安全法》工作方针的风险管理则是广义的概念。风险管理是预防原则制度化的直接体现，也往往被学者们作为评价预防制度科学性、严谨性的主要指标。虽然原《食品安全法》中已经对风险管理制度作出规定，但此次修订仍然根据预防原则对其进行了系统完善。比如，在食品安全风险监测原有规定的基础上，增加了风险监测计划调整、结果通报等规定；将原有风险评估的概括式立法模式调整为列举式，使评估程序的启动更加明确；在风险监督管理方面，增加风险分级管理的要求；在风险交流方面，

---

① 张勇：《关于〈中华人民共和国食品安全法（修订草案）〉的说明》，访问网址：http：//www. npc. gov. cn/wxzl/gongbao/2015-07/03/content_1942887. htm，2019 年 5 月 5 日。

② 参见黄辉：《〈食品安全法〉中“预防原则”之立法检讨》，载《河南财经政法大学学报》2014 年第 6 期。

③ 伍劲松、黄冠华：《中国食品安全风险防控机制研究》，载《华南师范大学学报（社会科学版）》2017 年第 3 期。

则增加了风险信息交流制度，以提高食品安全突发事件的应对能力。[①]

（2）增设责任约谈制度。作为监督管理制度的重要内容，此次修订中《食品安全法》增设了责任约谈制度，主要包括对食品生产经营者进行责任约谈和对食品安全监管部门等进行责任约谈两种形式。不过，不管是哪一种约谈形式，从约谈事由上看，都是基于安全隐患消除不彻底而为了防范危险实现预防目标展开的。比如，根据《食品安全法》第114条的规定，对食品生产经营者进行责任约谈的事由是，对生产经营过程中存在安全隐患且没有采取有效措施及时消除的情形；根据第117条的规定，对食品安全监管部门等进行责任约谈的事由则是，监管部门未及时发现食品安全系统性风险，未及时消除监督管理区域内的食品安全隐患。可以说，增设责任约谈制度的根本目的，就是督促有关生产经营主体和食品安全监管主体发现风险隐患以后及时履行相关职责，以消除食品安全隐患，与预防原则的基本精神完全一致。

（3）增设生产经营者自查制度。该制度是此次食品安全法修订新增设的内容，也对食品生产经营者建立食品安全经营规范提出了新要求。从《食品安全法》第47条的规定来看，自查制度包括了企业安全管理制度的落实情况、设施、设备的安全运转状况、从业人员是否遵守操作规范及安全规则以及经营过程、食品标签等是否符合相关规定。自查制度的优势在于可以由生产经营者根据生产经营状况随时发现人的不安全行为或者设备等物的不安全状态，从而及时消除隐患，保障食品安全。因此，要求生产经营者建立食品安全自查制度，是监管思路从政府主导向社会共治转变的具体表现，[②]也是《食品安全法》贯彻预防原则而提出的重大举措。

此外，食品安全法提出的全链条监管模式以及建立的最严厉的惩罚规则，也表明了立法者通过全程控制和重罚威慑达到风险预防效果的规范目的。党的十八届三中全会指出，“建立最严格的覆盖全过程的监管制度，建立食品原产地可追溯制度和质量标识制度，保障食品药品安全”。据此，《食品安全法》提出了从农田到餐桌全链条的全程控制模式，不仅明确了食用农产品进入流通领域的法律适用问题，而且完善了市场销售中索证索票、进货查验等规定；在食品生产、销售以及餐饮环节，不仅增加了生产者、餐饮服务提供者的原料控制义务及成品检验等安全控制要求，而且增加批发企业销售记录制度和网络食品

① 参见信春鹰主编：《中华人民共和国食品安全法解读》，中国法制出版社2015年版，第9页。
② 参见信春鹰主编：《中华人民共和国食品安全法解读》，中国法制出版社2015年版，第122页。

交易相关主体的法律责任。同时，在规范层面也完善了食品追溯制度，增加了全程追溯协作机制，从而全面体现全程控制的总体工作方针。如果说从农田到餐桌的全链条监管模式本质上仍然是希冀通过严密监管网络降低食品安全风险，《食品安全法》建立的最严厉的处罚规则则是通过法律制裁而达到风险预防的效果。“人们之所以规定制裁，其目的就在于保证法律命令得到遵守与执行，就在于强迫‘行为符合业已确立的秩序’。”① 因此，作为法律功能的威慑性与法律目的的预防性本身就是表里相合的逻辑关系，皆服务于法秩序的建立与维护。而《食品安全法》所规定的首负责任制、惩罚性赔偿制度等民事赔偿责任，以及新增加的行政拘留、职业禁止终身制等行政违法责任，虽然字里行间体现着“乱世用重典”的重罚威慑理念，但从根本上仍然是对“预防为主”这一总体工作要求的制度回应。

《食品安全法》所确立的预防原则，不仅影响着自身的制度设计，而且指导其他行政类规范性文件的制定与修订。仅在2016年，原国家卫计委就发布了436项新的食品安全国家标准，2017年则发布了2项新的污染物质限量国家标准和9项食品安全理化检验方法国家标准，② 而在2021年，国家卫生健康委员会、农业农村部又发布食品安全国家标准108项，从而使食品安全国家标准体系进一步完善。这对于指导食品安全管理工作，强化风险预防效果具有重要意义。

（二）食品安全刑法规范体系中预防原则的实践轨迹

预防，是刑法的重要机能之一，相应地，如何通过规范确保犯罪预防的效果，保护法益免受不法行为的侵害，一直都是刑事立法者必须思考的问题。从实践来看，使刑法介入法益保护的时间提前，或者突出刑罚的威慑性，无不是立法者实现刑法之预防效果的重要手段。而危害食品安全犯罪刑事规范的历史演进表明，食品安全领域罪状修订、刑罚配置以及司法解释规则都深受法益保护早期化、刑罚严厉化、积极犯罪化等风险预防观念的影响。

首先，刑法规范中以危险犯立法为主体、数额犯立法为补充的立法模式，凸显了风险预防的色彩。危险犯是将法益侵害的危险作为结果的犯罪。法益侵

---

① E. 博登海默：《法理学：法律哲学与法律方法》，邓正来译，中国政法大学出版社2004年版，第361页。

② 参见尹世久等：《中国食品安全发展报告2018》，北京大学出版社2018年版，第311页。

害的危险，是指发生法益侵害的客观盖然性或者可能性。[①] 换言之，对于危险犯而言，不需要以实害结果的出现作为归责的前提，相对于结果犯这一典型的犯罪形态而言，危险犯中刑法介入不法行为的时间显著提前，而刑法所保护的法益也从受到侵害的现实性前移至危险性，即法益保护前置。从理论上来说，之所以法益保护前置，是刑法为了保护法益把还没有出现危害结果但却具有高度危险的行为赋予实行行为性而进行惩罚，以防范行为风险转化为不可控的侵害后果。面对不断扩张的社会风险，为维系社会秩序，回应民众的安全性诉求并发挥刑法的强大威慑力，国家倾向于将刑法作为控制风险的工具，法益前置化的倾向便越发突出。故而立法上增加危险犯就成为国家法益保护前置化的重要手段。[②] 相应地，在危害食品安全犯罪领域，现行刑法关于此类犯罪的两个主要罪名即第 143 条生产、销售不符合安全标准的食品罪和第 144 条生产、销售有毒、有害食品罪均采用了危险犯的立法模式。事实上，早在 20 年前刑法修订伊始，就有学者提出 1993 年全国人大常委会通过的《关于惩治生产、销售伪劣商品犯罪的决定》中关于生产、销售不符合卫生标准的食品罪之结果犯的立法模式不利于打击犯罪，[③] 应当将其改为危险犯，从而更有助于惩治和预防犯罪。可以说，在 1997 年《刑法》中破坏市场经济秩序犯罪绝大多属于数额犯、情节犯的犯罪类型下，危害食品安全犯罪的危险犯立法表明“刑法立法的工具化机能与治理功能都被大幅度激活，显露出积极预防的立法意图”。[④] 当然，危害食品安全犯罪治理的预防性刑法观念并不局限于这两个罪名，《刑法》第 140 条生产、销售伪劣产品罪中数额犯的立法模式也不无突出积极预防的色彩。《刑法》第 143 条和第 144 条的危险犯立法模式所针对的是具有高度风险的生产经营食品行为，而生产、销售伪劣产品行为的风险性显然要低得多，不管是以次充好、以假乱真的食品，还是以不合格冒充合格的食品，至少都难以对人体构成实质性伤害或者威胁，而立法者仍然以涉案金额较大将其规定为犯罪，表明了刑法对于非法经营不符合安全标准食品行为的严厉打击之态和积极预防的风险刑法观。

其次，重刑化的刑罚配置，借助刑罚威慑性实现刑法的预防目的，凸显了

---

① 参见山口厚：《刑法总论（第三版）》，付立庆译，中国人民大学出版社 2018 年版，第 46 页。

② 参见卢建平：《我国食品安全的刑法保护》，载《人民检察》2017 年第 3 期。

③ 参见高铭暄：《中华人民共和国刑法的孕育诞生和发展完善》，北京大学出版社 2012 年版，第 347 页。

④ 高铭暄、孙道萃：《预防性刑法观及其教义学思考》，载《中国法学》2018 年第 1 期。

风险预防的色彩。虽然刑法理论上对于预防理论刑罚正当化的根据不无批判的声音，[①] 但福柯以“惩罚应该是一种制造效果的艺术”[②] 为刑罚的预防机能作了简单明了的论断。刑罚具有威慑功能，即刑罚以具有剥夺权益的强制力使人畏惧而不敢犯罪，从而到达社会防卫的目的，[③] 应当说，这似乎是一种无须论证的经验判断。因为对于有理性的人来说，刑罚的预防机能，使其可以深深体会到不法行为的反规范性、反社会伦理的意义，从而告诫他们今后不再重新犯罪。[④] 而基于对刑罚威慑功能的倚重，威慑主义刑法观甚至认为利用执行残酷的刑罚，可以收到预防社会上一般人犯罪的效果。[⑤] 当然，时至今日，立法者对刑法预防效果的追逐早已抛弃对酷刑的迷恋，但仍然保留对合理运用重刑以达到预防效果的期待，这一点在危害食品安全犯罪的刑罚配置方面体现地更为明确。从 1997 年《刑法》到 2011 年《刑法修正案（八）》的生效实施，刑法从以下三个方面强化对危害食品安全犯罪的刑罚威慑：①为生产、销售有毒、有害食品罪配置死刑。截至目前，刑法中共有 46 个死刑罪名，而破坏社会主义市场经济秩序犯罪一章仅有两个罪名，生产、销售有毒、有害食品罪便是其中之一。为经济犯罪配置死刑罪名体现了鲜明的重刑威慑的预防观念。②《刑法修正案（八）》取消了生产、销售不符合安全标准的食品罪与生产、销售有毒、有害食品罪中罚金刑的比例限制和单处罚金的规定，明确此类犯罪一律并处罚金。③删除了生产、销售有毒、有害食品罪中可以判处拘役的规定。生产、销售有毒、有害食品行为对食品安全和公众人身健康具有严重威胁，而 1997 年《刑法》对该罪配置拘役刑与行为人的罪行和主观恶性不相一致，违背了罪责刑相适应的基本原则，[⑥] 因此，对该法定刑予以删除。

最后，司法解释规则的强势扩张，以扩充行为方式等形式严密法网，凸显风险预防的色彩。不管是《2013 年食品解释》还是《2022 年食品解释》，均可以发现其带有明显的犯罪化倾向。①扩充行为方式。《2022 年食品解释》第 5

---

① 参见［德］米夏埃尔·帕夫利克：《目的与体系：古典哲学基础上的德国刑法学新思考》，赵书鸿，等译，法律出版社 2018 年版，第 103~123 页。

② ［法］米歇尔·福柯：《规训与惩罚》，生活·读书·新知三联书店 2007 年版，第 103 页。

③ 参见马克昌：《刑罚通论》，武汉大学出版社 1999 年版，第 50 页。

④ 参见［日］西原春夫：《刑法的根基与哲学》，顾肖荣等译，中国法制出版社 2017 年版，第 61 页。

⑤ 参见马克昌：《刑罚通论》，武汉大学出版社 1999 年版，第 55 页。

⑥ 参见赵秉志主编：《刑法修正案（八）理解与适用》，北京：中国法制出版社 2011 年版，第 209~211 页。

条规定，“在食品生产、销售、运输、贮存等过程中，违反食品安全标准，超限量或者超范围滥用食品添加剂，……在食用农产品种植、养殖、销售、运输、贮存等过程中，违反食品安全标准，超限量或者超范围滥用添加剂、农药、兽药等”，符合《刑法》第143条规定，应当按照生产、销售不符合安全标准的食品罪定罪处罚。据此，刑法中的生产、销售行为不仅包括生产加工和销售行为，而且涵盖了《食品安全法》规定食品的贮存和运输等行为，从而扩大了该罪的不法行为之范围。②行政违法犯罪化。《2022年食品解释》第1条第（2）项规定，“属于病死、死因不明或者检验检疫不合格的畜、禽、兽、水产动物肉类及其制品的”，应当认定为《刑法》第143条规定的“足以造成严重食物中毒事故或者其他严重食源性疾病”。该条款等同于建立了一种新的司法认定规则，即只要生产、经营病死、死因不明或者检验检疫不合格的动物及其肉类制品，就构成《刑法》第143条之罪。而事实上，该类行为属于《食品安全法》第123条第1款第（3）、（4）项所规定的行政违法行为。[①] 据此，该解释对此类行政违法行为作了犯罪化的处理。③片面帮助行为共犯化。不管是刑法理论，还是司法实践，抑或刑法典的规定，片面共犯是否属于共犯尚未达成共识。[②] 然而，《2022年食品解释》第14条规定，明知他人生产、销售不符合食品安全标准的食品，有毒、有害食品，而为其提供资金、贷款等帮助，或者提供生产、经营场所、运输、贮存等便利条件的，或者提供技术、原料等支持，或者帮助宣传的，就以该两种犯罪的共犯论处。就此而言，《2022年食品解释》继续以司法解释的形式对刑法总则中共同犯罪的规定作出新的阐释，明确片面共犯的共犯地位，进一步严密了刑事司法网络。对此，前文已做分析，不再赘述。

---

① 《食品安全法》第123条第1款规定：“违反本法规定，有下列情形之一，尚不构成犯罪的，由县级以上人民政府食品安全监督管理部门没收违法所得和违法生产经营的食品，并可以没收用于违法生产经营的工具、设备、原料等物品；违法生产经营的食品货值金额不足一万元的，并处十万元以上十五万元以下罚款；货值金额一万元以上的，并处货值金额十五倍以上三十倍以下罚款；情节严重的，吊销许可证，并可以由公安机关对其直接负责的主管人员和其他直接责任人员处五日以上十五日以下拘留：……（三）经营病死、毒死或者死因不明的禽、畜、兽、水产动物肉类，或者生产经营其制品；（四）经营未按规定进行检疫或者检疫不合格的肉类，或者生产经营未经检验或者检验不合格的肉类制品；……”

② 参见赵秉志、张伟珂：《食品安全犯罪司法认定问题研究》，载《中南民族大学学报（人文社会科学版）》2017年第2期。

二、预防原则主导食品安全法治的经验审视

现代社会是一个坐落于文明的火山上的风险社会,[①] 贝克的这一论断虽不乏争议，但人们对“风险”的担忧，在客观上的确改变了法规范介入公众生活的基本路径，典型表现就是风险刑法的出现以及预防原则在行政规范中的普遍化。以前者为例，“风险刑法实行严格的预防导向，不同于传统刑法以报应为中心，而是以预防为中心，以全面预防代替事后的恢复，因此，风险刑法是一个超越传统‘人本范畴’的刑法，被视为‘向未来防卫’的刑法”。[②] 事实上，虽然预防原则在行政规范与刑事规范领域的介入形式并不一样，但都将风险管理作为规范调控的直接目标，就此而言，食品安全法与刑法在防范食品安全风险问题上相得益彰。然而，“徒善不足以为政，徒法不足以自行”,[③] 随着新《食品安全法》的生效实施以及对危害食品安全犯罪司法治理的实践审视，预防原则主导的食品安全法治治理却出现了诸多值得我们反思的问题。

（一）对风险预防的迫切期待导致压力型立法（释法）频现，对预防原则的法治效果形成反作用

有学者认为,“在当代中国社会，基于风险规制的治理需要，刑事立法在某些情形下或多或少都带有压力型立法或应急性立法的气质”。[④] 刑法立法如此，食品安全法的立法亦然。以刑法为例，作为对公众严惩危害食品安全犯罪强烈诉求的积极回应,《刑法修正案（八）》对《刑法》第 143 条、第 144 条的危害食品安全犯罪相关条款作了相应修正，以加重处罚的方式强化刑罚的威慑性。然而，由于我国的食品安全监管属于行政执法与刑事司法相分离的二元治理结构，因此，倘若刑法修订不能兼顾食品安全法的相关规范，则会导致犯罪认定陷入司法困境，更遑论重刑威慑的预防效果。正如全国人大常委会执法检查组在《关于检查〈中华人民共和国食品安全法〉实施情况的报告》（以下简称《食品安全执法检查报告》）中明确指出的，“食品安全犯罪的认定方面

① 参见［德］乌尔里希·贝克:《风险社会：新的现代性之路》，张文杰、何博闻译，译林出版社 2018 年版，第 1 页。

② 陈晓明:《风险社会之刑法应对》，载《法学研究》2009 年第 6 期。

③ 《孟子·离娄上》。

④ 焦旭鹏:《风险刑法的基本立场》，法律出版社 2014 年版，第 196 页。

还存在取证难、入罪难、追诉难等问题，有些情况下监管部门对危害食品安全犯罪行为缺乏手段，需要完善刑法以及相关司法解释，需要从行政执法和司法体制上研究解决”。[①] 具体而言，《刑法》《食品安全法》修订过程中压力型立法的出现对风险预防效果的影响，主要表现在以下两个方面。

其一，危害食品安全犯罪的罪状表述忽略了与《食品安全法》的衔接，致使犯罪认定困难，影响犯罪预防的司法效果。

首先，从刑法规范来看，有关犯罪构成要素的表述忽略了食品安全法有关规定，影响不法行为的刑事评价。刑法中危害食品安全犯罪的主要类型是生产、销售不符合安全标准的食品罪与生产、销售有毒、有害食品罪。从犯罪构成来看，前者包含的“不符合食品安全标准的食品”和“足以造成严重食物中毒事故或者其他严重食源性疾病”，以及后者中的“有毒、有害的非食品原料”是犯罪认定的关键因素。可以说《食品安全法》关于食品安全标准的规定为《刑法》第143条“不符合食品安全标准的食品”提供了明确的判断依据的话，但“严重食物中毒事故或者其他严重食源性疾病”与“有毒、有害的非食品原料”该如何界定，则一直未予明确。[②] 客观而言，刑法与行政法是否必须使用相同的概念或者对同一用语作相同解释，并不具有必然性，但是对于监管对象相近的法律条文来说，部门法用语的一致性或者补充解释式的立法语言更有助于提高行政刑法的公众认同和司法裁判的权威性，进而达到预防的效果。而这一点正是当前刑事立法所欠缺的，其直接影响就是犯罪认定标准模糊而降低犯罪预防效果。

其次，从行政规范来看，《食品安全法》并没有在修订时注意到刑事司法的实际需要，影响部门法间的衔接效果。在《食品安全法》修订时，有学者认为，新法修订应当“从立法上注意与其他法律相关规定的衔接，从执法上注意多部门在整个食品生产、流通和经营全过程的协调一致，形成全过程、全方位

---

① 张德江：《全国人民代表大会常务委员会执法检查组关于检查〈中华人民共和国食品安全法〉实施情况的报告》，访问网址：http：//www.npc.gov.cn/npc/xinwen/2016-07/01/content_1992675.htm，2019年5月4日。

② 需要说明的是，《2022年食品解释》依然将解释重点放在了《刑法》第143条、第144条不法行为所造成的实害结果的标准方面，如第2条规定：“生产、销售不符合食品安全标准的食品，具有下列情形之一的，应当认定为刑法第一百四十三条规定的‘对人体健康造成严重危害’：（一）造成轻伤以上伤害的；（二）造成轻度残疾或者中度残疾的；（三）造成器官组织损伤导致一般功能障碍或者严重功能障碍的；（四）造成十人以上严重食物中毒或者其他严重食源性疾病的；（五）其他对人体健康造成严重危害的”情形。然而，对于何为《刑法》第143条规定的危险状态，仍然缺乏明确界定。

的监管体系，并从司法上注意食品领域的独特性，强化对危害食品安全犯罪的处罚力度”。① 遗憾的是，不管是2009年《食品安全法》还是现行《食品安全法》，均忽视了刑事治理的客观需要，没有对刑法中使用的诸如“有毒、有害的非食品原料”犯罪构成要素进行阐释，为司法认定提供明确指引，甚至没有在这些法律规范中提到上述范畴。从现有规定来看，条文中只是用了“食品、食品相关产品中的致病性微生物、农药残留、兽药残留、重金属、污染物质以及其他危害人体健康物质的限量规定”等用语。② 这就迫使司法机关只能以司法解释的方式阐明“有毒、有害的非食品原料”的认定标准。然而，“在技术规程的不同具体要求间，何者可以具有刑法上的意义，界限同样难以总是明确”，③ 司法解释的应急性色彩决定了上述解释存在诸多不周延之处，从而非但未能实现解释目标，甚至造成司法裁判的区域性差异。对此，下文将做详述。

当然，除了上述《食品安全法》与《刑法》衔接上的问题之外，现行规范在保护对象范围、食品安全环节等方面也存在着诸多监管空洞，④ 这些问题最终对预防原则的实践效果产生不利的影响。

其二，司法解释背离明确性的解释规则，以模糊用语解释法律疑难问题，影响犯罪预防的司法效果。司法解释是司法机关对于法律适用中的疑难问题依法作出的解释说明。从规范性上来说，“只有具体明辨的刑法司法解释，才能真正显示刑法规范的确切内涵和适用范围，才能统一各种不同的认识，保持各地执法工作的相对平衡”。⑤ 然而，《2022年食品解释》恰恰忽视了司法解释的明确性原则，未能有效解决危害食品安全犯罪治理中的司法难题。应当承认，最高人民法院、最高人民检察院对危害食品安全刑事案件的法律适用疑难问题先后两次制定、修订司法解释，足以说明国家加大打击危害食品安全犯罪力度，保障群众健康安全，维护人民根本利益，维护社会和谐稳定的坚定目标，但是从一些规则的制定来看，难免使该解释被贴上“压力型解释”的标签。事实上，从其解释风格到解释效果来看，虽然在客观上极大提高了危害食品安全犯罪的打击力度，但是对犯罪治理的长远影响更值得我们警惕。如前文所述，

---

① 王晨光：《食品安全法制若干基本理论问题思考》，载《法学家》2014年第1期。

② 参见张伟珂：《刑法中“有毒有害的非食品原料”的渊源、认定及适用》，载《刑法论丛》2017年第2卷。

③ 焦旭鹏：《风险刑法的基本立场》，法律出版社2014年版，第197页。

④ 参见舒洪水，李亚梅：《食品安全犯罪的刑事立法问题》，载《法学杂志》2014年第5期。

⑤ 陈志军：《刑法司法解释研究》，中国人民公安大学出版社2006年版，第68页。

针对生产、销售不符合安全标准的食品罪适用困难的问题，《2022年食品解释》的相关条文中依然延续了《2013年食品解释》的特点，在表述中使用了大量的抽象语言，如第1条第（1）项将含有“严重超出标准限量”的致病性微生物、农药残留、兽药残留、生物毒素、重金属等污染物质以及其他严重危害人体健康的物质的，以及第（4）项特殊医学用途配方食品、专供婴幼儿的主辅食品营养成分“严重不符合食品安全标准”的情形认定为《刑法》第143条“足以造成严重食物中毒事故或者其他严重食源性疾病”，但是对于何种情形属于“严重超出标准限量”“严重不符合食品安全标准”在现有法律体系都无从找到判断依据。同样，第5条规定“超限量或者超范围滥用食品添加剂”，以及“超限量或者超范围滥用添加剂、农药、兽药等”的，如果足以造成严重食物中毒事故或者其他严重食源性疾病，也应当依照《刑法》第143条定罪处罚。然而，滥用食品添加剂、添加剂、农药、兽药等究竟达到何种程度可以认定为足以造成上述危险状态，依然缺乏标准。这些解释规则的不明确，导致司法实践中认定标准极其混乱，尤其是在滥用含铝泡打粉、问题豆芽、注水肉案中，同类案件有罪判决、无罪判决、此罪与彼罪认定错误的情形屡见不鲜，对司法公信力造成极大冲击。[①]

（二）风险治理的功利导向拉动法律工具主义抬头，使预防原则的实践化出现反法治的隐忧

《食品安全执法检查报告》认为，“为了对违法行为从严处罚，新食品安全法对大部分食品违法行为的罚款额度起点较高，这对食品违法行为起到了震慑作用。但同时也面临着在执法管理中执行难、结案难等问题，这种情况还比较常见，给基层执法人员造成困扰”。其实，相似的问题在刑事司法实践中也同样存在，如前文所述，对全国范围内生产、销售有毒、有害食品案件的刑罚适用状况进行统计发现，缓刑适用比例过高、主刑裁量总体偏轻及量刑趋势呈现宽缓化等特点十分突出。[②] 法律适用中出现的上述问题，显然和预防原则主导下的食品安全治理愿景并不相符，也难免与公众对法律效果的高度期待有一定落差。在笔者看来，出现上述问题的诱因固然多样，但是与立法人员、司法人

① 参见张伟珂：《危害食品药品安全犯罪典型类案研究》，研究出版社2019年版，第28~112页。

② 参见张伟珂：《危害食品安全犯罪刑事司法政策研究》，载《中国人民公安大学学报（社会科学版）》2017年第3期。

员乃至社会公众对风险预防效果的急切渴望不无关系，并由此松动了法律工具主义的活动空间。法律工具主义来自对法律实际效果的推崇，“社会管理者看重法治的工具属性和功利价值，希冀法治能够直接甚至是立竿见影地化解现实矛盾、帮助完成特定时期的社会治理目标与任务”。[①] 面对着不断加剧的公共风险，尤其是食品安全这一与公众日常生活密切相关的风险类型，法律工具主义较规则主义在直观上具有更为明显的社会效益。法律必然“在制度供给源头过度依附政治需要、政策需求，并不当‘附和’民意的非理性潮流，立法的社会效果不当压制立法的科学性与必要性等规范效果”，[②] 在食品安全领域的具体表现就是行政规制以及刑事治理机制的合理性不断引起质疑。

首先，食品安全行政立法以“最严厉的处罚”为导向，对不法行为苛以重责，却因忽略社会现实而导致执行难，影响预防效果。以《食品安全法》第124条为例，该条款规定，“违反本法规定，有下列情形之一，尚不构成犯罪的，由县级以上人民政府食品安全监督管理部门没收违法所得和违法生产经营的食品、食品添加剂，并可以没收用于违法生产经营的工具、设备、原料等物品；违法生产经营的食品、食品添加剂货值金额不足一万元的，并处五万元以上十万元以下罚款……”然而，由于该条文仅仅考虑了生产经营行为的安全风险，没有考虑其行为的危害性程度，如涉案物品数量、经营数额、价值、时间等因素，统一将5万元作为行政处罚的起点，难免导致不少对经营者作出的处罚结果与经营行为的危害性不相适应，处罚不当，进而使基层执法人员陷入法和理的纠结之中，转而使用处罚力度较轻的产品质量法、农产品质量安全法或地方性法规。[③] 这一问题在《食品安全法》生效以后集中出现，严重影响食品安全规制的监管效果，也引起了全国人大常委会食品安全执法检查组的关注，甚至被认为有再次修改法律的可能性。这样一来，法律的稳定性在社会现实面前必然遭受极大的冲击，而这其中不无法律工具主义思维的影响。毕竟，法律工具主义“并不强调某些预设法律规则的权威，也不把法律规则当作社会治理的全部准则，而是以一种‘有用即真理’的实用主义哲学为理论基础，致力于研究在具体情境之下法律规则发生实效的手段以及法治如何有效促进某项社会

---

① 封丽霞：《大国变革时代的法治共识》，载《环球法律评论》2019年第2期。

② 高铭暄、孙道萃：《预防性刑法观及其教义学思考》，载《中国法学》2018年第1期。

③ 参见王逸吟、陈海波：《史上最严食品安全法如何落地?》，载《光明日报》2016年6月19日第4版。

改革或治理目标的实现”。[①]

其次，食品安全刑事立法以风险预防为导向，必然采取积极的预防模式，但却因为法益保护过于前置而影响司法人员的观念认同，不利于预防效果的实现。为了保障安全，刑法的防卫线必然前置，通过对某些逾越风险界限行为的控制来达到目的，前述的法益概念的抽象化、抽象危险犯扩张等即是此例。[②]然而，受实用主义观念的影响，决策者在面对食品安全风险以及治理上的困境时，优先考虑的是规则制度的实用性，而未必对其进行事前的充分论证与检验。事实上，食品安全问题的复杂性决定了我们必须对“工具”的科学性、规范性进行充分考量，否则难以达到运用工具的价值目标。以肉类案件为例，《2022 年食品解释》第 1 条第（2）项规定检验检疫不合格的动物肉类及其制品，属于《刑法》第 143 条“足以造成严重食物中毒事故或者其他严重食源性疾病”的食品。制定该条文的初衷是为了降低此类案件的证明标准，所以行政执法机关只要作出行政认定就可以直接认定为刑事违法，即如果有关部门作出检验不合格的结论，司法机关就应当对注水肉案件依法适用生产、销售不符合安全标准的食品罪。然而，不法分子向动物及其体内注水的类型多样，水质的安全性不同，有的注水肉可能引起法定危险状态，而有的则未必。《2013 年食品解释》当时没有注意到这些差异性而作出“一刀切”的处理，将行政违法直接认定为刑事犯罪，以达从严惩治之效。由此带来的后果是，刑事处罚权严重侵蚀行政处罚权的运行空间，致使司法人员在办理此类案件将上述解释规则搁置，而按照其他罪名定罪量刑。[③]

对法律工具主义与预防原则的契合性以及由此带来的法治弊端进行分析，并不是要彻底否定法律的“工具”性，事实上，“法治从来没有被神圣化，法治工具论十分流行”。[④] 只是在面对预防原则强势介入食品安全法治规范的进程中，为了实现安全目标而忽略法规范其他基本价值的做法实不可取。然而，国家权力在实用主义法律观前面极易表露出肆意的本性，在安全与自由相互平衡

① 封丽霞：《大国变革时代的法治共识》，载《环球法律评论》2019 年第 2 期。

② 参见郝艳兵：《风险社会视域性下产品犯罪的刑法规制》，法律出版社 2017 年版，第 56 页。

③ 笔者统计分析中国裁判文书网公开的样本案例，司法机关将注水肉案件认定为《刑法》第 140 条生产、销售伪劣产品罪（约占 74.2%），也有定性为《刑法》第 143 条生产、销售不符合安全标准的食品罪（约占 4.5%），还有司法机关将其定性为《刑法》第 144 条生产、销售有毒、有害食品罪（约占 21.2%）。参见张伟珂：《危害食品药品安全犯罪典型类案研究》，研究出版社 2019 年版，第 90~95 页。

④ 陈金钊：《法治遭遇“中国”的变异及其修复》，载《扬州大学学报》2013 年第 1 期。

的法治之路上，必须对预防原则进行合理的限制与约束，否则，最终会对风险预防机制的法治效果形成反作用。

（三）食品安全治理的保障机制不健全致使行政违法与刑事犯罪行为难以认定，预防原则的实践效果严重折损

即便立足于风险预防，通过法益保护前置避免实害结果的出现，但若执法人员难以对不法行为进行认定，则不能对其归责，这势必影响预防的效果。例如，不管是 1997 年《刑法》还是《食品卫生法》，都对食品中非法添加化学物质的行为进行惩治，以达预防之效，但是如果食品安全国家标准没有涵盖此类物质进而明确其安全值或者检测方法标准，就难以在经营中发现此类非法添加行为而确保食品安全。在河北三鹿奶粉非法添加三聚氰胺案发之前，三聚氰胺一直都是被禁止在食品中非法添加的化学物质，但按照当时规定，不需要对其是否被添加在牛奶中进行检测。这一做法的潜在影响是，只有出现食品质量安全问题后，新出现的添加剂才会被列入检测标准，而不是对那些禁止添加但易于添加的物质进行标准化规范，从而导致食品安全标准严重缺失。相类似的问题还有 2005 年引发公众恐慌的“苏丹红”事件，检测标准也是在被舆论曝光以后才被有关部门列入国家标准的。[①] 因此，虽然说按照预防原则的规制模式，不需要不法行为产生特定的法律后果，也不需要完全确定而达到科学上的认知或非常精准的确信，[②] 但是，食品安全风险预防保障机制不健全却会对事先防范效果产生不可忽视的重大影响。

其一，食品安全标准不完善影响食品安全风险预防效果。按照《食品安全法》的规定，食品安全标准属于生产经营食品必须遵守的强制性标准，除此之外，不得制定其他食品强制性标准。因此，食品安全标准是保证食品安全、保障公众身体健康的重要措施，是实现食品安全科学管理、强化各环节监管的重要基础，也是规范食品生产经营、促进行业健康发展的技术保障。[③] 更重要的是，对于执法和司法行为来说，食品安全标准也是确认不法行为是否符合行政违法和刑事犯罪的重要依据。比如，《刑法》第 143 条规定的生产、销售不符

---

① 参见《“三鹿事件”遗忘的教训》，访问网址：http：//news. 163. com/special/00012Q9L/sanju-qingan. html，2019 年 5 月 5 日。

② 参见黄辉：《〈食品安全法〉中“预防原则”之立法检讨》，载《河南财经政法大学学报》2014 年第 6 期。

③ 参见信春鹰主编：《中华人民共和国食品安全法解读》，中国法制出版社 2015 年版，第 64 页。

合安全标准的食品罪，就以涉案对象属于不符合食品安全标准为基本特征，故而食品安全标准的缺失不仅会影响生产经营食品行为的安全性，还会导致法律评价失去判断依据。然而，从实践来看，即便预防原则早已主导食品安全法治实践，但食品安全标准仍然难以适应食品安全监管的客观需要。《食品安全执法检查报告》曾经提出食品安全标准的三大问题，即“一是个别标准或者标准中的重要指标缺失，一些食品安全标准缺少限量值或配套检验方法与规程；二是标准的科学性与合理性有待提高，部分食品安全标准还存在对食品安全影响不大的非食品安全标准，不便于作为依据开展监督执法；三是部分食品安全标准标龄较长，有些食品添加剂标准需要及时补充，有些标准存在交叉重复，个别标准水平偏低，部分产品生产技术改变，不能满足安全需要”。从近年来的执法和司法实践来看，食品安全标准制定的滞后经对行政监管与司法治理带来了负面影响。一是行政不法的认定，是成立危害食品安全犯罪的前提条件，但食品安全标准的缺失，难以确定不法行为是否属于生产经营“不符合安全标准的食品”的行为，也就不能进一步确定构成犯罪。二是当前的食品安全标准仅考虑行政监管的需要，忽视了刑事司法惩治的客观需求。食品安全标准以是否安全作为基本依据，但刑事司法惩治的标准要比行政监管的要求更为复杂，在确定涉案食品不符合安全标准的基础上，还需要确定非法添加物质的风险值，即是否足以严重威胁人体健康，否则也不能将不法行为以犯罪论处。然而，目前的食品安全标准体系中忽略了这一点。需要注意的是，按照《食品安全法》的规定，食品安全风险评估结果是制定、修订食品安全标准和实施食品安全监督管理的科学依据，但是这一机制没有被应用于个案进而证明非法添加物质危险性，因此，也难以弥补食品安全标准缺失所带来的法治漏洞。①

其二，司法鉴定制度缺失影响食品安全风险预防效果。食品安全风险预防

---

① 在“问题豆芽”系列案件中，由于只是规定在豆芽中不能添加6-苄基腺嘌呤、赤霉素等物质，但是没有明确这几类物质的安全性以及潜在风险，因此，司法机关在办理此类案件中出现了罪与非罪认定的极大差异，甚至导致全国范围内此类案件司法治理陷入停滞。比如，广西壮族自治区横县人民法院在刘某某生产、销售有毒、有害食品案，广西壮族自治区南宁市良庆区人民法院在农某某生产、销售有毒、有害食品案，广西壮族自治区北海市银海区人民法院在张某生产、销售有毒、有害食品案中，均采信自治区食品安全风险评估专家委员会专家出具的专家意见，认定长期食用含6-苄基腺嘌呤、4-氯苯氧乙酸钠的食品会对人体健康造成潜在危害，肯定了6-苄基腺嘌呤的毒害性。而辽宁葫芦岛郭某某、鲁某某生产、销售有毒、有害食品案中，司法机关以事实不清，证据不足以证明6-苄基腺嘌呤的安全性不明为由发回重审，最终导致该案被认定为无罪。参见张伟珂：《危害食品药品安全犯罪典型类案研究》，研究出版社2019年版，第28~47页。

与食品安全风险评估、食品安全标准完善具有密切关系，但是在食品安全标准不健全、食品安全风险评估机制缺乏个案应用的情况下，司法鉴定制度缺失进一步削弱了食品安全风险预防的法治效果。根据《全国人民代表大会常务委员会关于司法鉴定管理问题的决定》，司法鉴定是指在诉讼活动中鉴定人运用科学技术或者专门知识对诉讼涉及的专门性问题进行鉴别和判断并提供鉴定意见的活动。司法鉴定提供的鉴定意见具有较强的科学性和专业性，通常被美誉为“科学证据”，在司法实践中备受重视，且往往被赋予较强的证明价值。[①] 然而，目前我国的司法鉴定制度中并不包括针对食品安全危害的鉴定机制，这与食品安全案件诉讼活动的专业性以及食品安全危害鉴定的迫切需求极不适应。一方面，危害食品安全犯罪案件具有较强的专业性，诉讼活动涉及大量的专业问题需要专业人士出具鉴定意见。在危害食品安全的不法行为中，非食品原料的毒害性、是否属于《刑法》第143条所规定的危险状态，以及不法行为是否导致出现更为严重的实害结果等，都不同于传统犯罪中规范构成要件要素的评价与认定，需要食品、医学、药学、法学等多个专业的评估。倘若不能对这些食品的安全风险尤其是不法行为与危害结果的因果关系加以判定，就会导致行政处罚与刑罚裁量差异化上受到影响。在实践中，围绕因果关系缺失而产生的不完善的危害食品安全犯罪归责体系及其司法裁判已经成为该类犯罪量刑轻缓化的技术因素。[②] 另一方面，食品安全危害的现行认定机制存在难以克服的制度性缺陷，亟待司法鉴定予以解决。虽然《2022年食品解释》第24条规定，“足以造成严重食物中毒事故或者其他严重食源性疾病”“有毒、有害的非食品原料”难以确定的，司法机关可以根据检验报告并结合专家意见等相关材料进行认定。必要时，人民法院可以依法通知有关专家出庭作出说明。然而，在实践中，作为办案主力的县市级公安司法机关往往难以找到相应领域的专家，即便找到有关专家，他们也未必愿意出具书面意见及在专家认定上面签章，更不用说作为专家证人出庭作证。而执法部门只能依据食品检验报告得出食品是否合格的结论，但难以判定是否构成犯罪以及犯罪程度。[③] 这些问题久拖不决，对于食品安全防控的影响是不言而喻的。

---

① 参见刘静坤：《证据审查规则与分析方法》，法律出版社2018年版，第162页。

② 参见张伟珂：《危害食品安全犯罪刑事司法政策研究》，载《中国人民公安大学学报（社会科学版）》2017年第3期。

③ 参见李春雷主编：《食品案件中涉案物品检测鉴定：问题与对策》，研究出版社2018年版，第245页。

在笔者看来，食品安全治理一定要避免陷入“注重预防——强化立法——难于实践——修订立法”的逻辑怪圈。这也是我们力求避免“法条主义”的误区而强调“社会共治”的原因之一。事实上，法律保障是实现预防原则不可缺少的重要方式，但并不能过于注重法律本身而忽视了法律的实践性。正如有学者所言，“法条主义”解释不了逻辑自恰的法律规则为什么在适用过程中功效低下的问题，因为他们忽略了由各种地方性情势以及司法人员、法官和其他与这些复杂的法律规则相关的一些人士的实际行动所构成的那些初级事实和首要事实。① 因此，实现预防原则所追求的法治目标，必须警惕其制度异化和资源供给的特殊性。

三、预防原则主导食品安全法治的规范审视

如果突出法律的食品安全保障地位但不能使公众在直观上感受到风险明显降低进而从概率上消释公众恐慌，预防原则主导食品安全法治的命运将十分窘迫：一旦食品安全实践再次发生，其他诱因可能会被忽略，而公众更易于将之情绪化地归咎于法律介入力度不够所致；法治建设可能成为这一后果的替罪羊。② 近年来出现的“饿了么”等外卖平台食品安全监管漏洞等事件已经印证了这一担忧。因此，面对风险社会趋于成为一种具有“正当性”的危险防御型极权主义，③ 我们必须更为客观地正视预防原则主导法治发展的系统性需求。毕竟，将某种行为评价为违法行为，或者将违法行为上升为犯罪行为的立法成本或许不太高，但是由此付出的执法、司法成本却可能是最高的，如果缺乏相关司法资源的支持，这样的法规范很可能出现被束之高阁而呈现空置的现象。④ 基于上述分析，笔者认为，预防原则深度影响食品安全法治的进程中我们亟待关注三个方面的问题。

---

① 参见邓正来：《中国法学向何处去》，商务印书馆 2006 年版，第 68~69 页。

② 参见焦旭鹏：《风险刑法的基本立场》，法律出版社 2014 年版，第 199 页。

③ 参见［德］乌尔里希·贝克：《风险社会：新的现代性之路》，张文杰、何博闻译，译林出版社 2018 年版，第 79 页。

④ 参见齐文远，童德华，周详：《全球化视野下的中国刑法原理》，法律出版社 2018 年版，第 57 页。

（一）预防原则主导的食品安全法治应当受到比例原则和法益保护原则的合理限制

如上所述，预防原则主导的食品安全治理具有国家权力扩张、监管密度加大、惩罚力度增强等特点。如何合理限制国家权力的行使，使其在法治道路上规范运行，是法治建设的永恒使命。而今，比例原则和法益保护原则为我们检视预防性食品安全观的法治优势与隐患提供了标尺。

1. 关于比例原则对预防原则的限制

在当代，比例原则是评价国家公权力运行是否正当的重要准则，以预防原则为主导的食品安全监管权力配置与运行也应当恪守比例原则的底线。一般来说，适当性、必要性与均衡性构成了传统意义上的比例原则。所谓适当性，是指公权力应当能够满足目的的实现，必要性是指权力运行所依附的手段应当是造成损害最小的方式，而均衡性则是权力运行中实现的公共利益与造成损害是成比例的。① 由于比例原则是从权力运行的目的性、手段可选择性以及侵害性等角度对国家权力进行约束，因此，其对于预防性食品安全观所倡导的国家权力不断向市场活动、公众生活延伸的观念具有一定的制约作用，可以避险基于风险预防的需要而出现国家权力的恣意与擅动。对此，我们可以从以下两个方面进行分析：

（1）国家权力扩张应当受到比例原则的合理限制。食品安全监管权力前移的主要依托就是通过食品安全标准划定合法与非法生产经营行为的界限，然而，食品安全标准的设定不能只是着眼于安全问题，还应当兼顾生产经营行为的合理需求，以此限定国家权力以食品安全标准为依据而影响市场秩序的稳步发展。然而，当前个别食品安全标准的科学性有待检验。比如，对于我国规定克百威不能在蔬菜上检出，有学者认为，国际食品法典委员会和欧盟等国均规定为0.1mg/kg，我国制定最大农药残留限量的方式不仅缺乏科学性，而且提高了判定农残超标的门槛，导致市场出现农残超标的现象。这种行为虽然可以更大强度地避免食品安全事件，但却给农产品出口带来障碍，而且影响农户利益。②

（2）“最严厉的处罚”“最严肃的问责”使食品安全治理过程中加大对不

① 参见刘权：《目的正当性与比例原则的重构》，载《中国法学》2014年第4期。

② 参见尹世久等：《中国食品安全发展报告2018》，北京大学出版社2018年版，第319页。

法行为的惩治力度具有政治上的正确性，但从均衡性等角度考虑，行政处罚要合理设定处罚的力度与归责方式，从而使责任与处罚相适应。从理论上来说，如果立法机关针对特定目标所设立的手段在诸种方式中并非对公民权利限制最小的或者在司法和行政机关享有较大自由裁量权的领域未对该自由裁量权的行使设置任何限制性规定，那么该立法就违反了比例原则。[①] 然而，如前所述，食品安全法中关于生产经营责任的部分规定明显忽略了对自由裁量权的限制，且不区分不法行为的程度，有违反比例原则之嫌疑。[②] 同时，司法实践中越来越突出的行政监管问责机制异化为“有案必问责”的倾向，即不考虑食品安全监管人员的履职是否到位以及履职不到位的客观原因等影响归责的要素而“客观归罪”，使得刑事处罚措施的运用远远超出了必要性的基本要求。

2. 关于法益保护原则对预防原则的限制

当然，比例原则作为罪刑关系配置的基本原则，刑事立法应该考虑刑法上的可罚的违法性，[③] 但如果仅仅考虑比例原则，就会陷入单纯的报应主义，[④] 而忽视预防所需的刑罚补给。法益保护原则要求配置刑罚必须考虑预防犯罪目的的实际需求，兼顾一般预防与特殊预防的需要，从而奠定刑罚的正当化根基。因此，从刑法机能来看，法益保护原则是刑法立法与司法的一项重要原则。虽然风险刑法的急速扩张使“法益”陷入了概念的不确定性、内容的抽象性和功能不断被夸大的质疑之中，[⑤] 不时面临理论上的争议，但法益保护所具有的立法批判和规范解释机能，[⑥] 仍为多数学者所坚持。笔者认为，预防原则导入刑事立法所初露端倪的预防性刑法观，应当恪守法益保护原则的底线；特别是对于我们这样一个政策主导立法具有深远传统的国家。为此，可以从以下两个方面予以审视：

---

① 参见郝银钟、席作立：《宪政视角下的比例原则》，载《法商研究》2004 年第 6 期。

② 如上文提到的生产经营违法行为“一刀切”的 5 万元的罚款起点，加上不考虑经营时间、违法程度的处罚方式，对个体经营者的影响显而易见，毕竟这一数额远远超过人均可支配收入。2021 年，全国居民人均可支配收入 35128 元，比上年名义增长 9.1%，扣除价格因素，实际增长 8.1%。2021 年，全国居民人均消费支出 24100 元，比上年名义增长 13.6%，扣除价格因素影响，实际增长 12.6%。参见国家统计局：《2021 年居民收入和消费支出情况》，访问网址：http：//www.gov.cn/xinwen/2022-01/17/content_5668748.htm，2022 年 5 月 10 日。

③ 参见姜涛：《追寻理性的罪刑模式：把比例原则植入刑法理论》，载《法律科学（西北政法大学学报）》2013 年第 1 期。

④ 参见张明楷：《法益保护与比例原则》，载《中国社会科学》2017 年第 7 期。

⑤ 参见杨兴培：《中国刑法领域“法益理论”的深度思考及商榷》，载《法学》2015 年第 9 期。

⑥ 参见苏清：《法益理论的发展源流及其启示》，载《法律科学》2011 年第 3 期。

（1）刑罚权的扩张需要兼顾法益保护的基本要求，合理评估犯罪圈的范围，不能基于预防压力而肆意扩张。有学者认为，危害食品安全犯罪关系国民健康和生命安全，应当提前予以保护，并增设抽象危险犯，“只要生产和经营了不符合食品安全标准的食品，就应该成立犯罪，并且，那些滥发食品生产许可证的行为，以及隐瞒食品安全风险不公告的行为，都应当规定为犯罪”。[①] 然而，按照法益保护原则的要求，也只有当行为的抽象危险容易现实化为实害，行为人基本上不可能控制危险的现实化时，才能将该危险行为规定为犯罪。[②] 在食品监管领域，食品安全标准的多样性以及危险物质毒害性程度的差异性，决定了并非所有危害食品安全标准的行为都会严重危害公众安全，甚至威胁人的生命，因此，生产、销售不符合安全标准的食品甚至生产、销售掺入有毒、有害的非食品原料的食品，都未必具有高度的抽象危险。立法拟将此类行为增设为抽象危险犯时，只有坚持法益保护的立场，对类型化的不法行为之危险性进行科学评估，将法益概念确定为刑法处罚范围的价值判断标准，[③] 才能避免犯罪圈的不当扩张。

（2）监管严密是犯罪预防的必然要求，但是也应合理划定行政违法与刑事犯罪的界限，保持刑法的谦抑性。预防原则对风险的天然敏感和前端防范，有助于积极防控危险的发生和侵害结果的出现，也与公众对风险的恐惧和对安全的期待高度吻合。在这种情况下，将国家权力向公众生活持续前移可能不会引发公众警惕甚至还会得到公众支持，但是我国行政不法与刑事犯罪二元分离的治理结构，决定了必须合理限定刑事处罚的界限而为行政权保留应有的空间。客观而言，“基于刑事政策预防必要性的考量，应对侵害重大法益的现实需要，法益保护早期化也不应受过多指责”，[④] 刑罚也因其较强的威慑性而更受公众青睐，但是行政监管的灵活性和系统性决定了在秩序稳定上更具法治优势，何况从两者的关系上来说，行政监管也具有优先性地位，刑法只是属于补充性规范。因此，“即便行为侵害或者威胁了他人的生活，也不是必须直接动用刑法”。[⑤] 刑法在介入公众生活时必须保持应有的克制，只能在“不得已”的情

① 冯军：《食品安全的刑法保护》，载张丽卿主编：《全球风险社会刑法新议题》，元照出版有限公司 2015 年版，第 238 页。

② 参见张明楷：《法益保护与比例原则》，载《中国社会科学》2017 年第 7 期。

③ 参见张明楷：《法益保护与比例原则》，载《中国社会科学》2017 年第 7 期。

④ 张凯：《法益嬗变的困境与坚守》，载《中国刑事法杂志》2017 年第 2 期。

⑤ 陈兴良：《刑法的价值构造》，中国人民大学出版社 2006 年版，第 300 页。

况下才能成为治理某一不法行为的主要手段，这是刑法谦抑性的必然要求。基于预防需要而将行政违法行为犯罪化的做法与刑法谦抑性的冲突是不言而喻的，故而应审慎而为。

（二）预防原则主导的食品安全部门立法应当注意规范衔接

法治成为社会治理的重要方式，源于其对法律规范的合理设定而实现预防的治理目标，惩罚只不过是实现预防的手段而已。“人们所要达到的效果应该是使作恶者不可能再有重犯自己罪行的愿望，而且也不再有效仿者。”① 基于此，法律的明确性、稳定性以及规范性，成为获取公众认同以及良好行为指南的前提。在法律体系越来越丰富、结构越来越复杂的情况下，实现法律规范之间的协调，兼顾不同法律规范间调整对象的有效衔接，就成为科学立法的必然要求。因此，基于前文所提到的部门法之间的裂痕，食品安全法治建设必须转变立法思维。

1. 注意法律规范之间的相互协调

法律规范之间的协调、统一，既是构筑严密法律体系的必要条件，也是立法科学性的重要评价标准。在食品安全领域，要实现法规范的预防目标，必须注意法律规范之间的协调性。

首先，要注意食品安全法与其他食品类相关行政规范之间的协调。《食品安全规划》提出要“加快构建以食品安全法为核心的食品安全法律法规体系。修订农产品质量安全法、食品安全法实施条例、农药管理条例、乳品质量安全监督管理条例。推进土壤污染防治法、粮食法、肥料管理条例等立法进程”。作为食品安全监管的主体规范，行政类法律规范构成了食品安全监管的主要依据，而食品安全法又居于核心位置。因此，食品安全规范之间能否以食品安全法为中心达成无缝衔接、规范衔接，对于提高监管效率至关重要。然而，部门立法的局限性已经导致了不同法律规范间漏洞频出的问题。比如，食品安全法将食品界定为各种供人食用或者饮用的成品和原料以及按照传统既是食品又是中药材的物品，但是不包括以治疗为目的的物品。同时又提出了食用农产品是供食用的源于农业的初级产品。但是，作为农产品监管领域主体规范的《农产品质量安全法》却对此没有明确规定，从而导致食品、食用农产品、农产品在规范层面上应如何区分进而合理划分监管权限，不无争议。在“问题豆芽”案

---

① ［法］米歇尔·福柯：《规训与惩罚》，生活·读书·新知三联书店2007年版，第103页。

件中，豆芽到底属于何种性质，应当由农业部门监管还是食品监管部门负责，各地处理也不一致。这些都严重影响了对相关不法行为的查处。随着《食品安全法》的生效实施，对其他部门法的修订提出了更高要求，但应当坚持的基本导向是，修订其他部门法时不能闭门立法，而要以食品安全法为核心，根据其设定的监管原则、划定的监管权限、明晰的权利义务，修订完善其他部门法的相关规定，以达统一监管之效。

其次，要注意食品安全法与刑法之间的协调。刑法是以刑罚这种最严厉的责任形式作为制裁的手段，因此，只有在其他部门法不足以对法益进行充分保护的场合，才能将侵害法益的行为作为犯罪苛以刑罚，这就是刑法的补充性。[①]刑法的这一性质与刑法的谦抑性相一致，但同时也为刑事立法提出了要求，即如果其他部门法难以对某一重大法益予以充分保护时，立法者就应当将该行为规定为犯罪，以实现刑法法益保护的机能。据此，刑事立法在关注不法行为是否具有严重的法益侵害性的同时，还要对行政法等其他部门的规制效果进行合理评估。可以说，在行政犯时代，刑事立法不再是刑法内部的事情，而需要兼顾行政法规范要求，以合理确定刑罚的界限。具体而言，可以从两个方面予以考虑：①关注行政法的规范用语，尽量建立行刑相互协调的语言规范。虽然说刑法中的用语未必要和行政法保持一致，但是，如果两者的规范用语一致的话，更有助于实现法律的行为指引功能，进而提高公众的法规范意识，提高风险预防的社会效果。②关注行政法中不法行为的类型，确保具有严重社会危害性的行政违法行为可以受到刑事不法的及时评价。许多学者认为，当前危害食品安全犯罪仍然存在打击范围偏窄等问题，[②] 而食品安全刑法保护极有可能朝着法益保护前置、帮助行为正犯化、重视风险防控和注重保护民生的方向发展，[③] 因此，在危害食品安全犯罪类型简单、粗糙的情况下，犯罪圈扩张应当是必然趋势。但是，在犯罪化的过程中，应当注意食品安全法等行政法律规范中关于行政违法行为的规定，以此为基础，将其中严重危害食品安全的行为犯罪化，才有助于构筑行政违法与刑事司法相衔接的法律网络。概言之，笔者认为，危害食品安全犯罪治理应当坚持一体化思维，在尊重食品安全法与刑法二元分离体系的现实基础上，寻求立法技术与规范思维的一体化路径，重视行政

---

① 参见［日］大谷实：《刑法总论》，黎宏译，中国人民大学出版社 2009 年版，第 7 页。

② 参见彭凤莲：《食品安全社会共治的刑法学分析》，载《法学杂志》2018 年第 2 期。

③ 参见卢建平：《我国食品安全的刑法保护》，载《人民检察》2017 年第 3 期。

规范的指导性作用，加强两个部门法体系的协调统一。[①]

2. 注意规范目的对司法解释的影响

风险社会刑事立法频繁修订的内在冲动与法律稳定性之间的冲突，为司法解释强势主导刑事司法提供了良好契机。然而，由于刑法规范文本的内在不足，社会实践的复杂多变以及刑法规范在不同场合由不同的参与者进行适用时可能存在的个体性差异，都导致了刑法解释时追求工具理性多于目的理性。[②]前述司法解释对罪刑规范的扩充就是这一倾向的突出表现。不过，基于罪刑法定原则，司法机关必须适时克制法律工具主义的情结，避免突破法律规定作出越权解释，以提高解释的规范性和有效性。而对刑法规范目的的坚持，则有助于避开这一解释陷阱。

所谓规范目的，是指立法者通过法律条文意图实现的目标。每一个刑法条文都有特定的规范目的，以此建构整个部门法的体系性架构，同时避免条文间的重复与遗漏。司法解释作为司法机关针对法律适用问题而作出的有权解释，解释结论必然受到条文用语的约束和检验。从规范目的的角度对刑法用语进行解释的基本逻辑是，首先应当确定解释对象所在条文的规范意图，如果涉及刑法分则的某一具体罪状，其所要保护的法益内容就成为对具体用语进行解释必须受到的约束。然后再确定解释对象与保护法益之间的内在关系，从而确定合理的解释方式。当然，如果不同条文之间存在关联性的话，法律解释也要兼顾其他条文的规范意图，从而准确划定两个条文的调控范围。对此，我们可以以《刑法》第140条生产、销售伪劣产品罪为例分析规范目的对司法解释的限制作用。从罪刑结构上来看，该罪的规范目的是对生产、销售伪劣商品犯罪进行兜底性处置，严厉打击严重扰乱市场经济秩序的制假售假行为，因此，只要数额较大的制假售假行为，在不符合其他生产、销售伪劣商品犯罪的情况下，不能排除其适用本条款的可能性。然而，2008年6月发布的《最高人民检察院、公安部关于公安机关管辖的刑事案件立案追诉标准的规定（一）》（以下简称《立案追诉标准（一）》）第16条却将该条规定的“在产品中掺杂、掺假”，解释为在产品中掺入杂质或者异物，致使产品质量不符合国家法律、法规或者产品明示质量标准规定的质量要求，降低、失去应有使用性能的行为；将“不

① 参见张伟珂：《食品安全行刑衔接机制的理论与实践》，法律出版社2017年版，第128页。

② 参见卫磊：《当代刑事政策发展的实践路径——以刑法司法解释为视角》，载《华东政法大学学报》2013年第4期。

合格产品”限定为不符合《中华人民共和国产品质量法》第26条第2款规定的质量要求的产品。事实上，只要在产品中掺入杂质或者异物，致使产品质量不符合有关质量要求，数额较大的，都属于严重扰乱市场秩序、侵犯消费者权益的欺诈行为，就有认定为犯罪的必要性，而不要求涉案产品必须达到“降低、失去应有使用性能”的程度。毕竟，如果因降低、失去应有性能而存在安全隐患的话，有生产、销售不符合安全标准的食品罪等其他罪名予以规制，因此，不能在“掺杂掺假”的基本内涵中额外增加“降低、失去应有使用性能”这一多余的限制要素。相应的，“不合格产品”的限定也忽视了规范目的的要求。从产品的外延上来看，农产品、食品、工业产品的外延并不一致，而将“不合格产品”限定在工业产品的范畴，会导致不合格的农产品、食品难以直接适用该条文。而从规范目的角度来看，只要是不合格产品，不管是何种性质的产品，数额达到法定标准都应当被追究刑事责任。基于上述分析，笔者认为，司法解释的制定者对规范用语进行法律解释时，必须从条文规范的基本意图出发，合理确定解释的边界，而不能任意扩大或者限制解释。

（三）预防原则主导的食品安全法治应强化技术支撑

虽然“我国的食品安全问题既有传统风险形式下的食品安全问题，又有转型初期的制度性风险所引发的食品安全问题，还有后工业时代人们所普遍面临的化学添加剂及转基因食品等与科技发展相联系的食品安全问题”，[①] 但不管风险类型有何差异，对风险的识别、评估、确定与规制在根本上都是一个科学问题而非简单的规范问题，食品安全监管的实践困境已经凸显了科学技术的关键地位，因此，强化科学技术在食品安全治理中的作用，是实现预防效果必不可少的客观条件。为此，我们可以从以下三条径路展开分析。

1. 建立健全食品安全国家标准体系，为食品安全风险预防提供技术保障

没有安全、规范的食品安全标准，就不能真正实现食品安全的治理目标。为此，《食品安全规划》也明确指出，“加快制修订产业发展和监管急需的食品基础标准、产品标准、配套检验方法标准、生产经营卫生规范等。加快制修订重金属、农药残留、兽药残留等食品安全标准。密切跟踪国际标准发展更新情况，整合现有资源建立覆盖国际食品法典及有关发达国家食品安全标准、技术

---

① 刘伟：《风险社会语境下我国危害食品安全犯罪刑事立法的转型》，载《中国刑事法杂志》2011年第11期。

法规的数据库，开展国际食品安全标准比较研究”。但是笔者认为，上述规划仍然着眼于行政监管的基础性需要，忽略了刑事司法的现实需求。如前所述，对于行政执法来说，只需要明确安全与不安全的标准即可，但在刑事司法活动中，仅仅明确某一物质在食品中的安全限值是不够的，还需要提供该物质在不安全的范围内可能造成公众风险的程度与后果。比如，按照有关规定，油炸面制品、面糊（如用于鱼和禽肉的拖面糊）、裹粉、煎炸粉生产中可以使用硫酸铝钾和硫酸铝铵，但铝在食品中残留量不得超过100mg/kg，据此可以认定只要超过这个数值就是不符合安全标准的食品，从而对生产经营行为进行行政处罚。然而，要认定该类行为构成犯罪，还需要证明铝的含量超标足以造成严重食物中毒事故或者其他严重食源性疾病。但从现有食品安全标准规范来看，目前缺少相关依据明确达到何种程度的超限量添加行为会达到上述危险状态，这就造成实践中此类案件办理乱象丛生。[①] 因此，食品安全标准的体系应当与二元化的食品安全治理机制相协调，在纵向层面，健全、更新、补充食品安全标准，为行政执法提供科学依据；在横向层面，建立与行政执法相平行的食品安全刑事风险的标准体系，推动犯罪治理的科学化。

2. 拓宽食品安全风险评估的实践应用，为食品安全风险预防提供技术保障

食品安全风险评估是制定食品安全国家标准的前提，因此，在没有国家标准的情况下，可以充分利用食品安全风险评估机制，将其评估结果作为执法与司法活动的重要参考。《食品安全规划》指出，“全面加强食源性疾病、食品污染物、食品中有毒物质监测，强化监测数据质量控制，建立监测数据共享机制。完善食品安全风险评估体系，通过综合分析监测数据及时评估并发现风险”。从长远来看，食品安全风险评估体系的科学化与制度化有助于食品安全标准体系的完善，但是食品安全风险评估结果只有经过法定程序才能成为食品安全标准进而服务于执法实践，难免影响评估结果的实践效益。目前，对于食品安全风险评估所得出的不安全结论，一是由有关部门立即发布布告，告知消费者停止使用；二是采取相应措施，确保停止产品的生产经营；三是需要制定、修订食品安全标准的，由有关部门依照法定程序完成。[②] 在笔者看来，食品安全风险评估技术与结论完全可以成为食品安全执法的重要参考。具体原因如下：①实践需求。由于食品安全标准滞后、缺失，诸多非法添加化学物质的

---

① 参见张伟珂：《危害食品药品安全犯罪典型类案研究》，研究出版社2019年版，第112~113页。

② 参见信春鹰主编：《中华人民共和国食品安全法解读》，中国法制出版社2015年版，第59页。

安全限制、检测方法等没有国家标准，食品安全风险评估技术对此类物质进行先期研究，以此填补国家标准缺失造成的空白，可以有效满足执法与司法实践的需要。②评估结论科学。食品安全评估包括危害识别、危害特征描述、暴露评估和风险特征描述四个阶段，每个阶段都是以科学数据和科学实验与分析作为研究方式，是一项以科学为基础的工作，因此，食品安全风险评估对危害物质及其风险的判定具有较高的科学性和严谨性，这一点是诸多地方检验检测部门不可比肩的，因此，将上述结果作为执法办案的重要参考是符合科学规范。③合乎规范。司法解释为我们将食品安全风险评估的结论性意见作为刑事司法裁判参考提供了规范支撑。按照《2022年食品解释》第24条规定，司法机关可以依据鉴定意见、检验报告、地市级以上相关行政主管部门组织出具的书面意见并结合其他证据来评价食品的危险性。而食品安全风险评估是由国务院卫生行政部门负责成立的医学、农业、食品、营养、生物等方面的专家组成的专家委员会开展的工作，因此，其权威性、科学性足以为上述规定所提到的“书面意见”提供指导，故而将食品安全风险评估的专家意见作为办案参考不存在规范问题。

3. 建立食品安全危害司法鉴定制度，为食品安全风险预防提供技术保障

《食品安全规划》指出，“加快建设食品安全检验检测体系。构建国家、省、市、县四级食品安全检验检测体系。……加强检验检测信息化建设。鼓励大专院校、企业检验机构承担政府检验任务。组织开展食品快速检测方法评价，规范快速检测方法应用”。然而，检验检测主要服务于行政监管的需要，而对刑事治理的保障极为有限。相应地，需要以司法鉴定制度为平台强化对犯罪治理的技术保障。对此，应当将以下内容作为技术研发与支持的重点内容：①用来生产食品的非食品原料以及食品中含有的食品添加剂以外的化学物质和其他可能危害人体健康的物质的鉴定，主要包括工业原料的鉴定、毒害性鉴定，以及回收食品成分、原料、毒害性的鉴定；②食品、食品添加剂、食品相关产品中污染物质以及其他危害人体健康的物质含量及其危害性的鉴定，主要包括致病性微生物、农药残留、兽药残留、生物毒素、重金属等种类、含量、危害性的鉴定；③用超过保质期的食品原料、食品添加剂生产的食品、食品添加剂的鉴定，主要包括超过保质期的食品原料、食品添加剂的种类及其危害性的鉴定；④食品添加剂的鉴定，主要包括超范围、超限量使用食品添加剂的程度及其危害性的鉴定；⑤特定食品营养成分鉴定，主要包括专供婴幼儿和其他

特定人群的主辅食品中营养成分的含量及其性质的鉴定；⑥动物肉类及其制品的鉴定，主要包括动物肉类及其制品中致病菌、毒害物质、死亡原因及其危害性的鉴定；⑦不符合食品包装要求的食品、食品添加剂的鉴定，主要包括标注虚假生产日期、保质期的食品、食品添加剂以及无标签的预包装食品、食品添加剂的危害性鉴定；⑧禁止生产、经营的其他食品的鉴定，主要包括国家为防病等特殊需要明令禁止生产经营的食品的危害性鉴定，非转基因食品中含有转基因食品原料的种类、性质的鉴定等。

小结

《食品安全规划》曾强调指出，“必须清醒认识到，我国仍处于食品安全风险隐患凸显和食品安全事件集中爆发期，食品安全形势依然严峻”。目前，对食品安全的期待远超过对食品数量的渴求，并由此而形成了新的食品安全焦点，甚至最终影响这一关涉公民福祉如何实现的基本路径。回顾既往，我们选择了一条与世界发展相一致的预防原则主导的法治之路。然而，预防原则的扩张秉性应当引起我们的警惕，预防性的治理规则带来的并非全是“优于治疗”的社会效果，即使其在具体的个例中实现了优于治疗的功效，但置于更宏大、更长远的社会背景中，预防是否真正优于治疗，仍是存疑的问题。[①] 因此，我们必须审慎评价预防原则主导食品安全治理过程中所带来的社会效益以及法治风险，只有这样，才能在食品安全与市场自由之间建立应有的平衡，实现国家政治安全、社会稳定发展的目标。毕竟，食品安全不仅仅是一个社会问题，更是一个政治问题。

① 参见胡霞：《国家安全视阈下刑法的预防性路径研究》，载《中国刑事法杂志》2017年第5期。

下 篇

危害食品安全犯罪刑法教义学研究

第五章 法益视角下销售行为的规范诠释

从刑法分则体例上看，危害食品安全犯罪属于经济犯罪的范畴，即便其与公众人身健康与生命安全有密切关系。因此，对于这些犯罪的刑法教义学分析不能脱离经济法益的视域。这也是本书规范研究的逻辑起点。经济犯罪，是指在市场经济运行环节，违反国家经济法律，破坏社会主义市场经济秩序，依照刑法应当受到刑罚处罚的行为。[①] 作为本书研究对象的危害食品安全犯罪中的销售行为，主要是指《刑法》第 143 条生产、销售不符合安全标准的食品罪和第 144 条生产、销售有毒、有害食品罪中的销售行为。客观而言，刑法分则第 2 章危害公共安全罪、第 6 章妨害社会管理秩序罪以及第 9 章渎职罪也有一些罪状中包含了"销售"一词，但是基于法益类型的特殊性，经济犯罪领域的销售行为应表现出特有的经济性特征。[②] 这也从根本上划定了销售行为与刑法中的出卖、贩卖、出售等行为的界限，进而指导销售行为未遂形态的判断标准。但是，不管是在刑法理论还是个案处理中，销售行为之判断仍存在诸多争议，在规范层面上加以阐释具有现实必要性。

---

① 关于经济犯罪的概念，在理论上有最广义、广义和狭义之分，其中狭义说认为经济犯罪是侵害社会主义市场经济的犯罪，仅限于刑法分则第 3 章规定的破坏社会主义市场经济秩序犯罪。参见孙国祥、魏昌东：《经济刑法研究》，法律出版社 2005 年版，第 31 页。本文采用狭义说的主张。

② 这一领域相关罪名主要包括刑法分则第 3 章第 1 节生产、销售伪劣商品罪中的全部 9 个罪名（第 140 条生产、销售伪劣产品罪，第 141 条生产、销售假药罪，第 142 条生产、销售劣药罪，第 142 条之一妨害药品管理罪，第 143 条生产、销售不符合安全标准的食品罪，第 144 条生产、销售有毒、有害食品罪，第 145 条生产、销售不符合标准的医用器材罪，第 146 条生产、销售不符合安全标准的产品罪，第 147 条生产、销售伪劣农药、兽药、化肥、种子罪以及第 148 条生产、销售不符合卫生标准的化妆品罪），第 2 节走私罪中的走私货物、物品罪（第 154 条），第 3 节妨害对公司、企业的管理秩序罪中的为亲友非法牟利罪（第 166 条），第 7 节侵犯知识产权罪中 3 个罪名（第 214 条销售假冒注册商标的商品罪，第 215 条非法制造、销售非法制造的注册商标标识罪以及第 218 条销售侵权复制品罪），以及第 8 节扰乱市场秩序罪中的逃避商检罪（第 230 条）。

一、关于销售的理解分歧

从司法实践来看，关于销售行为的分歧主要集中在两个方面：一是销售行为的认定，二是销售行为未遂形态的判断。

（一）典型案例中的销售行为

1. 销售行为的个案评价

案例一："药神陆勇案"。陆勇因病需要长期服用瑞士进口抗癌药品"格列卫"。2004 年 9 月，陆勇通过他人从日本购买由印度生产的同类药品，并直接联系到了印度经销商，从其那里购买抗癌药物。此后，陆勇在中国国内设立银行账户，接收其他国内患者的购药款，定期将购药款转账到印度公司指定的银行账户，在陆勇统计好各病友具体购药数量，告知印度公司后，再由该公司直接将药品邮寄给患者。① 公安机关将该案移送审查起诉后，检察机关以陆勇的行为不是销售行为为由，对其作出不起诉的决定。

案例二："山东聊城假药案"。患者王某禹因患小细胞肺癌和膀胱癌，入住聊城市肿瘤医院。治疗期间，主任医师陈某祥向王某禹之女王某青推荐未经批准的进口药"卡博替尼"，并让其自行购买。此后，应王某青之弟王某光请求，嫌疑人王某伟将为其父购买但未使用的 1 瓶"卡博替尼"（每瓶一万多元）转卖给王某光；后应王某光请求，王某伟又从段某真处帮其购买一瓶"卡博替尼"，共获利 784 元。依照原《药品管理法》规定，"卡博替尼"为必须批准而未经批准进口的药品，应当认定为假药。王某伟因涉嫌销售假药罪被公安机关立案侦查。随后，山东公安机关以"王某伟应王某光请求，转卖和帮助购买药物，并从中少量获利，但其行为情节显著轻微，危害不大，不认为是犯罪"为由，依法对王某伟作出终止侦查的决定。②

这两起案件是近年来引起社会极大关注的典型案件，并在推动 2019 年药品管理法修订方面发挥了积极作用。因此，虽然属于药品类案件，但因销售行为的刑法评价是一个共性问题，故而在此作为分析对象加以研究。从上述案例可以看出，虽然当事人均未被刑事追诉，但办案机关对此所阐释的理由并不相

① 参见湖南省沅江市人民检察院不起诉决定书（沅检公刑不诉〔2015〕1 号）。

② 参见徐鹏：《山东通报"聊城主任医师开假药"案》，载《法制日报》2019 年 3 月 25 日。

同。在案例一中，检察机关对其行为不属于销售所作的解释是，陆勇的行为是无偿的，既没有加价，也没有收取代理费，是买方行为，而非卖出商品的销售行为。[①] 在案例二中，公安机关肯定了嫌疑人的行为属于销售行为，只是以情节显著轻微为由不按犯罪论处。相互比较可以发现，行为人在商品流转过程中，是否加价获取利益成为两个案件定性分歧的根本所在。那么，我们能否据此认定“加价”属于销售行为的决定性因素呢？进言之，行为人倘若没有加价甚至亏本出售就可以否定行为的销售性质？随之而来的另一个问题是，在案例二中，行为人将两盒药品（一盒为自用）出售，仅因“加价”而评价为销售行为是否合理？这些疑问，其实都回归到一个根本性的问题上，作为经济犯罪领域重要不法类型的销售行为是否只是刑法中“出卖”“出售”的另一种表述而已？

2. 销售未遂的标准之争

销售行为成立既遂，是否要求行为人将商品出售出去，形成一个完整的交易过程，在司法实践中也是一个争议极大的问题。

案例三：“孔雀石绿案”。2019 年 2 月 6 日，被告人吴某德在明知其养殖的黄颡鱼被检测出孔雀石绿的情况下，仍联系买家欲将该批含有孔雀石绿的黄颡鱼予以出售，后在运输途中被查获。经检验，该批黄颡鱼中含有孔雀石绿 2.74μg/kg。法院认为，被告人吴某德销售明知掺有有毒、有害的非食品原料的食品，其行为已构成销售有毒、有害食品罪。不过，虽然被告人吴某德已经着手实施犯罪，但因意志以外的原因而未得逞，系犯罪未遂，故比照既遂犯予以从轻处罚。[②]

案例四：“毒死狗肉案”。2013 年 11 月，被告人马某增为谋取利益经电话联系向他人购买冰冻死狗准备加工后予以销售，并联系马某丙至其摊位帮工。当月 4 日 20 时许，被告人马某增、马某丙及李某等人驾车至某公路，在明知对方出售的冰冻死狗未经检验检疫的情况下仍与对方交易，并以人民币 1300 元的价格购进 24 条死狗，后在运输途中被公安人员查获。经鉴定，被告人马某增等人购进的死狗血液中氰化物浓度为 9.4μg/ml，胃内容物中氰化物质量分数为 13.8μg/g。属于国家公布的剧毒化学品，若人体摄入含有氰化物的死狗组

---

① 参见沅江市人民检察院：《对陆勇决定不起诉的释法说理书》，访问网址：https：//www.hn.jcy.gov.cn/xwfb/qwfb/gg/2015/content_47624.html，2020 年 5 月 4 日。

② 参见浙江省德清县人民法院（2019）浙 0521 刑初 405 号刑事判决书。

织，具有较大的健康风险。法院认为，被告人马某增伙同被告人马某丙为牟取利益，销售的食品中掺入有毒、有害的非食品原料氰化物，属于有其他严重情节，其行为均已构成销售有毒、有害食品罪。[①]

这两起案件中的涉案食品均在售卖之前被执法人员查获，但在不法行为是否构成犯罪既遂的问题上，两家法院在不否认销售有毒、有害罪属于行为犯的前提下，得出了截然相反的结论。从裁判理由来看，司法人员在销售行为结束的标准上存在明显分歧。案例三中司法机关倾向于客观判断，以产品售出作为行为完成的标志，而案例四则表现出主观判断色彩，更加关注行为人主观方面的出售意图，即为销售而购买行为的完成属于既遂。按照刑法理论的通行观点，犯罪是否得逞，取决于犯罪行为是否齐备了具体犯罪构成要件的全部要素。相应地，销售行为完成的判断标准就成为犯罪行为得逞的关键所在。但从交易过程的时间轴来看，整个销售过程包括四个节点：商品待售、交易合意、支付对价、转移占有。那么，销售行为中“犯罪完成”是以商品转移占有为标志，还是处于待售状态即为行为完成，抑或其他某一环节，就需要结合销售行为的特殊性加以分析阐明。当然，从司法实践来看，这一争议问题并非个案。比如，在最高人民法院发布的第 1415 号指导案例“王某等销售假药案”中，司法机关就认定被告人董某出于销售的目的而在地下车库储存假药的行为构成销售假药罪的犯罪未遂。[②]

（二）司法解释等规范性文件中的销售行为

上述案件定性的差异与司法解释等规范性文件的规定不无联系。毕竟，近年来司法解释中关于销售行为的理解，呈现出不断扩张的趋势。

早在 2001 年 4 月 5 日最高人民法院、最高人民检察院通过的《关于办理生产、销售伪劣商品刑事案件具体应用法律若干问题的解释》（以下简称《伪劣商品解释》）第 6 条就规定，“医疗机构或者个人，知道或者应当知道是不符合保障人体健康的国家标准、行业标准的医疗器械、医用卫生材料而购买、使用，对人体健康造成严重危害的，以销售不符合标准的医用器材罪定罪处罚”。由此，在医用器材领域，通过司法解释确定了购买、使用行为等于销售

① 参见上海市松江区人民法院（2014）松刑初字第 1372 号刑事判决书。

② 参见最高人民法院刑事审判第一、二、三、四、五庭编：《刑事审判参考》（总第 128 辑），人民法院出版社 2021 年版，第 1~6 页。

行为的解释思路。此后，2003 年 5 月 13 日，最高人民法院、最高人民检察院出台的《关于办理妨害预防、控制突发传染病疫情等灾害的刑事案件具体应用法律若干问题的解释》（以下简称《预防控制灾害解释》）第 3 条规定，“医疗机构或者个人，知道或者应当知道系前款规定的不符合保障人体健康的国家标准、行业标准的医疗器械、医用卫生材料而购买并有偿使用的，以销售不符合标准的医用器材罪定罪，依法从重处罚”。相比之下，该解释在《伪劣商品解释》的基础上，把“使用”限定为“有偿使用”，将“无偿”排除在销售行为之外。然而，在 2014 年 12 月 1 日起施行的两高《关于办理危害药品安全刑事案件适用法律若干问题的解释》（以下简称《2014 年药品解释》）规定中，最高司法机关则进一步拓宽了销售行为的认定范围，将医疗机构及其工作人员将假药、劣药有偿提供给他人使用，或者为出售而购买、储存的行为，均认定为刑法中的“销售”。2022 年 3 月 6 日起施行的新修订的《最高人民法院、最高人民检察院关于办理危害药品安全刑事案件适用法律若干问题的解释》（以下简称《2022 年药品解释》）基本延续了这一规定。在上述规范的制定者看来，之所以将销售行为的外延不断拓展，主要是通过涵盖中间环节行为，加强对医疗机构、医疗机构工作人员销售假药、劣药行为的刑事打击。① 但是，这种以强化惩罚力度为主导的解释思路，难免使人质疑违反罪刑法定原则，并引发学者们关于该解释规则的适用范围之争。

这种处理在危害食品安全犯罪案件中也同样存在。比如，在“济源双汇生猪案”中，被告人朱某金伙同妻子张某喜从他人处购买“瘦肉精”10 千克，作为饲料添加剂饲养生猪 180 余头并出售。一天，朱某金给刘某德（负责济源西部区域的生猪采购）打电话，说明其欲往济源市双汇食品有限公司（以下简称济源双汇公司）送 22 头加精猪。后朱某金多次将自家饲养的喂食过瘦肉精的生猪送到济源双汇公司。2011 年 3 月 16 日，经河南省饲料产品质量监督检验站对朱某金养猪场存栏生猪抽样检验，发现含有盐酸克伦特罗（“瘦肉精”）成分，判定为不合格。刘某德辩护人认为，刘某德的职责是收购而不是销售，不构成销售有毒、有害食品罪。法院认为，被告人刘某德明知济源双汇公司禁止收购加精猪，仍在朱某金与其联系出售加精猪时，明确表示没有问题，可以送去，致使两批 49 头加精猪被销售到济源双汇公司，刘某德的行为

---

① 参见韩耀元、卢宇蓉、杨建军：《〈关于办理危害药品安全刑事案件适用法律若干问题的解释〉理解与适用》，载《人民检察》2015 年第 1 期。

属于帮助销售的行为，与朱某金构成共同犯罪。[①] 这一处理方式是值得商榷的。从购买与销售的关系来看，两者作为对向行为在刑法评价中有罪与非罪的差异，司法解释存在类推适用的嫌疑。一方面，对于对向犯，其处理规则是按照刑法分则的具体规定来处理，惯常思路是刑法只规定一方行为构成犯罪的，对另一方行为不作为共同犯罪处罚。比如贩卖毒品与购买毒品是对向行为，但因刑法不处罚单纯的购买行为，所以实践中也不会对其按照贩卖毒品的帮助犯处理。另一方面，购买、储存与有偿使用在时间上具有先后关系，除了生产环节之外，“购买”居前，“储存”次之，“使用”才意味着商品进入流通环节（有例外）。因此，购买、储存事实上都是经营者为商品进入市场流通所做的准备工作，商品未必处于待售状态，甚至说最终能否进入流通也未可知。因此，仅仅以商品将来可能进入流通，就把这种“可能性”的状态评价为确定的“销售”行为，的确存在超越公众认知的“扩张”问题。而在规范层面上，“既然刑法分则只规定处罚销售行为，就不能处罚另一方的购买行为。将购买评价为销售，或者将销售解释为购买，实际上属于类推解释”。[②] 这正是罪刑法定原则所禁止的。相应地，司法解释作出的超出法律文本基本内涵的解释规则，就成为一种人为的拟制性规定，并由此引发适用范围的争议：①针对销售药品行为的解释规范是否可以适用于医用器材案件？②上述规则是否适用于医疗机构及其工作人员以外“为出售而购买、使用或者储存”的经营者？就前者而言，如果可以相互适用，就等于通过《2014 年药品解释》废止了《预防控制灾害解释》的解释条款，但两者调整的领域是不同的；如果不能适用，对于刑法分则同一节次犯罪的同一用语作出截然不同的解释，必然导致司法适用上的混乱——刑法分则第 3 章第 1 节 9 种犯罪类型中的“销售”该如何解决，将缺乏统一标准。就后者而言，如果将上述拟制性规定适用于医疗机构以外的主体，会导致类推解释的扩大化；而如果否定其适用的可能性，又会导致法律适用的

① 参见河南省济源市人民法院（2011）济刑初字第 386 号刑事判决书。

② 张明楷：《罪刑法定原则与刑法解释》，北京大学出版社 2009 年版，第 101 页。

不平等，扩张了医疗机构及其工作人员的主体责任。①

也许正是源于上述疑问，全国人大常委会于2020年12月26日审议通过的《刑法修正案（十一）》第5条，在《刑法》第141条增加1款，规定“药品使用单位的人员明知是假药而提供给他人使用的，依照前款的规定处罚”。相应地，在《刑法》第142条增加1款规范使用劣药的不法行为。从该表述来看，立法者主张在经济犯罪领域区分销售行为与使用行为。《2022年药品解释》第6条第2款明确规定有偿提供使用是销售，而无偿提供使用则不是销售。这样一来，司法解释中间的冲突就显现出来。鉴于《伪劣商品解释》的有效性仍然存在，故而在规范层面对如何理解危害食品安全犯罪中的销售行为，对其进行教义学分析就十分必要。

二、销售行为的形式与实质

（一）刑法理论中的销售行为

在销售型犯罪中，学者们将研究重点通常放在销售对象以及金额的认定上，对于销售行为本身关注不多。正如有学者在分析生产、销售伪劣产品罪时提到的，“生产、销售伪劣商品犯罪的行为实质不在于生产、销售行为本身，而在于‘掺杂、掺假，以假充真，以次充好或者以不合格产品冒充合格产品’”。② 然而，危害行为是犯罪的核心概念，实行行为是犯罪构成中的根本性要素；这类犯罪中的最核心问题不能绕开生产、销售行为性的判断，商品质量仅仅是表明销售行为危险性的尺度而已。当然，也正是因为学者们对行为对

① 事实上，在司法实践中，司法解释规则是否适用于医疗机构以外的主体，已经引起了控辩双方的争议。比如，在“董某销售假药案”中，公安机关在被告人董某住处查获100瓶假“衡力”牌注射用A型肉毒毒素。同时在其另一处住地的地下车库内查获1612瓶假“保妥适”（BOTOX）牌、1200瓶假“衡力”牌注射用A型肉毒毒素。法院认为，销售假药罪是行为犯，有销售行为即可入罪，但上述被查获的假药尚未售出，且是因被公安机关及时查获使得犯罪没有得逞，故而符合刑法关于犯罪未遂的认定条件。然而，辩方对这一理由提出质疑，认为不能随意扩大司法解释适用的范围。对此，法院认为，将医疗机构或医疗机构工作人员在提供医疗服务过程中有偿提供给他人使用等非典型的销售行为解释为销售行为，是为了加大对该类行为的打击力度，而非将医疗机构、医疗机构工作人员以外的主体实施的“为出售而购买、储存”假药的行为排除在刑事打击范围之外，从而肯定了该解释效力适用于医疗机构以外主体的情形。参见江苏省苏州市中级人民法院〔2017〕苏05刑终358号刑事判决书。

② 于改之、包雯：《生产、销售伪劣商品犯罪若干问题研究》，载《河北法学》2005年第11期。

象倾注了更多的精力，所以我们在行为分析上的论证过于简单。大体上，学者们对销售行为的解读可以归为两类：一类是以牟利为中心要素来阐释销售行为。如有观点认为，销售是指一切以出卖牟利为目的的提供商品的行为。[①] 也有学者做了进一步的说明，即销售是“卖出货物，包括批发、零售，也包括自销、代销，从流通环节看，行为特点表现为买进卖出，从中获利。如果是购进后自己使用、赠送他人、捐献他人，则当然不构成销售行为”。[②] 这一概念的典型特点是强调目的上的牟利性、对象上的商品性、方式上的交易性。当然，按照马克思主义经典作家的表述，商品是人们用来交换的劳动产品，“交易”是商品的自然属性，商品的流转必然伴随着交易行为，故而交易成为销售行为不言自明的特征之一。另一类则是突出销售行为的“有偿”。有学者主张，“销售是指商品的交换，即在一方支付对价的情况下，另一方交付商品的行为”。[③] 销售，“是指有偿提供商品的行为”。[④] 在此类观点中，有偿性是核心要素，即只要行为人以有偿或者要求对方支付对价的方式交换商品，就可以认定为销售行为。与前一观点相比较，该观点没有强调销售行为的牟利性。比如农民种植蔬菜后以成本价甚至低于成本的价格卖于邻居的行为也可以称之为销售行为。

时至今日，作为一种市场经济活动的销售行为，包括牟利的目的，应当说越来越为学者们所认同。销售行为表明了主体参与市场经济的直接目的即牟利，通过参与特定社会关系实现经济利益的追求。这也是法律体系中商法被视为一项特殊部门法而与民法相区别的原因之一——是市场经济的法律表现，是对一种扩大了的商品经济中基于营利而建立的特定社会关系的法律调整。[⑤] 因此，不管是民商经济法学界主流观点强调“以营利为目的”或者“营利性”，还是在刑法上，站在市场经营层面理解销售行为，以牟利为目的都是其应有之义；[⑥] 不以牟利为目的的交易行为背离了市场经济活动的本质特征，也就偏离了“销售”商品的初衷。

基于上述分析，笔者认为，目的上的牟利性是销售行为不可或缺的主观条件，而对象的商品属性以及与此相关的交易行为共同构成了销售行为的形式要

---

① 参见周光权：《刑法各论（第二版）》，中国人民大学出版社 2011 年版，第 180 页。
② 王作富：《刑法分则实务研究（中）》，中国方正出版社 2010 年版，第 601 页。
③ 孙国祥、魏昌东：《经济刑法研究》，法律出版社 2005 年版，第 180 页。
④ 黎宏：《刑法学各论（第二版）》，法律出版社 2016 年版，第 85 页。
⑤ 参见赵万一：《商法基本问题研究（第二版）》，法律出版社 2013 年版，第 64 页。
⑥ 参见王飞跃：《论刑法中的“经营”》，载《政治与法律》2019 年第 10 期。

件。言至于此，是因为这些特点并非销售行为的充分条件，行为人在牟利目的支配下而出售物品的行为未必是销售行为，交易只是销售的一种表面样态。比如，《食品安全法》第 148 条规定了惩罚性赔偿制度，即“生产不符合食品安全标准的食品或者经营明知是不符合食品安全标准的食品，消费者除要求赔偿损失外，还可以向生产者或者经营者要求支付价款十倍或者损失三倍的赔偿金”。而同样属于出卖行为，《民法典》第 617 条对民事主体之间的买卖行为之违约责任却未做此惩罚性规定，只是提出出卖人交付的标的物不符合质量要求的，买受人可以依据第 582 条等规定请求承担违约责任。[①] 显然，《食品安全法》赋予了经营者更重的赔偿责任，且不适用于普通主体之间的买卖行为。那么，此种差异性对销售行为的认定有何影响呢？这就需要通过对销售行为做出实质判断。

（二）销售行为的实质阐释

如果说“经济刑法教义学化的基石是法益”[②]，那么我们对销售行为的教义学阐释也应当遵循这一逻辑。

刑法规范所包含的实现稳定的刑法秩序的正义目标、实现法益保护的目的，只有通过对规范中的前提条件即犯罪构成要件的实质、内部的价值蕴含进行更多的揭示，才更易于达到。[③] 在刑法中，既然破坏社会主义市场经济秩序罪与妨害社会管理秩序罪两章，在交易语境下分别使用了“销售”“贩卖”等用语，就表明了它们的差异性——需要兼及行为类型的特殊性而加以诠释。对于经济刑法的规范解释，应当以经济刑法视角下的行为类型为基准，在规范适用过程中重视经济法益的衡量、解释的刑事政策分析等。[④] 就“销售”而言，作为经济犯罪领域重要的构成要件，是对经济行为的一种类型化概括，并非纯粹的事实判断。因此，前述观点中将销售行为等同于买卖的主张忽略了前者作为经济活动的特殊性，把其等同于一般民事主体间的交易行为，是不合理的。相应地，对于销售行为的解读，只有从市场经济范畴内的经济行为这一视角去

---

① 《民法典》第 582 条规定：“履行不符合约定的，应当按照当事人的约定承担违约责任。对违约责任没有约定或者约定不明确，依据本法第五百一十条的规定仍不能确定的，受损害方根据标的的性质以及损失的大小，可以合理选择请求对方承担修理、重作、更换、退货、减少价款或者报酬等违约责任。”

② 马春晓：《中国经济刑法法益：认知、反思与建构》，载《政治与法律》2020 年第 3 期。

③ 参见刘艳红：《实质刑法观》，中国人民大学出版社 2019 年版，第 212 页。

④ 参见王海桥：《经济刑法解释原理的解构及其适用》，中国政法大学出版社 2015 年版，第 152 页。

理解才更加妥当。所谓经济行为，通常来讲就是商事法律规范中商事行为（以下简称商行为）。商事行为这一概念是随着商业活动的兴盛、发展而逐渐与民事行为相区分而建构起来的，虽然在晚近一个时期，理论上关于是否有必要继续维持商行为与民事行为的界限不无争议，但观念上对商行为的限定仍具有相对清晰的思路，即该类行为的核心特征在于客观行为所表现出的营业性以及行为人主观上的营利动机。尤其是营业性特征，成为商事主体承担法定义务的重要因素。以此为基础，对作为经济行为重要形式之一的“销售”进行阐释，可以从以下两个方面加以概括：

1. 在客观上，销售行为具有营业性特征

作为市场主体实施的经济活动，销售应当表现出营业性。当然，对于何为营业性，在理论上存在较大的争议。有观点认为，营业性具有以营利为目的、反复性、不间断性和计划性的特征；[①] 也有学者主张，营业性包括行为的业务性、持续性、开放性和中立性四项特点。[②] 比较而言，两种观点均认同营业性所具有的持续性即不间断性特征，而所谓的反复性、计划性，只不过是持续性的另一种表述而已，都把一次性或者偶发性的营利活动排除在外。这一点是笔者所赞成的。营业性是市场经济活动的重要特征。营业性的基本内涵应当是行为人所实施的经济行为是可持续的，以该项经营内容为常业。一方面，市场经济活动往往以产生新的产业形态为内容进而形成新的营利点，因此，经济活动的连贯性、反复性是市场经济发展的内在要求，这也和自给自足的自然经济主体形成鲜明对比——生产本身满足自己的需要，偶发性的交易只是生活中的一种补充形态。另一方面，商事行为的特殊性是伴随着商主体的独立而出现，而之所以将其作为民事主体中的一种特殊类型，与其在营利性目的支配下连续反复地实施相应的经济活动进而形成新的主体类型不无关系。故而，可持续性、反复性是营业性的主要行为特征。相应地，营利性不应当成为营业性的特征。营业性是经济活动的客观特征，而营利性是对经济活动的目的性描述，两者结合共同构成了经济活动的主客观内容，将营利作为营业性的特征，实际上混淆了营业性与经济活动的关系。基于此，笔者认为，营业性主要是指经营行为的可持续性和开放性。反过来，作为经济活动的销售行为，也应当表现出交易行为的可持续性和开放性。

---

① 参见赵万一著：《商法基本问题研究（第二版）》，法律出版社 2013 年版，第 276~277 页。

② 参见王飞跃：《论刑法中的“经营”》，载《政治与法律》2019 年第 10 期。

2. 在主观上，销售行为具有逐利性特征

作为经济活动的销售行为，行为目的具有一定的逐利性。经济活动目的上的营利性，是由市场经济的本质特征所决定。市场经济是通过市场配置社会资源的一种经济形态，其运行目标是推动市场资源经济效益的最大化。因此，市场交易主体的一个显著特征就是通过市场活动实现经济利益的最大化。这就意味着他们在参与市场经济时主观上往往带有浓郁的逐利性特征。当然，并不是说在一个具体的交易活动中，每一方主体都必须具有营利性特征，但如果双方都不具有营利性特征，通常就难以认定为市场交易行为。作为一种行为动机的判断，主观上的逐利性远没有营业行为的客观性更加直观，正如有学者所说，这一特征在法律评价方面反而是经济行为中最弱的构成要素。[①] 但是，这并不妨碍我们对此加以规范性的探索。①对于营利性特征，可以采取推定的方式加以确认。一方面，可以根据行为人是否属于商事主体来推定其行为的目的性。商人是商事活动的主要群体，更是作为其职业的根本性特征，故而商人所实施的与其营业相关的行为都可以认定为具有营利目的；另一方面，可以根据行为人从事的行为性质来加以认定，如在产品交换过程中出现明显增值等。②主观上的营利性，并不意味着行为人的每笔交易都必须实现营利。营利性是一种主观描述，而市场活动是否可以实现这一目标，受诸多市场因素的影响，因此，主观目的性与客观现实性是不能混同的。同时，营利性特征是一种规范判断，无关经济效益的事实支配。比如，对于非营利性医疗机构，不能以其主体属性而否认其提供医疗服务、出售药品等行为具有营利性（事实上，非营利性仅仅指获取的经济利益不会归于投资者，而只能基于医疗机构的单位利益而使用），进而否定销售行为的性质。相反，行为的营利性仅仅是指参与市场活动时是否获取经济收益，至于收益的去向在所不问。概言之，笔者赞同这样一种观点，对于具有法定主体资格的商人来说，往往交易活动本身就可以认定为营利性，但对于不具有商事主体资格的人而言，则可以根据同类行为所具有的客观目的和商事习惯加以确定。[②]

---

① 参见程淑娟：《商行为：一种类型化方法的诠释》，载《法制与社会发展》2013 年第 3 期。

② 参见赵万一著：《商法基本问题研究（第二版）》，法律出版社 2013 年版，第 276~277 页。

三、销售行为与相关行为的界分

“纯粹从语言学的角度对规范进行语义解释，经常会得出多个不同但可以接受的结果。”① 因此，从文本角度形式化的理解销售行为，很自然地会把刑法中的贩卖、出卖、销售等概念混同。但是，这种解释方式会模糊不同实行行为之间的界限，导致犯罪扩大化，故而需要从实质层面厘清其差异。

（一）销售与出卖

在刑法理论上，将销售与出卖相互解释的观点不乏其数。如有学者认为，销售只是单纯的出卖行为。② 也就是说，销售与出卖是同一概念。但是，在规范意义上，销售行为与刑法中的出卖、出售等有根本区别。出卖、出售等只是表明了行为人将物品从一方转移到另一方以获取对价的社会评价，是以交换关系为内容的单一行为方式，所蕴含的社会意义与市场性无关。换言之，只要存在产品交易的情境，就可以认定有出卖行为。比如，在危害公共安全犯罪、妨害社会管理秩序犯罪中，《刑法》第 125 条非法制造、买卖、运输、邮寄、储存枪支、弹药、爆炸物罪，第 363 条制作、复制、出版、贩卖、传播淫秽物品牟利罪等诸多犯罪的实行行为被明文规定为出卖、出售等。对此，只要行为人将枪支、弹药、爆炸物、淫秽物品等作为交易对象来获取利益，就可以认定为买卖、贩卖中的“卖”，无须考虑行为的反复性、营利性或者主体的商事特征。因为行为人即便实施一次交易行为，也会侵害上述刑法规范所保护的公共安全、社会秩序法益。相反，除了形式上符合交易特征之外，销售具有营业性，即行为人实施的交易活动并非偶发性的，带有一定的可持续性、反复性，不管是基于其商人身份还是其行为本身长时间持续发生。就此而言，销售的外延小于出卖，是具有营业性的出卖行为。以此展开来看，在经济刑法领域，对于一些在罪状中使用了“卖”这一用语的罪名来说，对该构成要件进行解释时，不能将其简单解释为“出卖”“出售”，而应当理解为“销售”。比如，《刑法》第 226 条强迫交易罪属于分则第 3 章第 8 节扰乱市场秩序犯罪，“强买强卖商

① ［德］埃里克·希尔根多夫著：《德国刑法学：从传统到现代》，江溯、黄笑岩等译，北京大学出版社 2015 年版，第 234~235 页。

② 参见张明楷著：《罪刑法定原则与刑法解释》，北京大学出版社 2009 年版，第 101 页。

品”是其法定的行为方式之一。但是，在对这里的“卖”进行阐释时，不能理解为“出卖”，而只能是销售。一方面，作为一种经济犯罪行为，只有客观上具有营业性与主观上存在营利性目的的行为才是扰乱“市场秩序”的行为，偶发性的交易不具有市场经济的法益侵害性；另一方面，作为“卖”的对象既然是“商品”，也决定了应当将其阐释为“销售”。因为商品本身是经济活动的产物，在非经济活动中作为交易的标的物不能称之为“商品”。

其实，混淆销售与出卖关系的解释逻辑，会深刻影响司法实践。如上文提到的案例二，犯罪嫌疑人王某伟将家里自用的药品交给王某光时，虽然有一定的加价，但是王某伟本人既不是经营药品的商人，也不存在多次向他人出售药品牟利的情形，其行为只是不具有营业性的偶发行为，可以认定为出卖药品，却不属于经济犯罪中的销售药品，故而不构成销售假药罪。公安机关虽然最终以“情节显著轻微，危害不大，不构成犯罪”为由作撤案处理，但将其行为认定为“销售”显然不妥当。

（二）销售与使用

如前所述，依据《2022年药品解释》，特定主体实施的有偿使用药品行为属于销售行为，将“有偿使用”解释为“销售”。但《刑法修正案（十一）》则为使用假药、劣药增设了独立条款，从而使销售行为与使用行为分属两种不同的罪名。那么，使用假药与销售假药究竟是何种关系？该如何处理经济犯罪领域销售与使用的关系问题？在刑法中，使用行为与销售行为的分离已有先例，典型罪名当属使用假币罪与出售假币罪。① 对于这两种犯罪中的行为差异，有学者认为，使用假币时，对方并不明知是假币；而出售假币时，对方一般明知是假币。② 据此，使用假币与出售假币的区别在于对方是否知情，其本质差异是使用假币是将假币冒充真币置于流通领域，包括赠予在内，③ 而出售假币则是将假币作为商品来换取对价。也正是因为此，有观点认为，除对方知情且能够评价为“出售”假币外，均可认定为“使用”假币而成立使用假币罪。④ 在这样的逻辑下，使用与销售属于并列关系。在经济犯罪领域，可以归为这一

① 虽然出售行为与销售行为不同，但是销售为出售的一种形式，因此，两者具有一定的可比性。

② 参见张明楷：《使用假币罪与相关犯罪的关系》，载《政治与法律》2012年第6期。

③ 参见［日］西田典之著：《日本刑法各论（第6版）》，王昭武、刘明祥译，法律出版社2013年版，第344页。

④ 参见杜文俊：《论使用假币罪与相关犯罪的关系》，载《法学》2015年第5期。

关系的情形还有很多，比如，以利用商品本身价值为目的而不转移所有权时，如出租汽车，有偿使用行为显然不等于销售行为，因为销售商品意味着商品所有权的转移，而“使用”未必是转移所有权。那么，是否可以认为整个经济犯罪领域使用与销售行为均以此来区分呢？

事实上，使用与销售的关系取决于两点：一是商品特点。假币具有双重属性，一方面作为商品本身体现其交换价值，另一方面作为商品的价值尺度即货币，所以假币以不同的名义进入流通，支配行为的规范评价是不同的。作为商品进入流通时，该行为当为销售，而作为价值尺度时则为金钱，其行为应评价为使用；因此，假币的双重性决定必须在使用与销售之间做出区分。二是行为目的。销售行为的目的是转移商品所有权以获取对价，而使用行为的目的既可以是转移所有权，也可以是仅限于利用却不转移所有权。只有在后者场合，销售行为与使用行为才是并列的；对于前者，两者之间应认定为交叉关系。以药品为例，其不属于双重功能的产品，故而排除这一层面使用与销售的并列关系。在经济犯罪中，药品只能作为商品而存在，不可能作为评价其他产品价值的尺度；其进入流通领域时，不管是以其内在价值直接发挥作用，如药品使用单位直接向患者身上注射麻醉剂进行手术，还是将药品交于患者回家自行服用，实质上都是把药品销售出去，即原所有权人失去对物的所有权（使用等于消耗，而销售表示转移）。故而对于医疗机构等药品使用单位而言，他们本身的营业性、逐利性特征，就决定对患者使用药品的行为本质上也是销售药品。当然，如果医疗机构在公益活动中免费对患者使用部分药品，那么这种赠予行为因对方不需要支付任何对价而不属于销售。

因此，销售与使用关系因标的物属性而有所差异。在经济犯罪中，涉及假币类犯罪中，两者为并列关系；在以转移所有权为内容的普通商品交易中，两者属于交叉关系，共同范围是有偿使用，无偿使用不属于销售。

（三）销售与代购

生产中常用的代购概念，是代理购买的简称，即行为人按照委托人的要求从境外购买相应的商品。常见的代购主要有两种形式，一是朋友之间的无偿代购。这种代购不具有营利性，虽然在特定情况下也会收取一定的劳务费（或者分担一定的代购成本）；二是营业性质代购，即受托人具有营利性目的，以帮助他人代理商品获取利益为常业。后者既包括个人名义，也包括一些专业代购网络平台，如美国跨国金融服务公司 VISA 和国际物流公司 DHL 合作开发的专门代购网站 onenow. com 等。由于受托人是代委托人购买，且会向委托人收取一定的钱款，因此，代购是否存在营利性进而可以评价为销售行为，在实践中争议较大。前述案例一中公诉机关认为“陆勇代表的是买方而不是卖方，印度赛诺公司就设立账号与陆勇的商谈是卖方与买方之间的洽谈，陆勇作为买方的代表自始至终在为买方提供服务”，[①] 进而认定陆勇属于无偿代购的买方行为而非销售。但近年来，司法实践中也有许多将代购认定为销售行为的案例，学者们大多支持这一观点，认为“只要其从国外购买的药品在国内市场上以一定价格出售给他人，至于实际是否营利，是否自用，是否加价出卖，不影响对销售行为的认定”。[②] 那么，在理论上该如何把握代购与销售的关系呢？

如果将代购归为销售，代购应当符合销售的核心特征。一是代购具有营业性，即行为人将代购作为职业或者把代购收入作为主要生活来源；二是代购具有营利性，即通过为他人代购商品具备逐利目的。这种情况下就可以认定代购属于销售行为。当然，逐利目的是一种主观意思，可以从行为人主体身份等特征加以判断，不需要行为人在客观上实现盈利。事实上，从这两个特征来理解代购与销售的关系在司法实践中已有先例。如 2015 年 5 月 18 日《全国法院毒品犯罪审判工作座谈会纪要》明确提到：“行为人为他人代购仅用于吸食的毒品，在交通、食宿等必要开销之外收取‘介绍费’‘劳务费’，或者以贩卖为目的收取部分毒品作为酬劳的，应视为从中牟利，属于变相加价贩卖毒品，以贩卖毒品罪定罪处罚”。由此可见，牟利性是代购被认定为出售的重要条件。相应地，如果在此基础上增加营业性的特征，就可以评价为销售行为。以此来看案例一的不起诉理由，公诉机关以陆勇没有从中谋取经济利益而认为是无偿代购，进而主张虽然该行为持续多年，但主观上不具有牟利性，所以不属于销售行为而为买方行为是合理的。

当然，也有观点从共同犯罪的视角提出，在商品经营者、代购人与委托人三方关系中，代购对于经营者出售商品行为有一定的帮助性，故而可以将代购认定为销售行为。[③] 这个解释逻辑缺乏合理性。从自然因果性来看，代购行为的确对经营者出售商品有帮助，但是不能据此将代购行为全部理解为销售行

---

① 参见沅江市人民检察院：《对陆勇决定不起诉的释法说理书》，访问网址：https：//www. hn. jcy. gov. cn/xwfb/qwfb/gg/2015/content_47624. html，2020 年 5 月 4 日。

② 刘艳红：《法定犯与罪刑法定原则的坚守》，载《中国刑事法杂志》2018 年第 6 期。

③ 参见叶良芳：《代购境外仿制药行为的定性分析》，载《法学》2015 年第 7 期。

为。否则，委托人支付价款购买商品的行为对经营者有利，也会被理解是对后者的帮助，那么，任何购买商品的行为都会被任意解释为帮助销售，这显然违背常理。事实上，在具有牟利目的的场合，代购人往往是基于自身的经济利益而接受委托向经营者购买商品，所以其属于独立的销售者；而在非牟利的场合，代购是否可以评价为销售行为的共犯，取决于其主观上是否有为经营者谋取利益的共犯意志。

四、销售未遂的司法认定

《伪劣商品解释》规定，“伪劣产品尚未销售，货值金额达到刑法第一百四十条规定的销售金额三倍以上的，以生产、销售伪劣产品罪（未遂）定罪处罚”。由此，该规定确定了尚未销售的行为应当按照未遂犯处理的司法规则。依据我国《刑法》第 23 条规定，犯罪未遂是指已经着手实行犯罪，由于犯罪分子意志以外的原因而未得逞的犯罪形态。因此，行为人是否已经着手实施犯罪以及是否得逞，是影响犯罪未遂的两个重要节点。从案例三、案例四的处理来看，也恰恰是司法机关在销售得逞的标准上产生了不同理解。因此，有必要结合未遂犯的基本理论从着手、得逞两个角度来判断销售未遂的认定标准。

（一）销售行为的“着手”

在犯罪未遂的判断中，“着手”具有特殊的价值，甚至可以说，刑法处罚未遂犯，其意义就在于行为人已经着手。[①] 因为在刑法中处罚预备犯是一种例外，尤其是在严重犯罪预备行为实行化的立法倾向越来越突出的情况下，着手作为适用刑事处罚的规范起点更加明显，所以对销售未遂的处理，首先应当明确“着手”。

关于“着手”的判断标准，历来有“主观说”“客观说”和“折中说”之争。“客观说”强调舍弃行为人的意思，从行为的外部特征判断着手的有无，进而赋予未遂犯解释的客观化标准；“主观说”则相反，在认定着手时，强调行为人的犯意，当犯罪人的见解是确定无疑的时候，应当承认已经着手；“折中说”则试图调和“主观说”“客观说”的分歧，主张从行为人的整个计划来

① 参见黄荣坚著：《基础刑法学（下）》，中国人民大学出版社 2009 年版，第 313 页。

看，法益侵害危险性是否已经迫切来判断着手。[1] 当前，我国刑法理论中的主流观点倾向于承认客观的未遂论，认为着手的判断始于对法益制造的客观危险。[2] 即便后来在未遂的判断中增加了主观要素，但是着手的判断仍偏于客观标准，从而使着手的认定存在“客观说”中无法避免的缺陷。因为在不考虑行为人主观意欲的情况下，纯客观的判断标准无法解决构成要件符合性或者法益侵害性问题。毕竟，故意对危险具有支配性，相应地，着手决意决定了危险的有无及高低。[3] 正是基于此，“主观说”在经历了一定时间的沉寂之后也被一些学者所重新审视，甚至在我们的司法解释以及司法裁判中得到了体现。例如，《2014 年药品解释》第 6 条规定，医疗机构及其工作人员为出售而购买、储存的行为，均应当认定为刑法中的“销售”。这里的“为出售”仅仅表明了医疗机构及其工作人员销售药品的意欲，而购买、储存也仅仅是为药品交易活动准备工具、制造条件，并非使药品进入新的流通环节。因此，司法解释在销售着手的判断上采取了“主观说”。与该司法解释相对应的是，案例四中司法机关也将被告人的行为解释为销售的实行行为，采取了“主观说”的立场。

《2014 年药品解释》在销售行为的着手判断上采取主观的立场，并不意味我国司法实践中着手判断标准的整体转向，毕竟在《2022 年药品解释》已经删除了这一规定。事实上，在刑法理论上构建统一的着手判断标准，虽然是大多数学者的理想追求，但是由于着手的判断与刑罚权的启动关系密切，而刑罚权的行使受到不同犯罪类型、刑事政策等多种因素影响。因此，着手标准的统一性也面临着争议。正如有观点所提到的，“面对犯罪行为的复杂形态和实施方式，司法判决和法学学说都必须满足于能够对一定的种类情况确定出能够尽可能地符合法律意思和目的的指导方针”。[4] 在这种情况下，《2014 年药品解释》在销售着手的判断上采取了“主观说”的立场与从严惩治药品犯罪的政策导向不无关系，即是为了加强对医疗机构、医疗机构工作人员销售假药、劣药行为的刑事打击。[5] 这也刚好印证了主观论中天然蕴含了强化社会整体利益防卫的思想，而从客观论到主观论的变化，也成为“观察刑法的政治生态及语境

---

① 参见［日］西原春夫著：《犯罪实行行为论》，北京大学出版社 2006 年版，第 11 页。

② 参见张明楷著：《刑法的基本立场》，中国法制出版社 2002 年版，第 203 页。

③ 参见柏浪涛：《未遂的认定与故意行为危险》，载《中外法学》2018 年第 4 期。

④［德］约翰内斯·韦塞尔斯著：《德国刑法总论》，李昌珂译，法律出版社 2008 年版，第 347 页。

⑤ 参见韩耀元、卢宇蓉、杨建军：《〈关于办理危害药品安全刑事案件适用法律若干问题的解释〉理解与适用》，载《人民检察》2015 年第 1 期。

流变的绝好的切入点”。①

但是，以“主观说”的主张解释销售行为着手的认定，也势必陷入该学说长期遭受的质疑，即将着手的时间大幅提前，扩大了销售行为的外延。这不仅导致了规范评价体系之间的冲突，而且使罪状表述上产生逻辑矛盾。以生产、销售有毒、有害食品罪为例，生产行为与销售行为属于该罪的实行行为，而从食品经营的纵向流程来看，生产行为属于销售行为的预备行为。因为只有已经销售的食品，才会进入流通，进而扰乱商品市场管理秩序，侵害公众健康安全，生产行为仅仅是为了销售所进行的准备工作，后者是前者的行为目标。就此而言，生产行为入罪化实质上是预备行为实行化的表现。以此反观购买行为，其与生产行为对销售者的价值是等值的。对于生产厂家来说，生产与销售是一体的，生产行为为销售行为供给商品，而对于非生产方的销售主体来说，其销售的商品只有来源于购买，所以购买与生产都是为销售行为准备商品、制造条件，在整个犯罪过程中处于预备阶段。但是，如果说生产行为入罪是法定化的结果，那么将购买行为解释为销售行为则具有类推解释的嫌疑，故而《2014 年药品解释》虽然迎合药品治理的政策需求，但却偏离了罪刑法定原则，而《2022 年药品解释》删除这一规定的做法，可谓回归了“销售”的规范内涵。

基于上述分析，“为出售而购买”的行为不能解释为销售，采用折中说的立场来明确销售行为的着手才是妥当的。具体而言，经济犯罪是破坏社会主义市场经济秩序的犯罪，虽然对其法益侵害性的内容有不同观点，但是把经济犯罪所侵害的法益界定为国家、社会在经济活动中的经济利益是妥当的，② 既提出了经济秩序之于国家的利益性，而且突出了利益的经济类型，比如国家对食品经营的管理秩序等。以此为基础，销售行为的本质是通过商品交易使其进入流通领域，从而对商品管理秩序产生影响。非法的商品交易行为势必侵犯国家对特定商品的监管秩序，故而销售行为的着手，始于交易目的下商品进入流通领域的紧迫程度。相应地，销售者采购商品的购买行为与交易行为的时空距离，取决于交易的方式。因此，应当从行为人经营行为的整体安排来考量销售行为着手的认定，建立多元化的着手判断标准。即当行为人意欲购买商品后立即进行销售的场合，购买可以认定为销售行为的着手，比如一些批发商购买商

① 劳东燕：《论实行的着手与不法的成立根据》，载《中外法学》2011 年第 6 期。

② 参见王良顺：《保护法益视角下经济刑法的规制范围》，载《政治与法律》2017 年第 6 期。

品后随即展开零售；当行为人购买后在仓库、店铺中储存、上柜展示商品，寻找交易对象的场合，上柜、储存可以理解为销售的着手，购买行为则不是；当行为人购买商品后囤积，不准备在一定期限内出售，那么，这种购买、储存行为也不能理解为销售的着手，应该根据行为人后续交易的变化而予以具体判断。这样的阐释与司法解释本身也保持了一致性。《伪劣商品解释》第 2 条规定，“伪劣产品尚未销售，货值金额达到刑法第一百四十条规定的销售金额三倍以上的，以生产、销售伪劣产品罪（未遂）定罪处罚”。据此，仅有生产行为而未销售的，属于本罪的未遂状态，即产品生产出来就表明着手出售。在实践中，由于生产主体制造、加工产品的目的就是销售，一旦生产完成，往往意味着销售行为的开始，所以将尚未销售的状态认定为犯罪未遂是合理的。

（二）销售行为的“完成”

经济犯罪中的销售型犯罪，通常以“销售金额”作为适用法定刑的重要依据，在犯罪形态上以数额犯为主，由此产生了这些犯罪是否存在各种未完成形态的不同理解，对此学界莫衷一是，聚讼纷纭。[①] 但是，《伪劣商品解释》第 2 条第 2 款规定：“伪劣产品尚未销售，货值金额达到刑法第一百四十条规定的销售金额三倍以上的，以生产、销售伪劣产品罪（未遂）定罪处罚。”[②] 据此，在司法层面，销售型犯罪的未遂形态通过“货值金额”的描述得以确立。《立案追诉标准（一）》第 16 条将这一标准进一步细化，“生产者、销售者在产品中掺杂、掺假，以假充真，以次充好或者以不合格产品冒充合格产品，伪劣产品销售金额五万元以上的，或者伪劣产品尚未销售，货值金额十五万元以上的，或者伪劣产品销售金额不满五万元，但将已销售金额乘以三倍后，与尚未销售的伪劣产品货值金额合计十五万元以上的应予立案追诉”。显然，该条款在细化生产、销售伪劣商品罪成立标准的同时，也再次肯定了犯罪未遂形态的核心标准即涉案商品“尚未销售”。对此，可以从两个方面理解。

其一，对销售外延的扩张性解释不能改变“尚未销售”状态判断的独立性。所谓“尚未销售”应当是指尚未将产品出售出去，其核心在于“是否出

---

① 参见赵秉志主编：《刑法分则要论》，中国法制出版社 2010 年版，第 75 页。

② 有学者认为，根据《关于办理生产、销售伪劣商品刑事案件具体应用法律若干问题的解释》第 2 条的规定，该解释既不否认生产、销售伪劣产品罪存在犯罪的未完成形态，出于刑事政策的考虑，又在犯罪数额上对立案标准进行限定，其思路是可取的，但其确定的 3 倍标准，是否具有充足的实证依据，则不无疑问。参见赵秉志著：《罪刑各论问题》，北京大学出版社 2010 年版，第 7 页。

售”。因此，不管对销售行为的外延作出何种扩张性解释，在销售行为是否完成的判断上，应当保持其核心概念，毕竟，对销售内涵进行解释与销售行为是否完成的侧重点是不同的。就前者而言，司法者在对销售行为进行诠释时，并非严格遵循文本含义，不可避免会考虑个人理念与公共价值，从而作出扩大或者限制于字面意义的结论。尤其是在风险社会的背景下，伴随着以社会安全为导向的刑事政策助推刑法价值偏重于社会保护的导向变化，刑法解释也随之转向,[①] 其扩张性风格日益显著。但是，在对不法行为是否完成的判断上，则呈现出较强的稳定性，因为在保持罪状稳定的情况下，对法益侵害风险或者结果的描述也必然是稳定的。具体到销售行为中，司法解释可以扩充销售行为外延，将为销售行为做准备的方式纳入进来，但是不能改变销售行为的实行行为性，即破坏社会主义市场经济秩序的现实危害——只有产品进入流通，其行为方属完成。因此，在行为是否完成的判断上，应对“销售”作狭义理解，回归其本意，避免将尚未售出的部分商品被人为同化为已售出的商品，从而导致对犯罪停止形态的误判。[②] 基于上述分析，可以发现，在案例四中，司法机关混淆了销售行为的完成性与销售行为的外延之间的关系，将购买行为理解为销售行为的完成，进而认定为既遂是不妥当的。

其二，销售行为完成的标志是商品交付的合意，销售者是否收到货款不影响行为的完成性。在“王某等销售假药案”中，司法机关认为，将假药置于销售环节进行销售是直接造成法益侵害结果、最充分地实现构成要件的行为，标志着实行行为的完成，构成犯罪既遂。[③] 但是，对于何种情形属于“进入销售环节”，该判例没有做出明确说明。在笔者看来，除了前述基于法益侵害性的视角所探讨的，只有达成交易合意的场合，才会构成对法益的现实侵害；如果尚未有交易合意，则只是商家单方面的“持有”，难以构成对市场秩序的侵犯，故而销售行为完成的标志应当是交易双方达成交易合意。如果完全以商品交付为标准，会导致既遂标准的迟延。毕竟，只要双方达成交易合意，就表明了商品进入了流通领域对市场经济秩序产生了实际影响，而买受人何时持有，并不会改变市场经济秩序受到侵害的客观事实。对此，司法解释也明确了这一立

---

① 参见李翔著:《刑法解释的利益平衡问题研究》，北京大学出版社 2015 年版，第 159 页。

② 参见刘宪权、张巍:《销售假冒注册商标的商品罪停止形态研究》，载《法学杂志》2012 年第 4 期。

③ 参见最高人民法院刑事审判第一、二、三、四、五庭编:《刑事审判参考》（总第 128 辑），人民法院出版社 2021 年版，第 10 页。

场。依照《立案追诉标准（一）》第16条之规定，生产、销售伪劣产品罪中的“销售金额”，是指生产者、销售者出售伪劣产品后所得和应得的全部违法收入。这里的“应得的”违法收入，是指虽然产品已经出售给对方，但尚未收到货款的情形，或者双方已经达成商品买卖合意，商品即将出售的场合；而在没有确定买家时，则属于“尚未出售”，就不存在应得收入。由此可见，收到货款不是销售行为完成的标志，销售行为完成的标志是商品交易合意。

需要说明的是，销售行为完成与销售型犯罪的既遂是不同的，销售行为完成限定了犯罪既遂形态的成立基础，但是是否成立犯罪既遂，需要考虑犯罪构成要件的完整性，而销售行为仅仅是客观行为要素，在结果犯与危险犯的场合，不仅要考虑客观行为要素的存在，而且需要考虑结果要素是否存在。比如，对于生产、销售有毒、有害食品罪而言，作为行为犯，销售食品完成即为犯罪既遂，而对于生产、销售、提供劣药罪而言，不仅需要完成销售行为，而且需要造成患者人身伤害后果，这样才能成立本罪的既遂。

小结

在日常语境中，销售行为的含义应当说是比较清晰的，但之所以在司法实践中产生诸多不同理解，甚至在司法解释中不断扩张乃至影响立法，其根源在于面对纷繁复杂的法律关系时，每个人习惯于按照个人信仰去加以评判，且不可避免会融入政策性考量，进而忽略了法律解释特有的规范性与目的性。正如有学者所言，“争议之发生并非由于法律语言本身含糊，而是由于人们对法律应该涵盖适用的范围有争议，实际上是不同的人力图将他们赋予的含义确立为该法条或语词的含义”。① 因此，要避免这一倾向及其给司法适用带来误导，必须恪守法律解释的基本规则，在坚守罪刑法定原则的底线下，审慎扩充词语内涵，避免犯罪圈的肆意扩张。

① 苏力：《解释的难题：对几种法律文本解释方法的追问》，载《中国社会科学》1997年第4期。

第六章 有毒、有害非食品原料的规范判断

《刑法》第144条把“在生产、销售的食品中掺入有毒、有害的非食品原料的，或者销售明知掺有有毒、有害的非食品原料的食品”的行为规定为犯罪。据此，“有毒、有害的非食品原料”之判断就成为认定该罪成立的关键。言之于此，一方面，在客观上，如果无证据证明行为人在食品中掺入了具有毒害性的非食品原料，就不能认定成立该罪；另一方面，在主观上，即便在食品中发现了“有毒、有害的非食品原料”，如果不能证明行为人对此存在明知，也不能认定成立该罪。可以说，“有毒、有害的非食品原料”不仅是影响行为违法性评价的构成要素，而且关系到行为人的责任评价。基于该要素的规范评价具有重要的实践价值，因此，《2022年食品解释》再次对“有毒、有害的非食品原料”的认定标准进行了界定，与《2013年食品解释》相比，增加了“因危害人体健康”这一限定语，从而使刑法中“有毒、有害的非食品原料”的认定从形式判断转向实质判断。但是，由于“危害人体健康”“有毒、有害”这一规范性构成要素本身仍缺乏足够的明确性，不可避免会使司法机关在认定生产、销售有毒、有害食品罪时产生逻辑分歧。为此，笔者拟结合最新司法解释及相关理论，围绕实践争议问题阐释“有毒、有害的非食品原料”的规范判断。

一、“有毒、有害的非食品原料”之立法脉络

“有毒、有害的非食品原料”一语出现在法典中始于1997年刑法修订，即《刑法》在第144条中使用了“有毒、有害的非食品原料”这一构成要件要素。然而，在刑法典修订后的二十多年时间里，“有毒、有害的非食品原料”的内涵一直不够明确，由此也引起了理论界对其范围和认定标准上的分歧。在此，通过梳理立法脉络有助于我们深刻把握它的规范内涵。

（一）1993年以前刑法（修改稿）的有关规定

在1993年以前，我国刑法没有专门规范危害食品安全犯罪领域的条款，但在1982年通过的《中华人民共和国食品卫生法（试行）》（以下简称《食品卫生法（试行）》）规定，违反食品卫生法，造成严重食物中毒事故或者严重食源性疾患，致人死亡或者致人残疾而丧失劳动能力的，根据不同情节，对直接责任人员分别依照《刑法》第187条（玩忽职守罪）、第114条（厂矿重大责任事故罪）和第164条（制造、贩卖假药罪）规定追究刑事责任。[①] 从实践来看，上述规定既不能充分评价危害食品安全犯罪行为的社会危害性，也不利于实现准确打击、全面惩治危害食品安全犯罪的现实需要。因此，在刑法典修订过程中，强化危害食品安全犯罪的刑法规制就成为立法完善的重要内容。在全国人大常委会法制工作委员会于1988年9月发布的《中华人民共和国刑法（修改稿）》中，分则第2章危害公共安全罪部分增加一条，明确了危害食品安全犯罪的刑事责任问题，即违反食品卫生管理法规，生产、贩卖含毒、腐败或者其他有害食品，危害健康，尚未造成严重后果的，处五年以下有期徒刑或者拘役，并处罚金。[②] 依据该规定，生产、贩卖有害食品的行为，即便没有造成严重危害结果，也应当定罪处罚，以更加及时、全面地保障食品安全。虽然全国人大常委会法制工作委员会于1988年11月发布的《中华人民共和国刑法（修改稿）》在分则第2章危害公共安全罪第112条将“生产行为”改为“制作行为”，规定“违反食品卫生管理法规，制作、贩卖含毒、腐败或者其他有害食品，造成严重食物中毒事故或者其他严重食源性疾患的，处五年以下有期徒刑、拘役或者管制”。[③] 但是，在犯罪对象上仍然保留了上一份修改稿的表述，即涉案食品必须是含毒、腐败或者其他有害食品。此后，全国人大常委会法制工作委员会于1988年12月发布的《中华人民共和国刑法（修改稿）》沿袭了上述规定。[④] 从上述修改稿来看，这些草案有两个方面的特点：

---

① 参见高铭暄著：《中华人民共和国刑法的孕育诞生和发展完善》，北京大学出版社2012年版，第346页。

② 参见高铭暄、赵秉志编：《新中国刑法立法文献资料总览（第二版）》，中国人民公安大学出版社2015年版，第339页。

③ 参见高铭暄、赵秉志编：《新中国刑法立法文献资料总览（第二版）》，中国人民公安大学出版社2015年版，第352页。

④ 参见高铭暄、赵秉志编：《新中国刑法立法文献资料总览（第二版）》，中国人民公安大学出版社2015年版，第366页。

一是犯罪形式较为单一、笼统。不管是“含毒”食品，还是“腐败”食品，以及“其他有害食品”，立法者没有对此类犯罪行为的类型做出详细划分，都统一纳入有害食品的范畴。二是犯罪对象具体、明确。不管是制作食品行为，还是贩卖食品行为，都要求食品本身是有毒、有害的，而不论生产、加工、销售的食品中的食品原料、食品添加剂以及其他非食品原料是否具有毒害性。也就是说，上述草案对于危害食品安全犯罪的规范重点在于食品本身，而不是食品生产、经营过程的规范性。

（二）1993 年以后刑法修改中的相关规定

然而，立法草案终究只是立法者对立法修订的意见，并不具有法律效力。如前文所述，《食品卫生法（试行）》以附属刑法的形式规定生产、销售伪劣食品造成严重后果时的刑事责任，难以满足惩治日益突出的生产、销售有毒、有害食品犯罪的需要，因此，全国人民代表大会常务委员会于 1993 年 7 月 2 日公布实施了《关于惩治生产、销售伪劣商品犯罪的决定》（以下简称《决定》）。[①] 其中，第 3 条第 2 款明确规定，“在生产、销售的食品中掺入有毒、有害的非食品原料的，处五年以下有期徒刑或者拘役，可以并处或者单处罚金”。[②] 这也是我国刑事立法中第一次出现“有毒、有害的非食品原料”这一概念。只不过在该规范中，立法机关没有对这一构成要素的内涵作出解释。

随着《决定》的颁行，立法机关对危害食品安全犯罪有关法条的起草研拟随即转向了对《决定》的修改和调整上。[③] 与此前的多份刑法修改草案不同，后续的修订草案基本沿袭了当时正在实施的《决定》条款。1993 年 10 月 19 日全国人大常委会法制工作委员会刑法修改小组（以下简称修改小组）发布的《刑法分则条文汇集（体系、结构）》明确指出，根据 1979 年刑法分则部分原有条文、刑法颁布实行后立法机关补充规定中的条文和根据斗争需要新拟的补充条文，明确刑法分则第 8 章生产、销售伪劣商品罪第 5 条（《决定》第 3 条）

---

① 参见高铭暄著：《中华人民共和国刑法的孕育诞生和发展完善》，北京大学出版社 2012 年版，第 346 页。

② 参见高铭暄、赵秉志编：《新中国刑法立法文献资料总览（第二版）》，中国人民公安大学出版社 2015 年版，第 271 页。

③ 参见高铭暄著：《中华人民共和国刑法的孕育诞生和发展完善》，北京大学出版社 2012 年版，第 347 页。

规定的罪名是“在食品中掺入有毒、有害的非食品原料罪”。① 需要指出的是，虽然草案没有对《决定》第 3 条的罪状进行修改，但在罪名中却突出了“有毒、有害的非食品原料”。在以后的多份草案中，修改小组都没有对“有毒、有害的非食品原料”的表述进行修改。1993 年 11 月 21 日，修改小组发布了《刑法分则条文汇集》。其中第 8 章生产、销售伪劣产品罪第 3 条第 2 款明确规定，“在生产、销售的食品中掺入有毒、有害的非食品原料，处五年以下有期徒刑或者拘役，可以并处或者单处罚金”。② 此后，1994 年 3 月 3 日修改小组发布的《刑法分则条文汇集》第 9 章第 3 条第 2 款，③ 1995 年 8 月 8 日修改小组发布的《刑法分则条文汇集》第 9 章第 5 条都保留使用“有毒、有害的非食品原料”的表述。④ 至 1997 年刑法修订完毕，虽然生产、销售有毒、有害食品罪的具体行为方式有所变化，但立法机关均把“有毒、有害的非食品原料”作为核心要素规定其中，直到今天。⑤

从上述分析可以发现，“有毒、有害的非食品原料”出现在刑法之中略显突然，与此前多份刑法修订草案的表述都不一致。比较来看，从 1993 年《决定》颁行到 1997 年刑法修订实施，生产、销售有毒、有害食品犯罪的罪状表述较 1993 年之前的相关草案发生了很大变化。在行为对象方面，1993 年之前的刑法草案中将规制重点放在了有害食品领域，不区分有毒食品还是其他不符合食品卫生标准的食品，而 1993 年之后的刑法立法包括修订草案在内，均将规制重点放在了食品中掺入的有毒、有害的非食品原料上。这样一来，行为对象的变化导致刑法介入时间进一步提前，从规范制成品的安全性延伸到食品生产经营过程中非食品原料的安全性上。这一点，我们从 1993 年 10 月 19 日修改小组发布的文件中把罪名概括为“在食品中掺入有毒、有害的非食品原料罪”

---

① 参见高铭暄、赵秉志编：《新中国刑法立法文献资料总览（第二版）》，中国人民公安大学出版社 2015 年版，第 375~376 页。

② 参见高铭暄、赵秉志编：《新中国刑法立法文献资料总览（第二版）》，中国人民公安大学出版社 2015 年版，第 385~386 页。

③ 参见高铭暄、赵秉志编：《新中国刑法立法文献资料总览（第二版）》，中国人民公安大学出版社 2015 年版，第 404 页。

④ 参见高铭暄、赵秉志编：《新中国刑法立法文献资料总览（第二版）》，中国人民公安大学出版社 2015 年版，第 429 页。

⑤ 如 1996 年 8 月 8 日的刑法分则修改草稿中，第 3 章第 3 节第 5 条规定，在食品中掺入有毒、有害的非食品原料的，处五年以下有期徒刑或者拘役，可以并处或者单处违法所得 1 倍以上 5 倍以下罚金。与《决定》相比，调整了罪状的表述，删除了“生产、销售”这一表述。参见高铭暄著：《中华人民共和国刑法的孕育诞生和发展完善》，北京大学出版社 2012 年版，第 347 页。

即可察知。如果说在严峻复杂的犯罪形势面前，我们需要通过刑法提前介入来强化犯罪预防和惩治效果的话，那么，是否有必要使用“有毒、有害的非食品原料”这一表述来实现这一目的则不无疑问。更何况立法上我们一直未能明确“有毒、有害的非食品原料”的规范内容。

（三）从食品安全行政立法看“有毒、有害的非食品原料”的规范性

在笔者看来，《决定》创设并为1997年刑法沿用的“有毒、有害的非食品原料”原本不是行政立法中的规范概念，这也是认定其内涵的难点所在。

改革开放以后，我国相继颁行了五部食品安全领域的行政法律、法规，分别是1979年8月28日发布的国务院《食品卫生管理条例》，1983年7月1日起试行的《食品卫生法（试行）》，1995年10月30日公布实施的《食品卫生法》，2009年6月1日起施行的《食品安全法》以及2015年系统修订后的现行《食品安全法》（2018、2021年两次修订）。上述立法中，只有《食品卫生法》第39条第2款使用了“有毒、有害的非食品原料”一语。除此以外，大都沿用了1993年以前刑法修订草案中使用的“含毒”“其他有害食品”等表述。例如，根据《食品卫生管理条例》第6条第（1）项的规定，禁止销售、食用、出口的食品和食品原料情形之一就是，含有毒物质（包括工业“三废”、放射性物质、农药和其他有毒物质）的危害人体健康的食品和食品原料。《食品卫生法（试行）》第7条也作出规定，禁止生产经营含有毒、有害物质或者被有毒、有害物质污染，可能对人体健康有害的食品。《食品卫生法》第9条第（2）项同样明确规定，禁止生产经营含有毒、有害物质或者被有毒、有害物质污染，可能对人体健康有害的食品。即便这些法律在“法律责任”部分规定了违法行为情节严重时追究刑事责任的情形，但也是作为不符合安全标准的食品犯罪来处罚的。2009年版以及现行的《食品安全法》也没有使用“有毒、有害的非食品原料”的概念，而是用了“食品、食品相关产品中的致病性微生物、农药残留、兽药残留、重金属、污染物质以及其他危害人体健康物质的限量规定”用语，通篇没有明确把“掺入有毒、有害的非食品原料”作为食品安全标准规范中的禁止性行为。这五部法律甚至没有对“非食品原料”进行明确阐释。可以说，《决定》和现行刑法关于“有毒、有害的非食用原料”之表述，不是援引了食品安全行政法律规范的规定。至于立法者当时是从何种角度来理解这一构成要件并明确犯罪的界限，从现有的规范文件中难以查明。正是

基于此，笔者认为，“有毒、有害的非食品原料”原本是一个大众性的社会化用语，而非行政性的规范化表述。它就像《刑法》第 20 条第 3 款所使用的“行凶”一词一样，因其规范性欠缺势必给司法实践造成困扰。

当然，上述对于“有毒、有害的非食品原料”进入刑法规范的脉络之梳理，不是为了表明其非规范性的特点，而是为了明确当前司法分歧的根源所在——社会化的语言必然会在规范层面引发不同理解，而我们确定其内涵的唯一途径就是回归食品安全法律规范。毕竟，从行政立法的角度分析，“有毒、有害的非食品原料”固然是一种社会化的表述而非规范用语，但不等于我们可将其视为一个非规范性范畴。其实，社会化用语在刑法中的使用是普遍的，这些语言的使用，有利于社会公众对刑法的理解，因而有利于发挥刑法的机能。[①] 虽然理论上对“有毒、有害的非食品原料”的界定存有分歧，但在社会公众的观念上对“有毒、有害的非食品原料”更容易产生概括认识，进而指引公众依法生产、经营食品。当然，考虑到刑事司法裁判的证明要求和严格标准，必须从规范上对“有毒、有害的非食品原料”进行限定，此之谓社会化语言的规范化解释。对此，“除了应当以用语本身所具有的客观含义为依据外，还需要根据刑法所描述的犯罪类型的本质以及刑法规范的目的予以确定，从而使用语的规范意义与犯罪的本质、规范的目的相对应”。[②] 这正是本文对“有毒、有害的非食品原料”进行分析的基本立场。

二、“非食品原料”的规范解读

要合理解释“有毒、有害的非食品原料”，首先需要明确“非食品原料”的内涵。然而，不管是食品安全法，还是刑法，包括各种司法解释等规范性文件，都没有对“非食品原料”进行诠释，这也导致了《刑法》第 144 条定罪量刑标准难以统一。

（一）关于“非食品原料”的理论纷争

从理论研究来看，关于非食品原料的理解，在刑法理论上大致有两种观点。观点一认为，“非食品原料”是与“食品原料”相对的一个概念，二者呈

① 参见张明楷：《刑法分则的解释原理（第二版）》，中国人民大学出版社 2011 年版，第 808 页。
② 张明楷：《刑法分则的解释原理（第二版）》，中国人民大学出版社 2011 年版，第 811 页。

互斥关系。食品原料范畴之外者即为非食品原料，而食品原料，通常能够满足食品的基本属性。[①] 其中，食品原料是指粮食、油料、肉类、蛋类、糖类、薯类、蔬菜类、水果类、水产品类等可以制造食品的基础原料；非食品原料则是除上述原料以外的物质。[②] 观点二认为，非食品原料是指食品工业用料以外的工业原料。食品工业用料有食品化工产品、食品添加剂等类型。关于具体的认定标准，可以把原卫生部发布的《食品添加剂使用卫生标准》中所列的品种以外的工业原料作为判断的依据。[③] 依照该观点，非食品原料与食品工业用料、食品原料属于并列范畴。从该论者所列明的具体标准来看，所谓的食品工业用料，主要是指食品添加剂的法定品种类型。所以上述两种观点都把非食品原料与食品原料作为并列概念，认为食品添加剂不属于食品原料，但两者分歧是以食品添加剂为代表的食品工业用料是否可以作为非食品原料。这两种不同观点使我们在处理违规使用食品添加剂的行为问题上出现分歧，即是否可以适用《刑法》第 144 条之规定的问题。面对上述问题，有学者提出，鉴于非食品原料的不同认定严重困扰司法实践，应当将其改为“非食用物质”，从而解决食品添加剂的性质问题。[④] 在笔者看来，这种简单变更名称的做法无助于问题的解决。关于食品添加剂的性质绝不能凭空想象、任意界定，应该遵循食品安全领域的理论和通行认识，没有必要通过创设一个新名词并进行再解释来确定食品添加剂的归属。其实，不管是基于食品安全法规范的规定，还是刑事司法解释的意见，食品添加剂都应当属于非食品原料，而不是独立于食品原料、非食品原料之外的物质。

在食品安全法中，非食品原料是一个规范概念，对其进行解释时应当着眼于体系的协调和统一。如《食品安全法》第 34 条第（1）项规定，禁止生产经营用非食品原料生产的食品或者添加食品添加剂以外的化学物质和其他可能危害人体健康物质的食品，或者用回收食品作为原料生产的食品。这说明，回收食品本身不属于非食品原料，而非食品原料与食品添加剂并不会因为这个条款

---

① 参见孙建保：《生产、销售有毒、有害食品罪司法认定解析》，载《政治与法律》2012 年第 2 期。该论者进一步指出，关于食品原料的认定，“一是考察该物质的本质功用，二是考察其是否按照本质功用加以使用。如果该物质根本用途在于用作生产、加工、制造食品的原料或配料，并且也确实按照该功用加以使用了，便可肯定其属于食品原料”。

② 参见王作富主编：《刑法分则实务研究（上）》，中国方正出版社 2013 年版，第 204 页。

③ 参见刘明祥主编：《假冒伪劣商品犯罪研究》，武汉大学出版社 2000 年版，第 177 页。

④ 参见舒洪水：《关于我国食品安全犯罪刑法规制的思考》，载舒洪水主编：《食品安全犯罪的罪与罚》，中国政法大学出版社 2014 年版，第 144 页。

而成为并列关系的概念。事实上，该条款否定了用非食品原料直接生产食品（生产食品应该用食品原料），也否定了在食品中添加非食品添加剂的化学物质等。前者针对的是“直接生产”，而后者针对的是“添加”，所以以此认为两者属于并列关系是不恰当的。作为同一部法律中的规范名称，非食品原料和食品原料在逻辑上应该组成食品生产、加工所需原料的全部内容，从而满足食品安全监管统一性的需要。即两者之间属于“A 与非 A”的关系，不应该也不能够在两者之外还存在 B 类物质。比如，上述条文规定了用非食品原料生产食品的行为是禁止的，但在食品中添加非食品原料的行为，食品安全法没有简单予以否定，而是区分对待。在笔者看来，非食品原料的范围非常宽泛，是否允许添加应当具体分析。比如，对于食品添加剂，《食品安全法》第 34 条规定了只能在标准限量和标准范围内使用；对于食品添加剂以外的化学物质或者其他危害人体健康的物质，则禁止添加。由此区分了食品添加剂、其他化学物质以及其他危害人体健康的物质三个范畴。从形式上说，既然把它们列为并列范畴，就应该都属于同一类标准之下；从本质上说，食品添加剂是添加剂的一种类型，添加剂是一种食品化工产品，只有经过安全风险和必要性评估之后，才能作为食品添加剂用于食品的生产经营。所以，食品添加剂是食品化工产品经过安全评估后的规范名称，本质上仍是一种化学物质。如果将非食品原料和食品添加剂区别开来，会导致利用食品添加剂生产食品的行为性质在食品安全法的安全标准规范上存在疏漏，故而这种解释在逻辑上是不合理的。其实，观点二虽然提出食品工业原料和非食品原料相并列，但这种区分的意义并不大，毕竟食品工业原料不是食品原料，不能直接用来生产、加工食品。既然如此，将食品工业用料作为非食品原料，不会带来法律适用上的问题。

此外，食品添加剂属于添加剂的一种类型，包括饲料添加剂在内的其他非食品添加剂都属于非食品原料；如果将食品添加剂作为一种独立于非食品原料的类型，就会导致食品添加剂、添加剂、非食品原料三者之间逻辑混乱。因此，无须增加新的概念，将食品添加剂纳入非食品原料即可，而主张“食品添加剂未必不是食品，也未必就是非食品原料”也是值得商榷的。①

① 参见周建军：《食品安全刑法“非食品原料”认定的学理问题》，载《江苏社会科学》2021 年第 12 期。

（二）关于“非食品原料”的范围问题

从逻辑上说，明确了“食品原料”的范畴，自然也就确定了“非食品原料”的范围。然而，现行的食品安全法没有解释什么是食品原料，只是现已失效的《食品卫生管理条例》第2条曾有过说明，即食品原料，指粮食、油料、糖料、肉类、蛋类、薯类、蔬菜、水产品等。这些物质的共同特点是：一是在性质上不具有毒害性。当然，这种毒害性是针对一般人来说的；不能因为特殊体质人群不宜食用某类食品原料而认定其具有毒害性。二是在功能上都属于可以直接食用的物质。按照前述关于食品原料与非食品原料的逻辑关系，非食品原料显然不具有上述特征，要么不具有安全性，要么不能直接食用，要么两者都不具备。这一特性也成为我们探讨非食品原料范围时的重要依据。只要不具有上述特点，就不能认定为食品原料，都属于非食品原料。就此而言，非食品原料的范围非常大，诸如食品相关产品等不能吃的东西都可以归为其中。但在规范的意义上，如此宽泛地讨论非食品原料不利于确定食品安全的具体标准——是否具有毒害性或者安全限度。从限度来说，过于宽泛的分析会导致研究意义受到影响，故而这里讨论的非食品原料的范围，往往是实践中极易影响食品安全的典型物质。

关于非食品原料的范围，有观点认为包括三大类：第一类为工业原料，如硼砂、工业酒精、工业用食盐等，这些工业原料根本不能食用。第二类为防病等特殊需要，被禁止出售的物质。比如特定种类的河豚等，这些物质是不能销售的。第三类为食品添加剂和营养强化剂。[①] 对此，笔者认为，把第二种类型归为非食品原料的合理性值得探讨。为防病等特殊需要而被禁止出售的物质一般包括两大类，一类是为了防范境外疾病的蔓延而禁止进口来自疫区的物质，如我国规定禁止从英国、法国等国家进口牛肉及其肉类制品；另一类是为了防止境内发生区域性疾病而对生产、销售相关物质提出要求，如为了防止碘缺乏病，在碘缺乏地区只能销售加碘盐。但这些物品能否称之为非食品原料需慎重考虑。事实上，非食品原料的认定是一种客观标准，带有一定的普遍性，因此，在具体判断某种物质是否属于非食品原料时，应当对物品本身进行判断，而不是该物品在特定情形下能否作为食品原料。对于上述因防病需要而禁止出

---

① 参见周欣、魏军：《生产、销售有毒、有害食品罪疑难问题研究》，载舒洪水主编：《食品安全犯罪的罪与罚》，中国政法大学出版社2014年版，第51~52页。

售的物质，大多本身就是食品原料，如非碘盐，或者肉类及其制品。正是因为他们作为食品原料甚至食品的特殊性，极易被违规使用，所以从法律上作出特别规定，而不是因为它们属于非食品原料而被禁止限制或者禁止使用的。

基于上述分析，笔者认为，食品安全领域常见的非食品原料应当包括以下两大类：

一类是工业原料。所谓工业原料，指食品以外的其他工业生产所需要的原料。工业原料的范围十分广泛，既可以来源于工业生产，也可以来源于农业生产。这里作为非食品原料的工业原料通常来源于工业生产，属于化工产品。在司法实践中，常见的被用于生产加工伪劣食品的工业原料如工业酒精、瘦肉精、三聚氰胺等。行为人既会用这些工业原料直接生产、加工食品，如用工业酒精勾兑水之后以白酒名义销售；也可以掺入食品之中达到某种效果，如将瘦肉精添加在饲料中喂养牲畜提高瘦肉率，将三聚氰胺掺入牛奶中提高蛋白含量等。

另一类是食品添加剂。根据我国《食品安全法》第150条的规定，食品添加剂，是指为改善食品品质、色、香、味以及为防腐、保鲜和加工工艺的需要而加入食品中的人工合成或者天然物质，包括营养强化剂。现代化的食品加工生产离不开食品添加剂。食品添加剂的使用对食品产业的发展起着重要作用，可以改善食品风味、调节营养成分、防止食品变质，从而提高质量，使加工食品丰富多彩，满足消费者的各种需求。营养强化剂是为了增加食品的营养成分而加入食品中的天然或者人工合成的营养素和其他营养成分。需要说明的是，虽然目前食品添加剂和营养强化剂的使用分别由《食品添加剂使用标准》和《食品营养强化剂使用标准》规范，但从范畴上，营养强化剂属于食品添加剂。①

上述两大类是作为原料被用来生产、加工食品的，但在实践中也有一些工业产品被用来添加在食品中。从广义的角度来看，我们也可以将这些产品视为非食品原料。当然，因不符合食品安全标准规定或者工艺规范，它们是被严格禁止添加在食品中的。比如在保健食品中添加药品实现特定的宣传功效，这些药品当然也属于非食品原料。除此以外，在一些食品中也会发现掺入了禁止添加的农药、兽药等，这些非人用药品也可以归为非食品原料的范畴。不过，回收食品不应该被认定为非食品原料，因为虽然其本身不允许被用来直接生产、

① 参见信春鹰主编：《中华人民共和国食品安全法解读》，中国法制出版社2015年版，第401页。

食用，但客观而言，其属于已经加工制成的完成品，是食品的范畴，以立法禁止销售该类产品以及作为原料为由认定其属于非食品原料，是不妥当的。

三、“有毒、有害的非食品原料”的规范限定

在刑法层面研究“非食品原料”的目的，是确定“有毒、有害的非食品原料”的范围和认定标准。从上述分析可以看出，非食品原料中的部分物质本身会直接威胁人体健康，因此，规范评价非食品原料的毒害性问题是准确适用《刑法》第144条的前提。

（一）如何理解“有毒”“有害”

如果说《刑法》第144条的核心要素是“有毒、有害的非食品原料”，那么，如何理解“有毒、有害”这两个词语，成为诠释这一要素的中心问题。

对此，我们可以从两个方面来理解：一是有毒、有害的含义；二是有毒、有害的关系。对于第一个问题，学者们大多是从物质本身对人体造成侵害的机理来区分有毒与有害的。如通行观点认为，有毒、有害，是指对人体具有生理毒性、食用后会引起不良反应，损害人体健康。① 分歧主要集中在第二个问题上，即如何理解有毒、有害两者之间的关系。对此，理论上主要有“包容说”“交叉说”两种观点。

1. 包容说

该观点认为，有毒、有害之间是包容与被包容的关系，有毒一定属于有害，有毒之物必然是有害之物，而有害之物未必一定有毒。这种差异性意味着二者对人体健康可能造成的危害程度及其副作用的客观判断标准是不一样的。“理论上讲，单位物质内所含之毒性与害性对人体健康造成的危害程度必然有所不同，同理，对人体健康造成等量程度危害所需物质中所含毒性与害性的量也必然不同。既然如此，立法上将二者并举且配置相同法定刑的合理性就值得商榷。在单位物质内所含之毒性与害性可能造成的危害程度——假设这种实证可能性能够证成——相差不大的情况下，将二者并举尚可接受，而一旦当单位物质内所含之毒性与害性造成的危害相差甚远时，仍然将二者并举，就显得极

① 参见高铭暄、马克昌主编：《刑法学（第五版）》，北京大学出版社、高等教育出版社2011年版，第380页。

不合理了”。[①] 该论者以有毒、有害为包容关系作为分析基础，认为《刑法》第 144 条将这两种并不属于同一层次的范畴并列在一起，容易产生立法上的问题。上述分析固然有其道理，但我们更应该注意其分析结论的合理性。既然对有毒、有害作出上述解释会使人对刑法立法的规范性产生疑问，我们就应该反思这种解释的立场、思路是否妥当。毕竟，解释的目的是明确法律适用标准，实现立法目标，而不是凸显立法的疏漏。

2. 交叉说

该观点认为，有毒、有害并不是包容关系，而是交叉关系；有毒物质既可以是有害的，也可以是无害的，因此，有毒与有害之间相互交叉，只有一部分是重合的。论者认为，中医中许多“有毒”物质能制成中药，成为治病良药，这种以毒攻毒的人类智慧就使这些有毒物质无害化。“之所以如此，是因为‘有毒’是从物质本身的特性来理解的，而‘有害’是从物质所造成的结果来理解的，它们二者表达意义的角度和侧重点并不相同。若真是要比较二者的关系，‘有毒’与‘有害’也应该是一种交集的关系，即有些有毒的未必是有害的，有些有害的未必是有毒的，有些既是有毒的又是有害的”。[②] 该论者认为，既然两者具有交叉关系，而立法上又使之并列，这种做法“一是为了突出‘有毒’，二是为了表明‘有毒’是能够带来危害的‘毒’。因为在人们生活中一般会将‘有毒’与‘有害’普遍理解为上述包含关系，而法律不能脱离现实生活，于是顺其自然的理解是，在所有造成有害的情形中，毒性是最严重的害性，理应引起我们更多地关注”。[③] 应该说，该论者对有毒、有害的关系之辩证分析更深刻了一些，但是以中药为例来说明有毒未必有害这一论断则有失严谨。毕竟，具有一定毒性的中药材被加工成中药以后用来治病救人，究竟是原材料无害还是通过化学作用降低甚至消除了中药成品的毒害性都不无疑问，以此来说明有毒、有害的交叉关系难免不够严谨。

当然，从结论上来说，“交叉说”与“包容说”一样，都强调了把“有毒”作为核心要素，并以此为标准来理解“有害”，从而明确“有害”物质的界限。笔者也赞同这一点。正如有学者所言，既然立法上将二者并举并配置相

---

① 孙建保：《生产、销售有毒、有害食品罪司法认定解析》，载《政治与法律》2012 年第 2 期。

② 骆群：《对生产、销售有毒、有害食品罪中几个概念的辨析》，载《湖北社会科学》2013 年第 6 期。

③ 骆群：《对生产、销售有毒、有害食品罪中几个概念的辨析》，载《湖北社会科学》2013 年第 6 期。

同法定刑，说明我们应当对有害进行限制解释，让之与有毒相匹配，不能扩大有害的范围。[①] 其实，对于《刑法》第 144 条罪状中使用的“有毒”“有害”这两个用语，在立法之时，立法者未必会做如此深入的理解。如前文所述，“有毒、有害的非食品原料”本身就是一个非规范性用语，将有毒、有害并列在一起也极有可能是立法者的随意为之，没有深究两者之间的内在差异。尤其从上文对立法脉络的梳理来看，与其说《刑法》第 144 条强调的是非食品原料的有毒、有害的特征，倒不如说立法上更在意的是“有毒”，“有毒、有害”更多是一种生活语言习惯，而非有特殊含义。所谓“有害”，只是在“有毒”之外对其他危害人体健康、生命的物质属性所进行一种概括。至于有学者提出“只有与有毒物质相当的，足以造成严重食物中毒或者其他严重后果的物质，才是有害物质”的观点，[②] 实不足取。因为在诸多非食品原料中，既包括了毒害性已经确定的物质，也包括毒害性无法排除但不明确的物质，对于这些物质，是否允许添加到食品当中应当谨慎判断。尤其是考虑到“最严格的食品安全标准”这一现行食品安全法的要求，只要无法证明符合安全性标准的非食品原料，都应当禁止生产、加工食品。笔者认为，毒害物质既包括肯定有毒害性的物质，也包括可能有毒害性的物质。一旦将毒害性物质的标准理解为“足以造成严重食物中毒或者其他严重后果的物质”这一具体的危险状态，则不仅会影响食品安全标准的制定，而且会进一步压缩《刑法》第 144 条的适用范围，不利于实现严密法网的刑事政策。更重要的是，“足以造成严重食物中毒或者其他严重后果”是《刑法》第 143 条生产、销售不符合安全标准的食品罪的成立要件，如果按照此标准对“有毒、有害”作出实质解释，则极有可能混淆两类犯罪的认定标准，不利于实现解释目的。

（二）“有毒、有害的非食品原料”的限定

明确了“有毒、有害”和“非食品原料”的规范内涵以后，并不意味着解决了《刑法》第 144 条“有毒、有害的非食品原料”的认定问题。亦如有学者在总结了上述两个要素的内涵以后所主张的观点，“有毒、有害的非食品原料，是指对人体有生理毒性以及食用后造成不良反应，损害肌体健康且不能单

---

① 参见张明楷著：《刑法学》（第 5 版），法律出版社 2016 年版，第 743 页。
② 参见张明楷著：《刑法学》（第 5 版），法律出版社 2016 年版，第 743 页。

独食用的原料”。[①] 如果仅仅从形式逻辑的角度来看，上述定义似乎没有任何问题，但若从刑法适用的角度分析，我们会发现该定义根本无法解决第 144 条的适用问题。比如，食品添加剂并非食品原料，使用不当或者过量使用，会给人体健康带来危害。[②] 按照上述概念，食品添加剂完全符合上述关于“有毒、有害的非食品原料”的解释，应当将其认定为有毒、有害的非食品原料。这样一来，在生产、销售食品过程中掺入食品添加剂的行为，就涉嫌构成生产、销售有毒、有害食品罪。但是，这种认定逻辑是不能成立的。也有观点认为，食品加工者在加工、生产食品的过程中加入适量的非食品原料是被法律允许的，但是加入过量的非食品原料，且可能会对人身健康造成伤害的情况下，则符合该罪规定的“有毒、有害的非食品原料”这一犯罪对象。[③] 从语言学的角度来看，上述观点并无不妥，在过量使用非食品原料产生危害人体的情况下，的确存在毒害性问题。但这在逻辑上却产生了新的争议性命题：在限量范围内有毒、有害的非食品原料本身也可能是无毒的。相应地，这种理解思路在《刑法》第 144 条的立法模式下也不无疑问。按照我国刑法理论，《刑法》第 144 条采取的是抽象危险犯的立法模式。即只要在食品中检测出有毒、有害的非食品原料，不需要具体确定其危险状态——是否会造成严重食物中毒事故或者其他严重食源性疾病。这就要求非食品原料本身的毒害性是普遍性的、概括性的，无须在个案中具体判断毒害性的程度。而一旦在以含量决定非食品原料之毒害性上来理解这一概念，就必然会要求在每一个案件中有具体证据证明非法添加物的毒害程度，这势必削弱抽象危险犯的立法价值。因此，对于只有在超出标准限量或者标准范围时才会出现毒害性的非食品原料，不应当认定为《刑法》第 144 条的“有毒、有害的非食品原料”。其实，《2013 年食品解释》《2022 年食品解释》都坚持这一观点，即对于超限量、超范围添加食品添加剂的，足以造成严重食物中毒或者严重食源性疾病的，应当认定为生产、销售不符合安全标准的食品罪，而不是生产、销售有毒、有害食品罪。

基于上述分析，笔者认为，《刑法》第 144 条所规定的“有毒、有害的非食品原料”并不是泛指任何具有毒害性的非食品原料，应该对其进行限制解

---

① 周欣、魏军：《生产、销售有毒、有害食品罪疑难问题研究》，载舒洪水主编：《食品安全犯罪的罪与罚》，中国政法大学出版社 2014 年版，第 53 页。

② 参见信春鹰主编：《中华人民共和国食品安全法解读》，中国法制出版社 2015 年版，第 401 页。

③ 参见李崧源、黄梅珍：《略论生产、销售有毒、有害食品罪的几个问题》，载《东南大学学报（哲学社会科学版）》2009 年第 11 卷增刊。

释，将那些允许在食品中添加但超出标准限量或者范围才会出现毒害性进而危及公众健康的非食品原料排除在外。也就是说，此处的“有毒、有害的非食品原料”，是指具有绝对的毒害性而不是相对毒害性的非食品原料。从刑法适用的角度来表述的话，它是指因不安全而禁止在所有食品中添加的非食品原料。因此，有毒、有害的非食品原料具有两个方面的特征：①必须是不安全的非食品原料，即这一非食品原料不能通过食品安全风险评估，无法确定其不会对公众健康和生命安全造成威胁。这一特征是“有毒、有害”性的另一表述。②必须是禁止在食品中添加的物质，而不能是限量或者限定范围添加的物质。从规范上说，该特征使其可以与《刑法》第143条规定的违反食品安全标准违规添加的物质相区别。[①] 即对于违规超限量、超范围添加的非食品原料，在足以造成刑法规定的危险状态的情况下，应当构成《刑法》第143条之犯罪；对于基于安全问题而禁止添加的非食品原料，则涉嫌《刑法》第144条的犯罪行为。按照这一标准，食品添加剂不属于《刑法》第144条所规定的“有毒、有害的非食品原料”。就此而言，《2022年食品解释》将“有毒、有害的非食品原料”限定在：“因危害人体健康，被法律、法规禁止在食品生产经营活动中添加、使用的物质”；“因危害人体健康，被国务院有关部门列入《食品中可能违法添加的非食用物质名单》《保健食品中可能非法添加的物质名单》和国务院有关部门公告的禁用农药、《食品动物中禁止使用的药品及其他化合物清单》等名单上的物质”，是十分合理的。

以上述标准为基础，司法实践中常见的涉及毒害性的非食品原料，除了食品添加剂以外，还有以下两种情况需要注意：

一是污染物质与其他危害人体健康物质的问题。这里的污染物质通常是指致病性微生物、重金属、农药残留、兽药残留、生物毒素等。食品在生产、加工过程中，这些物质可能会或多或少地进入食品中。如果人体摄入的危害物质超过一定含量，就会危害人体健康。因此，《食品安全法》要求明确此类物质的限量标准。[②] 由此可知，虽然这些物质通常禁止人为添加在食品当中，但是基于生产工艺、环境条件等客观限制，允许这些物质在安全限量内存在于食品中，所以这些物质不属于基于安全性考虑禁止出现在食品中的非食品原料。故而如果在食品中检测出这些物质超出了限量标准，就应该在检测值的基础上判

① 参见《食品安全法》第34条关于禁止生产、经营的不符合安全标准的行为类型之有关规定。

② 参见信春鹰主编：《中华人民共和国食品安全法解读》，中国法制出版社2015年版，第68页。

断该含量是否足以造成严重食物中毒事故或者其他严重食源性疾病，进而确定是否构成《刑法》第 143 条之犯罪。

二是农药、兽药的使用问题。食品安全法规范明确要求食用农产品生产者不得在生产过程中使用国家明令禁止的农业投入品，剧毒、高毒农药不得用于瓜果、蔬菜、茶叶、中草药材等国家规定的农作物。[①] 对于可以使用的农药，应当遵循国家有关农药安全、合理使用的规定，按照食品安全国家标准的相关规定使用，防止食用农产品农药残留超过食品安全国家标准的规定。[②] 此外，国家有关兽药管理规定中也明确了使用兽药的相关安全标准，规定了禁止使用的兽药。对于可以使用的兽药，规定了严格的休药期，确保兽药残留符合食品安全国家标准。从性质上看，不管是允许使用的低毒农药、兽药，还是禁止使用的剧毒、高毒农药、兽药，本身都具有毒害性，观念上似乎都应当属于"有毒、有害的非食品原料"。然而，我们不能因为农药、兽药本身具有毒害性，就把农户、养殖户向农产品喷洒农药、向家畜填喂兽药的行为认定为生产、销售有毒、有害食品罪。根本原因就在于农产品、动物体内是允许残存一定限量范围内的低毒农药和兽药的，是符合食品安全标准的。

基于此，在农产品中检测出兽药残留和农药残留时，应当区分三种情况进行处理，不能一概以"掺入有毒、有害的非食品原料的食品"来处理。情况一是虽然检测出农药残留、兽药残留，但是这些农药、兽药属于允许使用的类别，且残留数值在限量范围内，仅此来说涉案食品不违反食品安全标准，行为人不构成《刑法》第 143 条或者第 144 条之罪。情况二是农药和兽药虽然属于允许使用的类别，但残留超出食品安全标准之限量规定。对此，应当进一步确认农药残留、兽药残留是否足以造成严重食物中毒事故或者其他严重食源性疾病。若有证据表明足以产生该危险状态，则应认定为生产、销售不符合安全标准的食品罪；若无证据表明足以产生该危险状态，但销售金额或者货值金额达到《刑法》第 140 条规定标准的，应当依生产、销售伪劣产品罪定罪量刑。否则，应当按照《食品安全法》第 124 条之规定作出行政处罚。情况三是农药、兽药属于禁用的高毒、剧毒类别。由于这些物品的毒害性较强，依法不应该出现在农产品中，属于典型的有毒、有害的非食品原料，因此，若从食品中检测出上述成分，应当依照《刑法》第 144 条生产、销售有毒、有害食品罪定罪量

---

① 参见信春鹰主编：《中华人民共和国食品安全法解读》，中国法制出版社 2015 年版，第 31~33 页。

② 参见信春鹰主编：《中华人民共和国食品安全法解读》，中国法制出版社 2015 年版，第 127 页。

刑。《2022 年食品解释》沿袭《2013 年食品解释》之规定，体现了上述区分原则。其第 5 条规定，“在食用农产品种植、养殖、销售、运输、贮存等过程中，违反食品安全标准，超限量或者超范围滥用添加剂、农药、兽药等，足以造成严重食物中毒事故或者其他严重食源性疾病的，适用前款的规定定罪处罚”，以此区分第 9 条“国务院有关部门公告的禁用农药”属于有毒、有害的非食品原料之规定。

四、“掺入有毒、有害的非食品原料的食品”的司法认定

作为生产、销售伪劣商品罪的重要类型，《刑法》第 144 条所调整的行为对象自然也是“商品”。但这里的“商品”究竟是罪状所表述的“掺入有毒、有害的非食品原料的食品”还是罪名中的“有毒、有害食品”，成为一个看似简单却关系司法认定规范性的重要问题。

（一）《刑法》第 144 条罪状与罪名分离产生的争议

在规范意义上，《刑法》第 144 条罪状与罪名之间的最大问题就是罪状所描述的行为构成与罪名所指向的行为对象不一致，这也造成实践中对该条理解适用乃至司法证明上的冲突。

从犯罪构成特征上来看，《刑法》第 144 条所规定之犯罪的客观方面特征是，行为人在生产、销售的食品中掺入有毒、有害的非食品原料的行为，或者销售明知掺有有毒、有害的非食品原料的食品的行为。从上述表述可以看出，罪状所规范的行为所指向的对象是掺入有毒、有害的非食品原料的食品或者掺有有毒、有害的非食品原料的食品。然而，从罪名上看，《刑法》第 144 条生产、销售有毒、有害食品罪所规范的涉案食品属于有毒、有害的食品。两相比较，作为罪状之犯罪构成中的“掺入（有）有毒、有害的非食品原料的食品”与罪名中的“有毒、有害食品”并不一样。在理论上，如果两者外延一致，罪状与罪名即便表述不同也不会影响犯罪的认定标准和司法证明的对象；倘若两者不同，在罪状与罪名不一致时，如何理解罪名对犯罪认定的影响就成为一个突出问题。具体到该罪中，就是犯罪成立是否需要证明涉案食品属于“有毒、有害食品”。例如，在“地沟油案”中，浙江省台州市黄岩区人民法院经公开审理查明，张某新、郑某芹明知食用猪油不能含有淋巴，仍先后从浙江两家食

品有限公司购入含有淋巴的花油、含有伤肉的膘肉碎及“肚下塌”等猪肉加工废弃物并用于炼制食用猪油。利用上述原料，张某新、郑某芹在台州市黄岩区澄江街仙浦汪村的家中炼制“食用油”360余桶，计18余吨，销售金额共计人民币10万余元。被告人张某新的辩护人提出检测报告显示张某新炼制的猪油合格，并非有毒、有害食品，因此，其行为不构成生产、销售有毒、有害食品罪。[①] 从该案控辩双方提交的证据来看，控方所指控的被告方以有毒、有害的非食品原料即地沟油为主要原料生产食用油的行为属于生产、销售有毒、有害食品罪的事实，与辩方所提交的检测报告所显示的涉案油料检测合格，不属于有毒、有害食品的鉴定意见之间存在明显冲突。也就是说，按照《刑法》第144条的规定，被告方涉嫌在生产、销售的食品中掺入了有毒、有害的非食品原料（使用了法律、法规禁止作为食用油原料的“含有淋巴的花油、含有伤肉的膘肉碎及‘肚下塌’”等猪肉加工废弃物），符合该罪的犯罪构成；但是从罪名上看，根据鉴定意见所显示的涉案食品的确属于合格食品，即不是有毒、有害食品，与《刑法》第144条的罪名不相符。虽然司法机关最终没有采纳辩方的辩护意见，没有因涉案食品无毒害而认为该案不构成《刑法》第144条之犯罪，但我们仍然需要审慎面对该案所呈现出的问题，即掺入（有）有毒、有害的非食品原料的食品不等于有毒、有害食品；当涉案食品的确不属于有毒、有害食品时，“有毒、有害的非食品原料”这一事实是否足以在客观方面证实犯罪成立？

在笔者看来，上述问题的实质是如何处理罪状与罪名的关系。按照我国刑法理论，罪状是指刑法分则条文对具体犯罪的基本构成特征的描述；罪名则是犯罪的名称或者称谓，是对犯罪本质特征或者主要特征的高度概括。[②] 据此，犯罪构成特征作为桥梁将罪状与罪名联系在一起，使后者成为前者的简化形式，此所谓罪名的概括功能。由于我国刑法每一个具体罪名，除了贪污罪等少数立法罪名，大多由司法机关根据罪状中对犯罪构成特征的表述进行概括，因此，这些罪名的确定必须遵循合法性、概括性和科学性的原则。其中，合法性，就是指确定罪名必须严格根据刑法分则规定具体犯罪的条文所描述的罪

---

① 参见最高人民法院刑事审判第一、二、三、四、五庭主办：《刑事审判参考》（第99期），法律出版社2015年版，第9~14页。

② 参见高铭暄、马克昌主编：《刑法学（第五版）》，北京大学出版社、高等教育出版社2011年版，第321、323页。

状，既不得超出罪状的内容，也不能片面地反映罪状的内容。① 以此为标准分析《刑法》第 144 条罪状与罪名的关系可以发现，罪状将犯罪行为限定在“在生产、销售掺入（有）有毒、有害的非食品原料的食品”的行为领域，其调整对象是“掺入（有）有毒、有害的非食品原料的食品”而不是有毒、有害食品。在理论上，在生产经营的食品中掺入（有）有毒、有害的非食品原料，既可以生产、加工出有毒、有害的食品，也可以通过改良工艺技术而加工出不具有毒害性的合格食品；同时，有毒、有害的食品，既可以是因掺入（有）有毒、有害的非食品原料而造成毒害性的食品，也可以是因其他不符合食品安全标准的生产经营规范而加工出来的有毒、有害食品。因此，将罪名概括为生产、销售有毒、有害食品罪并严格按照这一标准认定犯罪的话，即便考虑罪状对于犯罪认定的规范标准，也等于限定了《刑法》第 144 条的处罚范围，将那些虽然在生产、销售的食品中掺入了（有）有毒、有害的非食品原料但食品并无毒害性的情形排除在外。所以《刑法》第 144 条的罪名未能科学反映犯罪构成要件的本质特征，不仅是不科学的，而且也因其片面反映罪状的内容而违反了合法性原则。所谓“生产、销售有毒、有害食品罪的罪名体现了科学性，凝练了犯罪的本质特点，准确划分了罪与非罪的界限，恰当反映了此罪与彼罪的不同”② 的主张是不客观的，忽略了罪名本身在概括犯罪构成特征上的非规范性，也误导了司法实践。与上述问题相关联的是，公诉机关往往会选择性地采用不同的证明标准来证明生产、销售有毒、有害食品罪是否成立。如对于能够证明食品本身具有毒害性的案件，公诉机关就提交关于证明涉案食品属于有毒、有害食品的鉴定意见；如果无法证明食品本身的毒害性甚至确证食品本身不具有毒害性时，就不考虑食品本身的安全性而以生产、经营食品过程中掺入有毒、有害的非食品原料为由定罪量刑。虽然这两种做法都难言违反《刑法》第 144 条犯罪构成特征的证明要求，但却给司法实践带来混乱；不仅有违司法证明的严肃性，而且不利于发挥司法裁判的指引功能。

---

① 概括性原则，是指罪名的确定必须对罪状进行高度概括，表述力求简明；科学性原则，是指罪名要在合法性、概括性的基础上，明确地反映出犯罪行为最本质的特征以及此罪与彼罪的主要区别。参见高铭暄、马克昌主编：《刑法学（第五版）》，北京大学出版社、高等教育出版社 2011 年版，第 324~325 页。

② 许桂敏：《罪与罚的嬗变：生产、销售有毒、有害食品罪》，载《法学杂志》2011 年第 12 期。

（二）“掺入有毒、有害的非食品原料的食品”与“有毒、有害食品”的冲突、协调

上述问题也使我们考虑现行《刑法》第144条的犯罪成立标准问题。从法理上说，犯罪构成作为认定犯罪成立的唯一标准，《刑法》第144条已经明确了犯罪构成的客观特征。但不无疑问的是，作为抽象危险犯，倘若本罪的焦点不是食品本身的毒害性而是非食品原料的毒害性，且以此为由把使用有毒、有害的非食品原料但成品合格的食品认定为犯罪，难免受到刑法正当性的质疑。因此，我们有必要从实然和应然两个层面进行分析。

其一，在实然的层面上，《刑法》第144条的犯罪认定标准只能是刑法规定的犯罪构成，“有毒、有害食品”不属于犯罪构成要件。之所以会出现诸如“地沟油”等案件中合格食品被认定为犯罪的问题，源于有毒、有害的非食品原料的认定标准存在问题。

犯罪构成既然是犯罪认定的唯一标准，争议的核心问题就具体为有毒、有害食品是否属于犯罪构成要件，或者说，掺入有毒、有害的非食品原料的食品是否属于本罪的犯罪对象。笔者认为，理论上，本罪的犯罪对象可以有三种理解：一是“掺入（有）有毒、有害的非食品原料的食品”；二是“有毒、有害食品”；三是“掺入（有）有毒、有害的非食品原料的有毒、有害食品”。对此，有学者认为，本罪的犯罪对象是有毒、有害的食品。[①] 也有观点认为本罪的行为对象是有毒、有害食品，即掺有有毒、有害的非食品原料的食品。[②] 依照上述观点，司法机关指控犯罪时必须提供证据证明食品本身具有毒害性；如果不能提供，则因为涉嫌犯罪案件缺乏犯罪对象而不能认定本罪成立。如前述的“地沟油案”就不能判定成立生产、销售有毒、有害食品罪。显然，上述观点与指导案例的裁判理由相冲突。从刑法理论来看，犯罪对象，是指刑法分则条文规定的犯罪行为所作用的客观存在的具体人或者具体物。因此，犯罪对象具有两个典型特征：一是法定性，即必须是刑法分则条文推定的犯罪行为所指向的对象；二是关联性，即必须是不法行为所作用的客观具体存在。依照这两个特点来分析《刑法》第144条可以发现，该罪的犯罪只能是罪状中的“掺入

① 参见周欣、魏军：《生产、销售有毒有害食品罪疑难问题研究》，载舒洪水主编：《食品安全犯罪的罪与罚》，中国政法大学出版社2014年版，第69页。

② 参见周光权著：《刑法各论》，中国人民大学出版社2011年版，第183页。

（有）有毒、有害的非食品原料的食品”，而不是“有毒、有害食品”。因为《刑法》第144条根本没有关于后者的表述；从实践来看，作为不法行为的类型化概括，“掺入（有）有毒、有害的非食品原料的食品”并不必然属于“有毒、有害食品”，两只之间不具有等同性，因此，把本罪的犯罪对象理解为“有毒、有害食品”是不符合刑法规定的；同样，本罪的犯罪对象也不是“掺入（有）有毒、有害的非食品原料的有毒、有害食品”。

既然“有毒、有害食品”不是本罪的犯罪对象，自然也就不属于刑事证据证明的内容。虽然罪名中包括了“有毒、有害食品”的表述，但罪名价值不在于明确证明要素，而是便利司法。因此，公诉机关无须提供证明涉案食品本身具有毒害性的证据，无须考虑涉案食品的毒害性。比如，在“地沟油案”中，针对辩方所提出的涉案食用油符合国家食品安全标准的证据，公诉机关可以直接以“有毒、有害食品”并不属于《刑法》第144条的犯罪构成要件予以反驳而无须提供相关证据证明。如裁判理由所提到的，张某新利用含有明令禁止使用的有毒、有害的非食品原料的猪肉加工废弃物生产、加工食用油，对涉案食用油无须由鉴定机构出具鉴定意见，即便检测报告有关理化指标合格，也可以生产、销售有毒、有害食品罪追究其刑事责任。①

当然，这里不容忽视的问题是，既然食品本身是合格的，那么需要刑法进行处罚则不无疑问。毕竟，刑事立法的目的是通过惩治犯罪来保障食品安全，但是，既然食品本身是符合国家安全标准，是否有必要动用刑罚处罚呢？其实，从食品安全法的规定来看，我国的食品安全标准体系中是严禁使用非食品原料生产食品的，在食品中掺入有毒、有害的非食品原料亦是违反了上述规定。所以即便食品本身不具有毒害性，但因食品的生产、加工过程违反法律的强制性规定，依然属于不符合安全标准的食品。就此而言，从保障食品安全的刑事政策考虑，对该类生产、经营行为进行刑事处罚具有正当性。更重要的是，有毒、有害的非食品原料往往是禁止在食品中添加的物质，这也使其与那些因技术上的不必要性而禁止添加的物质，以及允许限量残留的污染物质相比，对公众安全的潜在威胁更大。因此，基于严密保障食品安全的需要，对于使用有毒、有害的非食品原料的行为予以刑事规制，是符合食品安全保障的政策要求的；同时，由于食品安全法已经做了明确性规定，对违规使用非食品原

① 参见最高人民法院刑事审判第一、二、三、四、五庭主办：《刑事审判参考》（第99期），法律出版社2015年版，第16页。

料的行为进行严厉处罚不会构成对公众自由的侵犯。

然而，之所以会出现诸如“地沟油”等案件中合格食品被认定为犯罪，看似违背了司法的公平和公正性，在很大程度上和有毒、有害的非食品原料的认定标准有密切关系。比如，办理“地沟油”案件的主要司法文件是最高人民法院、最高人民检察院、公安部 2012 年 1 月联合发布的《关于依法严惩“地沟油”犯罪活动的通知》（以下简称《地沟油通知》）。该通知第 1 条把“地沟油”犯罪规定为“用餐厨垃圾、废弃油脂、各类肉及肉制品加工废弃物等非食品原料，生产、加工‘食用油’，以及明知是利用‘地沟油’生产、加工的油脂而作为食用油销售的行为”。同时第 2 条明确指出，“对于利用‘地沟油’生产‘食用油’的，依照《刑法》第 144 条生产有毒、有害食品罪的规定追究刑事责任”。也就是说，只要行为人使用餐厨垃圾、废弃油脂、各类肉及肉制品加工废弃物等非食品原料，生产、加工“食用油”就构成《刑法》第 144 条之犯罪。但问题是，这些非食品原料中相当一部分物质并不是有毒、有害的非食品原料，如猪肉及肉制品加工废弃物甚至是传统工艺里加工食用油的材料来源。如果司法机关不考虑上述物质的特性而仅仅因为物质属于废弃物就将其直接认定为有毒、有害的非食品原料，必然扩大《刑法》第 144 条的惩治范围，出现依照上述通知该类原料属于“有毒、有害的非食品原料”，但制成品符合国家安全标准的情形。

其二，在应然的层面上，考虑到罪名的规范作用，应当对罪名进行适当调整；同时，对《刑法》第 144 条有毒、有害的非食品原料的范围进行重新诠释，清理现行规范中不合理的内容。

应当承认的是，不管是司法人员还是社会公众，甚至刑法学者都可能因现行罪名而对该罪的司法适用提出不同的证明要求，所以有必要对这一罪名的规范性进行重新考虑。如前文所述，当前使用的“生产、销售有毒、有害食品罪”罪名没有准确反映《刑法》第 144 条的本质特征，为此，笔者建议将《刑法》第 144 条的罪名改为“生产、销售掺入有毒、有害的非食品原料的食品罪,”即在罪名中体现出该罪犯罪对象的特点——掺入有毒、有害的非食品原料的食品而不是有毒、有害食品。这种修改的必要性在于：

首先，符合《刑法》第 144 条之规定，具有合法性。如前文所述，该条罪状以及犯罪构成的核心是对那些在食品生产、销售过程中掺入有毒、有害的非食品原料的行为予以惩治，因此，食品本身是否具有毒害性不属于评价的对象，就此而言，只有将罪名限定在“掺入有毒、有害的非食品原料的食品”的范围内才是对罪状的准确表述，既没有超出也没有限缩罪状的评价范围。

其次，充分提炼了《刑法》第 144 条的构成特征，具有概括性。《刑法》第 144 条虽然包括了两种行为模式，即在生产、销售食品过程中掺入有毒、有害的非食品原料的行为，以及销售明知掺有有毒、有害的非食品原料的食品的行为。但是，不管是哪一种行为，其核心特点都是食品中掺有有毒、有害的非食品原料。以此来概括本罪的罪状是非常简明扼要的。

最后，客观反映了《刑法》第 144 条的本质特征，具有科学性。该罪最核心的特征不是食品具有毒害性，而是食品中掺入了有毒、有害的非食品原料，只有明确了这一点，才能把握该罪的最本质特征，将该罪与《刑法》第 143 条生产、销售不符合安全标准的食品罪等相关罪名区分开来。故而对该罪罪名做出上述调整是必要的、合理的。

然而，要从根本上解决《刑法》第 144 条定罪标准的公平、公正，就必须对“有毒、有害的非食品原料”的认定范围进行实质把握。这里主要涉及两个司法规范文件，即《2022 年食品解释》和《地沟油通知》。按照这两个规范性文件，只要在上述文件规定的非食品原料的范围，都可以直接认定为有毒、有害的非食品原料，因此，这两个文件里涉及的物质是否真正具有《刑法》第 144 条所禁止的“毒害性”，决定了上述认定规则的合理性以及司法裁判的公平性。

《2022 年食品解释》第 9 条规定的“有毒、有害的非食品原料”的认定范围标准应当严格把握，除了按照此次修订要求将因技术上的不必要性而禁止添加的物质排除在有毒、有害的非食品原料的范畴之外，该条第（1）项、第（2）项规定以“因危害人体健康”限定“法律、法规禁止在食品生产经营活动中添加、使用的物质”与“国务院有关部门公布的《食品中可能违法添加的非食用物质名单》《保健食品中可能非法添加的物质名单》上的物质”，可以将那些仅仅因有关规范性文件禁止将某一种物质添加在食品就推定其属于有毒、有害的非食品原料，避免不当扩大《刑法》第 144 条“有毒、有害的非食品原料”的认定范围。但是，需要注意的是，对于“因危害人体健康”该如何理解？如果宽泛地理解这一用语，必然会导致其限定作用的丧失，因为任何非食品原料包括食品添加剂在内，忽略了限量、范围等限制，也会危害人体健康。因此，这里的危害人体健康，应当遵循体系评价的解释，既区别于《刑法》第143条的“足以造成严重食物中毒事故或者其他严重食源性疾病”这一最低的刑事标准，又要和该司法解释第9条规定的实质内涵相一致。比如，该规定明确规定《保健食品中可能非法添加的物质名单》中的物质是判断“有毒、有害的非食品原料”的形式标准。那么，“因危害人体健康”的危害性，就应当与这些名单上物质之毒害性相当（将名单上不具有危害性的物质排除在外，对于名单外的物质，遵循危险性等同评价原则来确定）。这也是最高人民法院指导案例70号“北京阳光一佰生物技术开发有限公司、习文有等生产、销售有毒、有害食品案”所确立的裁判规则：“行为人在食品生产经营中添加的虽然不是国务院有关部门公布的《食品中可能违法添加的非食用物质名单》和《保健食品中可能非法添加的物质名单》中的物质，但如果该物质与上述名单中所列物质具有同等属性，并且根据检验报告和专家意见等相关材料能够确定该物质对人体具有同等危害的，应当认定为《中华人民共和国刑法》第一百四十四条规定的‘有毒、有害的非食品原料’。”①

《地沟油通知》将“地沟油”直接认定为有毒、有害的非食品原料，也不当地扩大了后者的范围，应当对其进行重新界定。关于“地沟油”的范围问题，前文已做分析，在此不再赘述。笔者认为，由于该通知扩大了“地沟油”的认定范围，超出了传统观念上对“地沟油”的理解，即把使用动物肉类及肉制品废弃物纳入其中（所谓的新型“地沟油”），而后者是否具有毒害性不能一概而论，不宜对肉类及其肉制品废弃物进行简单化认定。毕竟，“在油脂加工行业没有真正的‘各类肉及肉制品加工废弃物等非食品原料’，业内人士俗称的‘边角料’‘边角余料’‘边角废料’都是可以直接加工原料油的材料，不是什么‘加工废弃物’或‘非食品原料’，只要这些动物原料经过检疫检验合格，就可以加工成原料油即‘毛油’”。② 但上述规范性文件把“地沟油”认定为有毒、有害的非食品原料，就应该对地沟油的范围进行客观解释，以确保“地沟油”在规范意义上都属于具有安全隐患的非食品原料，否则，将传统工艺中的肉制品再利用生产油料的行为认定为犯罪，会侵蚀司法公信力和权威性。也正是基于此，在“地沟油”问题上，不少学者呼吁采取实质判断的方式，认为“对于这种情形，如果确有证据证明食品无毒无害的，则不能被认定

① 《最高人民法院发布第15批指导性案例》，载《人民法院报》2017年1月4日第3版。

② 曾粤兴：《尊重与保障：刑法如何介入行政法领域——从打击“地沟油”犯罪切入》，载《北方法学》2013年第6期。

为犯罪，否则会在实践中因难以执行而造成司法尴尬的境地，最终侵蚀司法的公信力和权威性”。[①] 事实上，在刑法理论上，也有不少学者赞成这一主张，强调“只有通过证据证明所添加的该物质本身是有毒、有害物质时，才能认定其属于《刑法》第144条规定的‘有毒、有害的非食品原料’，[②] 甚至有观点主张，“从非食品原料的事实判断来看，经济（行政）犯罪的司法认定要从食品科技发展、物质属性和数量等方面加强案件事实及其构成要件的独立判断”。[③] 在笔者看来，《2022年食品解释》对于“有毒、有害的非食品原料”的认定，已经回归了毒害性的实质判断标准，并不是仅依赖于法律规范的形式化判断。因此，《地沟油通知》中涉及的“地沟油”原料是否可以一概认定为“有毒、有害的非食品原料”，应当同样尊重实质判断的规则，即至少应当允许被告方自证其加工的原料不具有毒害性。[④] 在维护规范性文件内涵一致性的同时，也为司法公平奠定规范基础。当然，对于每个案件、每种非食品原料的毒害性都要从物质属性和数量做具体判断的观点，笔者认为也大不可取。因为如果追究科学层面高度确定的毒害性，那么，物质属性、数量也未必完全可靠，还受到食用量、食用时长、受害人体质等影响，将这些因素完全考虑进来，司法认定将困难重重；同时，食品安全问题并非一个纯粹的科学问题，在规范层面就是一个行为标准问题，因此，在司法解释等规范性文件中划定毒害性的“红线”，是为了指引公众严格约束自己的行为，防范食品安全风险，故而这个标准的设定不能完全以科学证成为依据。当然，这个立场不仅是“有毒、有害的非食品原料”司法判断的出发点，也是食品安全刑法规制的出发点。对此，后文将继续对这一问题从不同视角展开论述。

---

① 舒洪水：《论“有毒、有害的非食品原料”的司法认定》，载《江苏社会科学》2021年第12期。

② 李益松、汤咏梅、李兵：《〈北京阳光一佰生物技术开发有限公司、习文有等生产、销售有毒、有害食品案〉的理解与参照——刑法第一百四十四条规定的“有毒、有害的非食品原料”的认定》，载《人民司法》2018年第23期。

③ 周建军：《食品安全刑法“非食品原料”认定的学理问题》，载《江苏社会科学》2021年第12期。

④ 事实上，在“地沟油”问题上，不管是规范性文件之间还是司法实践中，都存在一些矛盾之处。比如，同样是利用猪肉废弃物加工产品，如果作为食用油进入市场，就按照生产、销售有毒、有害食品罪论处，如果作为肉类直接进入市场，则按照生产、销售不符合安全标准的食品罪论处，实属不妥。

小结

这里需要说明的是，对《2022 年食品解释》和《地沟油通知》中关于“有毒、有害的非食品原料”的范围进行限制以后，并不等于现有规定中被剥离出去的那部分物质在非法掺入食品时无法受到刑法评价。因为食品安全法规范仍然禁止在食品中添加这些物质，生产者、销售者一旦在食品中掺入上述禁止添加的非食品原料，就属于生产、销售“不符合安全标准的食品”行为。倘若这些食品足以造成严重食物中毒事故或者其他严重食源性疾病，就可以依照《刑法》第 143 条的规定定罪量刑；如果无法证明足以造成上述危险状态，但销售数额或者货值金额达到一定标准，也可以按照《刑法》第 140 条的规定定罪量刑。因此，对于在食品中违规掺入禁止添加的非食品原料的行为，现行刑法已经构建了相对完善的犯罪惩治体系，我们需要做的就是为这些规范体系的科学实践提供明确的法律标准。

第七章 刑法因果关系的阶层化判断与适用

一、问题的提出

虽然生产、销售不符合安全标准的食品罪与生产、销售有毒、有害食品罪的基本犯属于危险犯，是否造成危害后果不影响犯罪的成立，但是危害后果是影响法定刑升格的主要因素。如前所述，司法实践中危害食品安全犯罪量刑轻缓化的成因之一，就是因果关系难以认定。究其根源，在此类案件中，不法行为与损害后果之间的因果关系，呈现出不同于传统犯罪的特点；建构合理的刑法因果关系判断规则，也成为强化犯罪治理与刑法教义学研究的重要方面。

其一，生产、销售不符合安全标准食品的危险性，与食品中非法添加的化学物质或者食品本身被污染的程度有关，因此，化学物质或者污染物的毒害性，是确定行为危险性以及因果关系的前提。但是，这些物质种类的复杂多样以及类型不断丰富的特性，决定了其毒害性的判断在科学上存在诸多不确定性，由此导致我们难以准确把握其危险性。比如，在前文提到的“问题豆芽”案中，自然科学领域尚未对6-苄基腺嘌呤、赤霉素等低毒农药的危害性达成共识，致使司法实践中难以认定“问题豆芽”足以危害人体健康，更遑论客观确认某一伤害后果与经营行为有因果联系。这也造成全国范围内经历了一波影响颇大的集中整治活动后，伴随着辽宁葫芦岛郭某某、鲁某某生产、销售有毒、有害食品案而陷入静寂。在该案中，司法机关以“豆芽上喷洒‘速长王’后所检测出的6-苄基腺嘌呤等三种物质的安全性亦尚不清楚”为由宣告被告人无罪。[1] 但值得注意的是，在前文提到的广西壮族自治区横县人民法院审理的刘某娥生产、销售有毒、有害食品案等系列案件中，均采信自治区食品安全风险

① 参见辽宁省葫芦岛市连山区人民法院（2015）连刑初字第00114号刑事判决书。

评估专家委员会出具的专家意见，认定长期食用含6-苄基腺嘌呤、4-氯苯氧乙酸钠的食品会对人体健康造成潜在危害，肯定了6-苄基腺嘌呤的毒害性。①可以说，这些类案充分暴露了危害食品安全犯罪治理所面临的危险性评价问题。

其二，食品中可能添加的非法物质或者污染物质的类型多样，除了毒害性较强可以即时造成伤害后果之外，大多数毒害物对人体造成的伤害是缓慢积累的，甚至因个体差异而在人群中有不同表现；伤害本身不会很快表现出来，或是伤害在一段时间内难以被人们所察觉。② 因此，即便在科学层面可以确认某一物质具有毒害性，但是经历了多个流通环节以及长时间的日常生活后，也难以认定危害结果是否系经营行为造成的。比如在“三鹿奶粉案”中，三聚氰胺并非剧毒、高毒物质，对于婴幼儿可能造成的伤害后果通常存在漫长的潜伏期，那么，最终婴幼儿因体内结石感染等受到的伤害，是否和三鹿集团的非法添加行为有关，司法认知也不一样。比如，公诉机关认为，至2008年8月1日，全国已有众多婴幼儿因食用三鹿婴幼儿奶粉出现泌尿系统结石等严重疾患，部分患儿住院手术治疗，多人死亡。但法院认为，现有证据不足以证实河北三鹿集团及各直接责任人在2008年8月1日得知其产品中含有三聚氰胺以后，继续生产、销售的奶制品流入市场造成了危害结果。③ 同样是在该系列案件中，对于被告人张某军生产、销售三聚氰胺的行为，司法机关却认为，其大量生产、销售专供往原奶中添加的“蛋白粉”，经逐级分销后被添加到原奶中，奶制品生产企业使用此类原奶生产的婴幼儿奶粉等奶制品流入市场后，对广大消费者特别是婴幼儿的身体健康造成严重损害，造成多名婴幼儿致病死亡。④这种司法判断的明显差异甚至同案不同判的思路，难免让公众对司法机关认定因果关系的规则产生疑问。

其三，即便食品中非法添加的毒害物之毒性都很强，行为人因食用该毒害食品而伤亡，是否可以认定不法行为与危害后果具有因果关系，也不无疑问。比如，在“河豚案”中，被告人高某某将其捕获的鱼类等水产品运至农贸市场

---

① 参见广西壮族自治区横县人民法院（2014）横刑初字第333号刑事判决书，广西壮族自治区南宁市良庆区人民法院（2014）良刑初字第209号刑事判决书等。

② 参见［美］基恩·马基雅弗利·艾根著：《毒物侵权法精要》（第四版），李冰强译，南开大学出版社2016年版，第4页。

③ 参见最高人民检察院公报2009年第4号（总第111号）石家庄三鹿集团股份有限公司生产、销售伪劣产品案。

④ 参见王明浩：《毒奶粉制造者终受严惩》，载《人民日报》2009年11月25日第6版。

销售，后在明知禁止销售野生河豚活鱼的情况下，仍以20元的价格将两条野生河豚活鱼销售给被害人某明。当晚，被害人食用后出现中毒症状，经抢救无效死亡。鉴定意见证实某明符合食用河豚引起河豚毒素中毒死亡。[①] 对此，被告人高某某的辩护人提出，被害人在购买的时候知道河豚是野生的，其死亡结果与清除毒素不当具有直接的因果关系，跟被告人高某某的卖鱼行为没有因果关系。但法院认为，被害人明知野生河豚可能造成人身危险而仍然食用，系对被告人高某某量刑时的酌情考量因素。因受害人系食用未处理干净的河豚中毒身亡，所以被告人高某某销售野生河豚与被害人食用该鱼后中毒死亡后果具有因果关系。[②] 从控辩双方的争议来看，购买人对于河豚有毒且食用后果是完全知道的，那么，此后仍然食用河豚的行为是否可以认定为自陷风险进而影响结果归责，是值得探讨的。

从上述分析来看，对危害食品安全犯罪中因果关系的认定，不符合安全标准的食品与危害后果之间是否存在事实联系是难点所在。正如有学者所言，尽管多数情况下，一般因果关系的认定并不困难。但随着科学技术对人类社会的深度介入和影响，由于复杂的科技所带来的风险具有隐蔽性和难以预测性，行为与结果在时空上的分离使得因果关系的认定变得越发困难，也愈加依赖科学知识。尤其是在公害犯罪中，科学技术的运用可能伴生的副作用时常是现有的科学知识水平无法准确预知和把握的，甚至在损害已然发生时我们仍难以准确找出“肇事者”。面对风险社会的新型风险，确立风险与损害后果之间的一般因果关系将面临常态的困难。[③] 而在可以确定上述关联性的情况下，是否可以对不法行为进行结果归责，相对较为明确，除了被害人有自陷风险可能性的场合。故而此类犯罪中因果关系研究，需要建立以事实判断为核心而区别于一般犯罪中因果关系认定的特殊机制。

二、危害食品安全犯罪因果关系理论争议

近年来，随着德日刑法理论的不断引介，我国刑法理论上对因果关系的探讨也日益深入，从哲学范畴的解释逻辑转向了规范思维。这一状况也反映在食

① 参见上海市浦东新区人民法院刑事判决书（2018）沪0115刑初3567号刑事判决书。
② 参见上海市浦东新区人民法院刑事判决书（2018）沪0115刑初3567号刑事判决书。
③ 参见郝艳兵著：《风险社会视域下产品犯罪的刑法规制》，法律出版社2017年版，第150页。

品、药品等产品责任领域。比如，有学者明确提到在产品责任领域，应当根据合法则性条件理论，将因果关系问题进一步区分为一般因果关系与具体因果关系。在一般因果关系层面，因果法则并不应限于必然性法则的范围内。在各种非决定论的领域，盖然性法则同样应当作为判断因果关系的根据。[①] 也有观点指出，危害食品安全犯罪的公害罪性质，决定了需要引入疫学因果关系论。其优势在于证明标准上的高度盖然性，以及实现了刑法有用性与正义性之间的均衡。[②] 当然，随着学界对客观归责理论的深入研究，有不少学者对其推崇备至。其中就有论者主张，通过对药品致害案例的分析，客观归责论更适合我国的理论研究现状，能够厘清因果关系理论的功能定位，从而更好地完成结果归责的任务。因此，司法实务上可以选择客观归责论作为理论工具。[③] 从上述观点来看，刑法理论上关于因果关系理论的研究已经全面渗透到危害食品安全犯罪领域。然而，这些理论是否契合食品安全领域司法判断的特殊性，进而能够解决司法疑难问题，就需要结合相关主张展开分析论证。

（一）因果关系理论的典型成果

自奥地利学者尤里乌斯·格拉泽提出刑法中的因果关系以来，经过百余年的发展，因果关系理论已经成为刑法中一个庞大的理论体系，从条件理论到相当因果关系理论、客观归责理论，众说纷纭。[④] 这些观点学说虽然都在竭力证明自身的理论正当性，但也无法回避其无法摆脱条件理论影响的客观现实。

1. 合法则性条件理论

一般认为，合法则性条件理论是回应条件公式在处理假定因果关系和择一因果关系所面临的质疑而提出来的，在德国刑法学界处于强势地位，在日本刑法理论中也占据一席之地。

关于合法则性条件理论，德国学者耶塞克曾做过一个经典表述，某行为能否成为合格的条件，仅仅取决于，根据我们的经验知识，依据因果法则，行为

---

① 参见徐凌波：《因果关系在产品刑事责任案件中的认定问题》，载《政治与法律》2014 年第 11 期。

② 参见左袖阳、罗婷婷：《疫学因果关系论在食品安全犯罪认定中的合理性及其限制》，载《中南大学学报（社会科学版）》2012 年第 6 期。

③ 参见孙运梁：《客观归责论在我国的本土化：立场选择与规则适用》，载《法学》2019 年第 5 期。

④ 参见郝艳兵著：《风险社会视域下产品犯罪的刑法规制》，法律出版社 2017 年版，第 143 页。

是否确实导致了结果的产生。[①] 据此，该理论是通过审视先前行为和后续结果的事实经过，按照自然法则、经验法则或者说是盖然性法则将其中的各个环节联系起来，从而确定条件关系。[②] 即合法则性的判断，并不限定于纯粹的、确证的自然法则的场合，可以通过经验性甚至盖然性的认识而确定行为与结果之间的联系是否存在。这样一来，合法则性条件理论与传统的条件说相比，突破了后者沉浸于对精确的自然法则的迷恋，[③] 将科学法则不反对的经验认知也涵盖在内，从而在解决假定因果关系、择一因果关系等问题上体现出理论优势。[④] 以“海参案”为例，原告从被告处分两次购买了规格 100g/盒的干海参 31 盒、规格 100g/盒的干海参 21 盒。2019 年 10 月 4 日，原告因患急性肾衰竭、急进型肾炎综合征、高磷血症等入院治疗。后原告委托检测机构对剩余未食用的干海参进行检验，发现规格 150g/盒的检验样品中含甲醛、水溶性总糖不合格，为不符合安全标准的食品。[⑤] 按照传统条件理论，要确定原告所患病症系海参中非法添加甲醛以及水溶性总糖超标造成的，既要在自然科学层面确定甲醛、水溶性总糖超标具有诱发上述疾病的科学性，而且要查明“倘若没有食用海参，就不会患病”这一事实，否则就难以确定其存在条件关系。对此，如果原告近期食用过甲醛微量残留的冻虾等冷冻海鲜，即便其没有食用海参，也会因食用其他残存甲醛的食物而不能排除患病的可能性。此时，就会否定条件关系

---

① 参见［德］汉斯·海因里希·耶塞克、托马斯·魏根特著：《德国刑法教科书》（上），徐久生译，中国法制出版社 2017 年版，第 384 页。

② 参见黎宏：《刑法因果关系论考察》，载《清华法学》2022 年第 3 期。

③ 也有学者认为，条件理论中自然法则“可以分为一般性的自然法则和前沿性的自然法则。对于一般性的自然法则，依靠日常生活常识就足以了解；对于前沿性的自然法则，则需要向相关领域的专家请教咨询”。参见邹兵建：《条件说的厘清与辩驳》，载《法学家》2017 年第 1 期。

④ 有学者提出，那些认为传统条件理论无法解决假定因果关系的观点，实质上是一种理解上的错觉。该论者通过研究条件理论的首倡者奥地利学者格拉泽的学说后认为，在处理假定因果关系时所产生的问题，实质上并非条件理论存在错误，而是人们将条件公式等同于条件理论，而前者不能反映条件理论本身的真正内容，后者才是本源性的条件判断公式。“比较条件公式与条件说判断公式，不难发现它们之间存在以下两点区别：其一，判断所需考察的因素不完全相同。运用条件公式判断因果关系，只需考察结果是否会出现；而运用条件说判断公式判断因果关系，不仅要考察结果是否会出现，而且要考察结果以何种方式出现。其二，判断规则有所不同，具体体现在‘若无 P，仍有 Q’的场合。条件公式认为，在这个场合，行为人的行为和结果之间没有因果关系。而条件说判断公式认为，在这个场合，需要结合结果出现的方式判断因果关系：如果结果是以相同方式出现的，那么行为人的行为和结果之间就没有因果关系；反之，如果结果是以不同方式出现的，那么行为人的行为和结果之间就有因果关系。”参见邹兵建：《条件说的厘清与辩驳》，载《法学家》2017 年第 1 期。

⑤ 广东省广州市荔湾区人民法院（2020）粤 0103 民初 554 号田禹与广东大参林柏康连锁药店有限公司龙津东路二分店、广东大参林柏康连锁药店有限公司产品销售者责任纠纷一审民事判决书。

成立。这显然不符合人们的日常认知。而如果通过合法则性条件理论来加以判断的话，不需要考虑条件理论中的排除法则，仅需确认海参中残存的甲醛与糖超标是否会合乎经验地引起结果发生就可以了。就此而言，合法则性条件理论在特定情况下的确较传统的条件理论表现出了一定的优越性。当然，由于合法则性条件理论在分析逻辑上与条件公式不同，因此，也被学者称为一项具有独立性的刑法因果关系学说，而非既有的刑法因果关系学说的翻版或变体。①

当然，合法则性条件理论的关键点在于如何理解“合法则性”。该观点通常认为，“经验的合法则性意味着，原因与结果之间的关联并不是个别的、偶然的，而是一般的、普遍的。在这个意义上，人们将经验的合法则性称之为一般因果关系”。② 而将这个一般因果关系应用于具体案件，就完成了因果关系的具体判断。由此，合法则性条件理论的适用被划分为两个阶段：一是基于经验确定一般的因果关系；二是结合案件事实判断个案情境是否符合上述经验进而确定具体的因果关系。从这个角度来说，“运用合法则性条件公式判断刑法因果关系的过程，就是综合运用一般因果关系和具体因果关系对已经发生了的不法侵害结果进行解释的过程”。③ 比如，在“海参案”中，运用该理论的过程是，先在经验层面确定甲醛、超标的可溶性糖是否会造成急性肾衰竭、高磷血症等病症。在得到肯定性结论后，再查验本案中原告是否食用了上述物质超标的海参以及身染该疾病，由此确定因果关系。客观而言，运用合法则性条件理论来判断该类案件时，其逻辑较为清晰。当然，我们确定因果关系规则的有效性，逻辑性只是其中的一个层面，结果的可靠性、合理性以及普遍性更为重要。在这一点上，运用合法则性条件理论也面临着一些争议。比如，其法则的判断标准该如何把握，这种经验性判断运用到刑法的规范判断中是否合适，也并非毫无争议。正如有学者所提到，“说到底是事实关系（有或者无），不应当介入一般人经验法则之类的规范判断。但合法则条件说，在前行为和后结果之间有无引起与被引起的条件关系的判断上，在自然法则或者说盖然性法则的名目之下，将前后事实经过的通常性乃至是否合乎科学法则作为判断标准，这显然已经超出了条件说的范围，而将归责判断基准的相当性的思想融入其中”。④

---

① 参见邹兵建：《合法则性条件说的厘清与质疑》，载《环球法律评论》2017 年第 3 期。

② ［德］埃里克·希尔根多夫著：《德国刑法学：从传统到现代》，江溯、黄笑岩等译，北京大学出版社 2015 年版，第 274 页。

③ 邹兵建：《合法则性条件说的厘清与质疑》，载《环球法律评论》2017 年第 3 期。

④ 黎宏：《刑法因果关系论考察》，载《清华法学》2022 年第 3 期。

这也引出了合法则性条件理论面临的另外一个争议，其是解决事实因果关系即归因的理论，还是为刑法规范评价即归责判断提供理论标准。

2. 疫学因果关系理论

严格来讲，疫学因果关系理论并不具有普适性，只是针对公害犯罪（或者说是环境犯罪）领域致害因素不明确时所采取的一种特殊的因果关系判断规则。但是，因危害食品安全犯罪与环境犯罪在因果关系判断上存在一些共性，故而学界也往往将这一因果关系规则推及危害食品安全犯罪领域。

疫学因果关系，也被我国学者称之为流行病学的因果关系，是在刑法因果关系的判断上借鉴流行病学的研究方法，即“医学上无法查明详细的机制，但运用统计的方法，通过大量观察的方法证明目标物质与健康损害之间存在高度的盖然性，就是疫学性证明，据此而被证明的条件关系就是疫学因果关系”。[①] 具体而言，在适用疫学因果关系时，需要从以下四个方面确定某因子与疾病之间具有关联关系：①该因子在发病前的一定时期起着作用；②该因子作用的程序极为明显地提高了该疾病的患病率；③从该因子分布消长的情况来看，与记载疫学所观察的流行特性并不矛盾；④该因子作为原因而作用的机制能够毫无矛盾地在生物学上得到说明。[②] 从这一表述来看，疫学因果关系理论具有两个突出特点：一是主要用于解决目标因子与疾病之间是否存在事实上的联系，故而该理论本质上解决事实层面的因果关系，无关规范评价；二是该因果关系的判断是基于概率性统计，而非自然法则的精准判断，即只要达到流行病学领域统计分析的技术标准，即可以将结果归因于目标因子，从而确定因果关系的存在。也正是基于此，疫学因果关系理论可以用来检验事实因果关系，在逻辑上甚至自然科学意义上确定或排除某种因素是否为某一结果发生的原因，其刑事诉讼的价值在于运用疫学推定公害犯罪因果关系的存在。[③] 与合法则性条件理论在解决假定因果关系等特殊类型上的优势不同，疫学因果关系理论的优势在于对未知领域的探索，通过建立在一定科学原理上的统计学分析方式，应用于社会现象之中，为事实判断提供依据。从这个意义上来讲，疫学因果关系理论仍然可以纳入条件关系理论的范畴。毕竟，“在公害犯罪这种对人类而言尚是未知的领域发生的问题，需要对科学法则进行补充。所以，不可怀疑地存在着

---

① ［日］高桥则夫著：《刑法总论》，李世阳译，中国政法大学出版社 2020 年版，第 106 页。

② 参见谢治东著：《公害犯罪刑法理论创新研究》，中国法制出版社 2019 年版，第 216~217 页。

③ 参见蒋兰香：《日本疫学因果关系理论及其对我国环境刑事司法的借鉴》，载《刑法论丛》2010 年第 1 卷。

疫学上高度的盖然性时，刑法上也应该肯定存在条件关系”。① 也正是基于此，有观点认为，合法则性条件理论包含了疫学因果关系理论。②

当然，作为域外刑法实务探索的结晶，虽然疫学因果关系理论因其处理环境犯罪的优势而备受关注，但从近年来国内学者研究来看，不乏对其质疑之声。这其中，主要问题就是，基于这种盖然性得出的结论被视为刑法中认定犯罪事实的根据，涉嫌违反“存疑则不罚”原则。③ 同时，考虑到日本是在立法层面为疫学因果关系理论提供了规范支持，我国尚处于理论研究框架中，故而有学者提到，我国不具备日本国内将疫学因果关系写入刑事立法的特殊性；而司法实践中，我国传统因果关系理论并未给处罚公害犯罪带来障碍，且我国尚不具备引进疫学因果关系理论的司法实践基础。④ 对于这一质疑，也有观点认为，这种盖然性的证明标准，与我国刑事诉讼程序中所要求“排除合理怀疑”的证明标准是相吻合的，不构成对刑事诉讼证明标准的违反；而且，这种流行病学领域的统计法则，是经过科学验证的合理推定，并非毫无根据的数据推算，故而和主观色彩浓重的专家意见是不同的。对于能够提供足够样本量的集团性受害案件而言，可以采用疫学因果关系的判断规则。⑤ 应该说，这种回应是有一定道理的。毕竟，流行病学有关目标因子与特定疾病之间相对风险的研究几乎成为唯一具有科学证明力的证据，所以流行病学证据在美国有毒物质侵权诉讼中已经成为法院广泛认可的科学证据。⑥

3. 客观归责理论

早期的因果关系理论以事实层面的关联性判断为核心，到了 20 世纪 30 年代，对于行为与结果之间的必要关联性，出现了归责的概念。在霍尼希提出的这一理论中，其认为只有当引起结果发生的流程对于行为人来说“在客观上是可企求的”，即具有可支配性，从而能够将已出现的结果视为行为人的作品时，才能认定结果犯的成立。而那些由行为人无法支配的流程所引起的结果，则不能归属于行为人。以该理论为基础，在 20 世纪中期，罗克辛等人试图运用归

① ［日］大塚仁著：《刑法概说》（总论），冯军译，中国人民大学出版社 2003 年版，第 192 页。

② 参见张明楷著：《刑法学》（第 5 版），法律出版社 2016 年版，第 185 页。

③ 参见［日］西田典之著：《日本刑法总论》（第 2 版），王昭武、刘明祥译，法律出版社 2013 年版，第 79 页。

④ 参见王晓滨：《疫学因果关系理论中国化之否定》，载《法商研究》2020 年第 3 期。

⑤ 参见郝艳兵著：《风险社会视域下产品犯罪的刑法规制》，法律出版社 2017 年版，第 178~184 页。

⑥ 参见陈伟：《疫学因果关系及其证明》，载《法学研究》2015 年第 4 期。

责概念去有效地限制符合构成要件之结果引起事实的范围，避免处罚范围的扩大化。[①] 按照该理论，除了举动必须是结果发生的必要条件之外，还需要满足两点才可归责。一是由行为人造成的结果，只能是行为人创设了一个不是通过允许性风险所容忍的危险，并且这种危险在现实中实现；二是当结果表现为实现一种行为人创设的危险时，这种结果是可以归责的。[②]

这一理论以客观归责之名进入刑法理论的视野，并以其强烈的规范色彩以及突出的限制归责范围的功能，为不少学者所推崇。当然，客观归责理论作为一种典型的归责学说，并非与条件理论等毫无关系。事实上，客观归责的适用仍然以行为与结果之间存在客观上的条件关系为前提，在此基础上，行为人对于法益主体制造或者加剧了现实的风险，而该风险在发展过程中也演进为客观现实，并以客观结果的形式呈现出来，此时，就有归责于行为人的必要性。这种判断方式不单单考虑行为与结果之间经验上的相当性，而且兼及规范层面的合理性。正如有观点所言，“客观的归责论在德国变得有力的背景在于，……包括前述的相当因果关系说在内，因果的思考穷尽了条件关系，所以，企图通过法的重要性的有无来限定归责范围，已不再是因果关系论的问题，更是一种规范的思考方法”。[③] 从这个意义上说，客观归责理论并不局限与对因果关系的分析，还涉及行为论乃至整个犯罪论体系的判断。比如，有学者在讨论客观归责理论的代表性案例“高尔夫球案”时提到，“高尔夫球手甲在练习击球过程中，将高尔夫球打到远处的球童乙身上，导致其重伤的，无论是从条件说还是从相当性说出发，都能够得出因果关系存在、能够进行归责的结论。但是，从客观归责的角度看，因为无法在规范层面要求甲只能安全击打而不能打偏，换言之，打偏所带来的伤害是社会所能够接受的风险；甲无法掌控因果流程，因此，其并未制造法和社会所不允许的风险，即便从事实的角度看有结果发生，也不能归责于行为人，构成要件该当性不具备”。[④] 可以说，由于客观归责理论在解决刑法分则中非定型化行为的构成要件评价上具有突出优势，也往往被学

---

① 参见［德］沃尔夫冈·弗里施著：《客观归责理论的成就史及批判——兼论对犯罪论体系进行修正的必要性》，陈璇译，载《国家检察官学院学报》2020 年第 1 期。

② 参见［德］罗克辛著：《德国刑法学总论》第 1 卷，王世洲译，法律出版社 2005 年版，第 245~246 页。

③ ［日］松宫明孝：《因果关系与客观归责论》，钱叶六译，载陈兴良主编：《刑事法判解》（第 11 卷），人民法院出版社 2012 年版，第 65 页。

④ 周光权：《客观归责理论的方法论意义》，载《中外法学》2012 年第 2 期。

者们视为其系重点解决过失犯的评价问题，当然，虽然罗克辛强调它是一般化的构成要件理论，原则上也适用于故意犯。①

但是，随着客观归责理论在学界的发酵，不断有学者对此提出质疑，不认为客观归责理论实质上改变了归责论的理论体系。在该观点看来，客观归责理论实际是因果关系理论，而并非其自身定位的构成要件理论。而且，该理论所探讨的并非局限于归责问题，而延伸到了违法性乃至有责性理论中，在客观归责的同时也进行着主观归责，侵蚀了德日犯罪论体系阶层化的架构，极大地削弱了三阶层体系本身所具有的人权保障机能，在此基础上，该观点明确主张解决我国刑法因果关系问题不必引进客观归责理论，而借鉴相当因果关系说即可。② 当然，客观归责理论的支持者作出了针锋相对的回应，认为客观归责理论虽然和相当因果关系学说对大多数案件的处理结论基本相同，但却具有明显优势，比如用多重规则确保检验时没有遗漏，建立正面判断和反向检验交互进行的检验标准，展示一般预防的刑罚效果，凸显评价的层次性、充分性，确保刑法判断的客观化等。③

可以说，上述两种观点颇具代表性，不仅是国内学者中支持与反对客观归责理论的典型论述，而且是域外学者的普遍看法。这也就不难理解支持客观归责理论的学者也一定可以在食品药品犯罪中找到适当的案例，但是，面对我国危害食品安全犯罪领域因果关系及其归责过程中所面临的一些问题，这些理论是否完全可以解决本土困惑，有待于进一步分析。

（二）食品安全刑事保障的因果关系理论期待

从上述描述来看，不管是合法则性条件理论，还是疫学因果关系理论以及客观归责理论，均能解决普通的因果关系判断问题，也有各自的独特性优势。整体而言，客观归责理论是在条件理论的基础上，基于条件关系的判断，进一步限定不法行为与危害结果的范围。而合法则性条件理论和疫学因果关系理论本身对于确定条件关系是否存在更具合理性。近年来，随着德日刑法理论的影响不断扩大，在因果关系问题上，区分归因与归责成为多数学者的主张。正如有学者所提到的，归因是一个事实问题，归责是一个评价问题，前者属于因果

① 参见［德］鲁道夫·伦吉尔：《德国刑法分则中的客观归责问题》，邓卓行译，载《苏州大学学报（法学版）》2020 年第 2 期。

② 参见刘艳红：《客观归责理论：质疑与反思》，载《中外法学》2011 年第 6 期。

③ 参见周光权：《客观归责理论的方法论意义》，载《中外法学》2012 年第 2 期。

关系理论，后者则可以通过客观归责理论加以解决。[①] 这种观点也将因果关系理论和客观归责理论区别开来，赋予客观归责理论独立的体系地位。当然，这一表述在理论上也不乏争议之处，有观点就认为，客观归责理论本身仍然是因果关系理论，因为刑法中的因果关系就是要探讨在规范层面将结果归属于不法行为，从而解决构成要件符合性的问题，“只不过，它是通过对‘构成要件性因果关系’的否定来否定犯罪的成立，而客观归责理论则是通过对‘构成要件性行为’的否定来否定犯罪的成立”。[②] 在笔者看来，归因与归责，虽然在解决行为与结果的联系上有所不同，但就刑法因果关系评价的规范性而言，结果归责或不法行为的客观归责，仍然可以视为因果关系的范畴。当然，为区别事实因果关系，可以将含盖归因与归责的因果关系视为广义上的因果关系。

1. 危害食品安全犯罪中因果关系判断的特殊性

在危害食品安全犯罪中，食品是否会造成严重的人身伤害后果，与食品中毒害物或者病菌等类型、性质有密切关系，对于有些毒害性特别强的物质来说，一旦被掺入食品中并被人食用，可能会迅速导致严重的危害后果，这种情况下，认定不法行为与危害结果之间具有因果关系是较为明确的。比如在“玫瑰茄案”中，崔某如、郭某芝、吕某飞通过网络平台向被害人张某销售该公司“七老”牌玫瑰茄两盒。张某收到玫瑰茄服用后出现腹泻、呕吐、恶心等症状，后经抢救无效死亡。经检测，涉案玫瑰茄中含有双醋酚丁成分。鉴定认为，张某系服用玫瑰茄中的双醋酚丁急性重度中毒，造成多器官组织坏死和功能损害死亡。[③] 在这类案件中，由于食品中非法添加化学成分的毒害性较为显著，且受害人从服用该食物到病发时间较短，因果链条较为清晰，因此，要确定生产经营行为与伤害后果之间具有刑法上因果关系，相对较为简单。对于这些案件，因果关系的判断上也不存在太多难点，运用一般因果关系理论即可。但是，实践中不法分子往往是基于经济利益而生产、销售不符合安全标准的食品，其在食品中非法掺入的化学成分通常不具有较强的毒害性，或者使用一些毒害性不明显的新型化学物质，这样一来，要确定食品存在毒害性风险就较为困难。另外，由于食品进入流通领域以后，通常经过多个环节才被销售者消费；且在消费过程中伴随着丰富的食用物质，可能经过一定的时间累积后才显

① 参见陈兴良：《从归因到归责：客观归责理论研究》，载《法学研究》2006 年第 2 期。

② 刘艳红：《客观归责理论：质疑与反思》，载《中外法学》2011 年第 6 期。

③ 参见北京市第二中级人民法院（2019）京 02 刑初 87 号刑事判决书。

现出身体伤害后果，此时，如何确定生产经营食品的行为与危害后果的关系，就成为实践中的难点。概言之，危害食品安全犯罪中，因果关系判断的难点主要体现在三个方面：毒害物来源难判断、毒害物危害性难判断以及存在介入因素情况下的因果关系评价。

（1）毒害物来源难以认定。之所以在发生食物中毒事件以后，难以确定造成伤害的毒害物的来源，与毒害累积效应、食品污染程度差异等因素有关。其一，毒害性缓慢显现与食物来源多样化，导致危险源判断较难。比如在临泉“幼儿结石案”中，法院认为，原告“从2005年1月出生始食用被告生产的雅士利奶粉，依常理，1~2岁的婴幼儿食用的奶粉量较多，往后则会逐渐减少而代以主食为主，原告在2012年8月7周岁多才检查出患右肾多发结石，无法排除原告患病还有其他原因，不能认定食用雅士利奶粉是原告患上肾结石的唯一原因。导致婴幼儿肾结石的原因是复杂多样的，即使原告食用的奶粉含有三聚氰胺，食用含三聚氰胺的奶粉也只是原告患病的原因之一，而其参与度无法认定。经庭审举证、质证，无证据证明被告临泉县某商贸有限公司和被告王某升在运输、仓储、销售奶粉过程中的行为有过错”。[①] 在该案中，由于幼儿从食用奶粉到案发长达七年，这期间，在其食用的诸多食物中，究竟是否是奶粉中含有的三聚氰胺导致了肾结石病症，原告难以提供足够证据予以证明，故而法院没有认定被告的经营行为与幼儿病症之间存在因果关系。其二，同一批次食品中未食用的食品和已食用的食品有时未必具有同样的毒害性，这一点，在食品被致病菌等污染的场合尤其突出。因为污染物系自然分布而非均匀分布，所以已食用食品与未食用食品可能在毒害物的存量上有分布差异。比如，在“皮肤炭疽案”中，杜某刚伙同李某文从一牧户处以1500元钱收购一头300斤的死牛（死因不明）。两人将死牛拉回后，在一停车场将死牛分割、贩卖。几天后，张某军因病住院被诊断为皮肤炭疽，田某彤也被确诊皮肤炭疽。对此，法院认为，张某军、田某彤虽食用了涉案牛肉，但涉案牛肉是否染有炭疽病毒，或食用涉案牛肉后是否可导致患上炭疽病，并没有相关鉴定机构的鉴定或其他确实有效的证据能够证明，故无法确定张某军、田某彤所患的炭疽病与食用涉案牛肉之间存在因果关系，对公诉机关指控的“张某军、田某彤因接触死牛肉被感染炭疽病”的犯罪事实，不予支持。[②] 在诸如此类案件中，由于食品被污染后

① 参见安徽省临泉县人民法院（2017）皖1221民初5037号民事判决书。

② 参见内蒙古自治区霍林郭勒市人民法院（2018）内0581刑初233号刑事判决书。

被销售出去的范围比较大，且未售食品是否同样被污染具有一定的随机性，实践中难以根据样本确定伤害后果与食品本身具有因果关系。

（2）毒害物危害性难以认定。在食品中非法添加化学物是危害食品安全犯罪的高发情况，而为了逃避执法部门的检查或者降低生产成本，非法经营者往往选择在食品中添加新型化学物质或者毒害性不明显的物质，由此也就导致在很多案件中，涉案食品是否应该被评价为具有严重的毒害性存在争议。当然，如果食品本身的毒害性难以确定，也就无法证实其与某一伤害后果具有特定的因果关系。在这个问题上，“问题豆芽案”最具代表性。2015 年 4 月 13 日，原国家食品药品监督管理总局、原农业部、原国家卫生和计划生育委员会联合发布了《关于豆芽生产过程中禁止使用 6-苄基腺嘌呤等物质的公告》（2015 年第 11 号），要求“生产者不得在豆芽生产过程中使用 6-苄基腺嘌呤、4-氯苯氧乙酸钠、赤霉素等物质，豆芽经营者不得经营含有 6-苄基腺嘌呤、4-氯苯氧乙酸钠、赤霉素等物质的豆芽”。由此引发了非法添加上述物质的豆芽是否具有毒害性的极大争议。比如，2019 年 12 月 31 日，肇庆市鼎湖区永安市场沛英蔬菜档经营者陈某英从刘某、周某飞处购买了一批豆芽进行销售。同日，市场监督管理局对该蔬菜档所售的黄豆芽进行抽样检测，发现抽检的黄豆芽中含有 4-氯苯氧乙酸钠成分。2020 年 6 月 10 日，公安机关对刘某、周某飞生产、销售豆芽的场所进行了搜查，扣押了一批“营养液”。经检测，“营养液”中含有 6-苄基腺嘌呤、4-氯苯氧乙酸钠、赤霉素成分。法院审理认为，刘某、周某飞在生产豆芽过程中掺入国家明令禁止使用的 4-氯苯氧乙酸钠并予以销售，其行为均已构成生产、销售有毒、有害食品罪。[①] 然而，对于 6-苄基腺嘌呤、4-氯苯氧乙酸钠、赤霉素这些物质是否具有毒害性，一直争议很大。如前文所述，早在 2015 年 5 月 13 日，辽宁省葫芦岛市连山区人民法院就对郭某某、鲁某某生产、销售有毒、有害食品案中，以在案证据不足以证实 6-苄基腺嘌呤的安全性为由判决被告人无罪。此前，最高人民法院、国家食品药品监管总局等部门

---

① 参见广东省肇庆市鼎湖区人民法院（2020）粤 1203 刑初 132 号刑事判决书

也曾专门组织高校等研究人员进行讨论，[①] 使得 2014 年以来处于舆论旋涡中的“问题豆芽”案件所面临的法律争议被公开化，给行政、司法部门办理此类案件带来了巨大影响。可以说，这一问题直到今天也仍然不甚明了，直接影响此类案件的办理。

（3）存在介入因素时因果关系的判断问题。介入被害人特殊体质或者其他案外因素时因果关系的判断，一直是刑法因果关系理论中的焦点问题。不管是相当因果关系说还是客观归责理论，也都将这一问题作为证明其逻辑合理性的关键所在。相应地，在危害食品安全犯罪中，在被害人存在基础病等特殊体质的场合，如何准确评价不法行为与伤害后果之间的因果关系，也是客观上需要关注的问题。比如，在“西布曲明致死案”中，曾某如明知用于减肥的“营养片”（自称）片剂非法添加了一些非食品原料，仍从他人处购买，并将上述“营养片”剂 1 盒与其从他人处购买的用于减肥的标示为“××堂俏媚人酵素压片糖果”片剂 1 盒搭配组成减肥产品，以人民币 50 元/套的价格销售给王某雷，后者又以 60 元/套的价格卖给了王某莎。2019 年 1 月 3 日，仲某服用了陈某从王某莎处购买的上述片剂后突发不适，后经送医院抢救无效于当日死亡。经检验，上述“营养片”片剂中检出酚酞、西布曲明药物成分。经鉴定，仲某系患有肾上腺嗜铬细胞瘤合并服用西布曲明引起急性循环功能衰竭死亡。对此，辩护人认为，医疗行为中使用“甲强龙”可能也是死亡的原因，该意见没有相关证据可以证明，且也不能排除西布曲明在致人死亡中的作用。法院审理认为，仲某的死因是肾上腺嗜铬细胞瘤合并服用西布曲明，服用涉案食品和死亡结果存在因果关系。故三被告人均应当为死亡结果承担刑事责任。[②] 在该案中，因果关系判断的难点主要有两点，一是受害人身患疾病的特殊体质可能成为事实上导致死亡结果出现的原因之一，二是医疗中使用的“甲强龙”对死亡

---

① 中国人民大学食品安全治理协同创新中心、中国人民大学刑事法律科学研究中心于 2015 年 2 月 6 日主办了无根豆芽案件法律问题学术研讨会。包括最高人民法院、北京市第二中级人民法院有关人员在内的与会人员根据法律、法规和司法解释的有关规定，就无根豆芽案件的相关法律问题进行了广泛讨论并初步形成了共识：（1）无根剂并不属于刑法第一百四十四条规定的“有毒、有害的非食品原料”。（2）生产、销售使用无根剂的豆芽的行为不构成生产、销售不符合安全标准的食品罪。（3）司法机关处理建议：生产、销售使用无根剂的豆芽的行为不构成犯罪，建议人民法院对生产、销售使用无根剂的豆芽不追究刑事责任。对于正在刑事诉讼追诉中的上述行为，应当依法撤销案件，或者不起诉，或者终止审理，或者宣告无罪。参见《无根豆芽案件法律问题学术研讨会闭幕》，访问网址：http：//www. aqsiq. gov. cn/xxgk_13386/zxxxgk/201503/t20150306_433616. htm，2017 年 3 月 27 日。

② 参见江苏省宜兴市人民法院（2019）苏 0282 刑初 1157 号刑事判决书。

结果可能有一定的贡献力。当然，司法机关对于前者予以肯定，而把后者排除在因果关系之外。那么，这里的问题是，该如何判断不法者经营非法添加西布曲明药物的行为与死亡结果的关联性。毕竟，从司法实践来看，西布曲明是市场上减肥类保健品中常见的非法添加药物，但是客观而言，关于西布曲明致死的案件是比较少的。这一方面固然与食品中非法添加的药物含量有关，但另一方面也因为西布曲明本身的毒害性往往难以引起致人猝死等突发性后果。同时，治疗过程中的另一个药物“甲强龙”是否可能是导致受害人死亡的因素，法院对这些问题没有作出明确阐释，凸显该案中因果关系判断的复杂性。

从上述分析来看，危害食品安全犯罪领域的因果关系规则，具有不同于一般犯罪的理论需求。该类案件中因果关系判断的难点可以归纳为以下：一是食品中的毒害物具有隐蔽性，要确定系某一食品造成的，进而归责于生产经营者，存在一定困难。二是食品中毒化物的属性鉴别困难，即在发生涉案食品中掺有非法添加物，时常难以准确查证其毒害性后果。三是在多重因素共同作用的场合，如何确定食品本身与结果之间的内在联系。因此，刑法中因果关系的判断应当立足解决这三大问题。

2. 食品安全因果关系判断的理论选择

对于前述提到的在食品药品领域通过不同理论来解决因果关系判断问题，笔者认为，理论的选择首先要考虑对上述问题的回应，其次要直面司法实践的可行性。

（1）关于合法则性条件理论。合法则性条件理论是为解决条件理论评价扩大化，限制因果关系成立范围的目的下产生的。条件说虽然确定了因果关系的认定标准，并且在今天仍然具有较大的影响力，但是，以条件公式为判断方式的传统条件理论的缺陷显而易见，这一点在理论上已经有过广泛探讨，其主要问题就是扩大作为结果原因的范围。当然，也有学者在分析条件理论后认为，“条件理论的真正缺陷不在于它扩大了原因的范围，而是深藏于其运作机制的本身：运用‘思维排除法’的前提，是人们必须事先就已经知道究竟条件具备何等的原因力，即知道这些条件如何作为原因（之一）而发挥作用，否则，条件理论就根本无法运作。例如，某甲在服了某乙给他的一种尚处于实验阶段的药，然后因心脏病发作而死亡。如果不查明实验药的药性，显然不能仅仅根据

‘思维排除法’，就将某甲的死亡归咎于某乙的行为”。[①] 因此，条件说适用的前提是条件规则，如果条件规则不清楚，条件说作为判断标准自然就无从确认。在笔者看来，这一问题并非条件关系的固有问题，对于任何因果关系理论而言，如果不能说明可能作为原因的某一条件是否具有导致结果出现的可能性，自然不可能用来解决问题。也正是基于此，疫学因果关系本身就是为了解决某一不明因素是否产生了这一后果。就此而言，合法则性条件理论通过对合法则标准的设定来限定条件关系的范围，应当说具有显著合理性。

如前所述，合法则性条件理论的主要内容是，一个行为能否成为合格的条件，仅仅取决于我们的经验知识，依据因果法则，行为是否确实导致了结果的产生。据此，合法则性条件理论舍弃了条件理论中通过排除法确定因果关系的思维方式，而通过正向设定经验规则来审查行为与结果的内在联系。由此看来，合法则性条件理论具有两个显著特征：一是在判断条件关系时，不局限于自然科学的确证性，允许通过经验法则判断事实上的关联性。这里的法则不仅包括自然法则也包括社会科学法则，不仅包括决定论法则也包括统计法则。二是因果关系的判断是为了进行层次性的区分。首先要确定存在明确经验法则的一般性原理，然后确定具体案件中符合该一般性原理，即作出具体性判断。由此把因果关系的认定划分了两个层次，即既要处理反映规律性的一般因果关系问题，又要处理与之相对应的具体因果关系问题。[②] 在案件所涉及的经验法则和因果事实清楚的情况下，运用条件公式足以判断因果关系的存在，但当欠缺经验法则和证据事实支撑时，如何去判断因果关系是否存在就是接下来的因果关系理论所试图解决的问题。[③]

合法则性条件理论在面对危害食品安全犯罪案件时，具有其较为显著的优势。比如，在通过经验法则无法确定条件关系的场合，允许通过权威意见、科学统计等方式确定关联性的存在。这一点对于很多食品中非法掺入毒害物的化学属性缺乏共识时，有利于为专家意见的司法适用提供正当性基础。事实上，《2022 年食品解释》所规定的“‘足以造成严重食物中毒事故或者其他严重食源性疾病’‘有毒、有害的非食品原料’等专门性问题难以确定的，司法机关可以依据鉴定意见、检验报告、地市级以上相关行政主管部门组织出具的书面

---

① ［意］杜里奥·帕多瓦尼著：《意大利刑法学原理》（注评版），中国人民大学出版社 2004 年版，第 118 页。

② 参见邹兵建：《合法则性条件说的厘清与质疑》，载《环球法律评论》2017 年第 3 期。

③ 参见郝艳兵著：《风险社会视域下产品犯罪的刑法规制》，法律出版社 2017 年版，第 146 页。

意见，结合其他证据作出认定。必要时，专门性问题由省级以上相关行政主管部门组织出具书面意见”，就体现了通过专家意见等方式确定食物毒害性进而明确自然属性的方式。然而，在危害食品安全犯罪评价的过程中，仅仅确定不法行为与结果之间具有事实上的联系即归因问题是不够的，因为即便可以查明导致结果出现的经验法则的原因，是否可以进一步将其作为刑法层面予以归责的不法行为，未必可知。比如，在前述“河豚案”中，受害人食用河豚毒素之后死亡，不管是从科学法则还是从日常经验来看，出售河豚的行为与死亡结果之间都存在事实上的因果关系，但是是否可以据此将不法结果归责于行为人，进而按照《刑法》第 143 条的规定适用生产、销售不符合安全标准的食品罪之结果加重犯规定，不无疑问。再如，前述“西布曲明致死人案”，受害人的死因与食用含有西布曲明的减肥药以及特殊疾病等多重因素都有密切关系。即便从经验法则的角度来讲，可以确定西布曲明具有危害人体健康的较大风险，但以存在事实关联性就直接将其评价为销售不符合安全标准食品的结果加重犯，也是存疑的。就此看来，合法则性条件理论也仅仅是解决了一个层面的问题，即行为人的行为是否在事实层面上引起了结果的发生，而对于归责性的判断尚存有疏漏。

（2）关于疫学因果关系。如前所述，对于疫学因果关系的质疑，主要集中在其盖然性的统计分析结论是否满足刑事证据的证明标准。在笔者看来，这一疑问忽略了统计法则的科学性，将统计结论的判断标准等同于统计结论本身的科学性，是不妥当的。疫学因果关系固然是通过对目标因子等因素的分析而基于盖然性法则得出某一结论，但是该统计法则是符合人类探索未知领域的科学方式，法则的盖然性并不等于方法的不科学或者不具有公信力。当这一法则所适用的方法与结论为专业领域所肯定时，表明了结论在科学上的可靠性。从这个角度讲，疫学因果关系是一项基于科学法则所得出的结论，与自然确证的传统分析方式所得出的结论，都应该获得法律的同等评价。因此，即便我们观念上认为这种高概率的结论在自然客观领域存在将来被推翻的可能性，但在科学层面上，这一结果仍然是有效的——这种统计法则确定了一种合法则性的存在，解决了合法则性条件理论中的经验法则判断路径。故而，在德国有观点认为适用合法则性条件理论时无须采用疫学因果关系说。当然，这并不是说疫学因果关系理论可以和合法则性条件理论相互替代，恰恰相反，疫学因果关系理论有其特殊性，其在参与因果关系评价时，难以像合法则性关系理论那样成为一般的归因理论，更难以作为评价危害食品安全犯罪因果关系的主要方法。

其一，疫学因果关系是归因理论，而非归责理论，不能作为规范评价结果归责的方式。如上所述，我们所研究的因果关系，并非一项简单的事实评价，而是刑法意义上的因果关系，是在解决结果原因判断的同时，要确定不法行为与危害结果的规范联系，然而，疫学因果关系只是解决事实判断问题。换言之，即便通过疫学因果关系规则确定了结果可以归因于某一行为，也未必可以对其进行追责。刑法因果关系中，并非客观上存在的任何行为都可以作为不法行为来认定，尤其是在当下危害食品安全犯罪中。作为不法行为，必须是违反了食品安全注意义务的生产、销售伪劣食品（包括有毒、有害食品等不符合安全标准食品的行为）行为。但客观而言，合法行为本身也可能造成食品污染或者出现伤害人身的后果，此时就难以评价为我国刑法中的不法行为。比如，对于前述“河豚案”来说，食品药品监管总局办公厅在 2015 年 10 月 15 日发布了《关于流通环节是否允许销售河豚鱼有关问题的复函》（食药监办食监二函〔2015〕624 号）。该复函第 1 条规定，“河豚鱼含有河豚毒素，尽管不同品种河豚毒素差异明显，但其食用安全风险均较大。河豚鱼属于《中华人民共和国食品安全法》第三十四条‘禁止经营不符合食品安全要求的食品’”。换言之，该规定生效以后，养殖、销售河豚的行为就属于生产、销售不符合安全标准食品的行为，这也是前述“河豚案”的裁判逻辑。但是，在 2016 年 9 月 5 日，原农业部办公厅、原国家食品药品监督管理总局办公厅《关于有条件放开养殖红鳍东方鲀和养殖暗纹东方鲀加工经营的通知》（农办渔〔2016〕53 号）中提到，先行有条件地放开养殖红鳍东方鲀和养殖暗纹东方鲀两个品种产品的加工经营，前一份复函也随之被废止。这种情况下，养殖河豚和销售河豚食品就被区别对待，由此也导致不法行为的评价有所差异。但不管上述规范如何改变，都不可能改变“河豚案”中行为与结果之间的事实联系，只是在规范变动的情况下，行为不法性的评价会受到影响，进而改变归责结论。

其二，疫学因果关系的适用条件在危害食品安全犯罪中不具有典型性，更不具有普遍性。疫学因果关系研究所需要的大样本量，决定了在危害食品安全犯罪中，其不可能成为一个普适性的因果关系判断规则。从理论上来讲，即便承认疫学因果关系的合理性，也只能作为归因理论的补充性规则。这一点，即便支持在危害食品安全犯罪中引入疫学因果关系的学者，也承认“疫学因果关系论只是科学法则的补充，由于科学法则判断因果关系符合客观真实的要求，因此，只有在科学法则不能作为判断基础时，才可以动用疫学因果关系论。如在案件所涉食品中检测出超出法定安全标准的添加剂，且现有科学法则已经证明过度食用该添加剂会导致案件所出现的危害结果，则无须运用疫学因果关系论，直接依照科学法则认定案件的刑法因果关系”。① 换言之，疫学因果关系只能适用于自然科学法则等无法通过现有科技技术予以精确证成的场合，在事实关系清晰时，无须通过疫学因果关系来予以确认。而在危害食品安全犯罪中，相当数量的危害食品安全犯罪中毒害物的化学属性是明确的、清晰的，由此也使疫学因果关系的适用仅处于补充地位。

其三，疫学因果关系适用的复杂性，决定了其适用条件、程序的高标准。而这一点对于刑事诉讼程序而言，司法成本过高。笔者曾经也主张过应当在食品安全领域通过指导性案例等方式确定疫学因果关系的法定标准，明确具备何种条件可以认定伤害后果与不法行为的事实联系，进而归责于行为人。② 但从司法实践来看，这种建议在短时间内难以获得司法的积极回应。一方面，疫学因果关系的大样本需要较大范围的案件数量，否则难以满足统计法则的基础性条件。而危害食品安全犯罪中危害后果的累积性、隐蔽性等特点，决定了难以根据受害人状况来推测食物本身存在严重的质量问题，往往是在个案中出现伤害后果时查询其可接触的食物类型，进而确定是否含有非法添加化学物质或者存在其他污染源，再根据这些非法添加成分确定其与伤害后果的关联性。因此，这种逻辑上的偏差，决定了危害食品安全犯罪中引入疫学因果关系时所面临的问题，与环境侵害案件还是不同的。因为环境侵害具有典型的区域性，而危害食品安全犯罪则具有分散性。另一方面，适用疫学因果关系判断往往要耗费较长的时间，对样本、损害后果等开展统计分析，这一点，对于严格把握时限的刑事诉讼程序而言，成本过高，故而在司法适用的经济性上存在较大障碍。当然，对于当前有关部门通过这一原理确定了某一物质高概率会引起某一伤害后果，侦查机关是可以将这个结论应用于刑事法当中（关于高概率判断作为因果关系事实联系的标准是否妥当，后文拟作详细分析）的。在某种程度上来说，这种疫学因果关系理论与风险评估等食品安全监管措施相契合。就此而言，疫学因果关系在我国刑法实务上的适用，可谓“理想很丰满，现实很骨

---

① 左袖阳、罗婷婷：《疫学因果关系论在食品安全犯罪认定中的合理性及其限制》，载《中南大学学报（社会科学版）》2012 年第 6 期。

② 参见张伟珂：《危害食品安全犯罪刑事治理的政策性检视》，载《人民检察》2020 年第 5 期。

感”。也正是基于此，有观点认为，“引进疫学因果关系理论的观点脱离我国的司法实践，变成单纯的逻辑推演”。[①]

（3）关于客观归责理论。不管是将客观归责理论视为一项因果关系理论，还是一项构成要件理论，都不影响其在解决因果关系时所体现出的清晰的判断思路。当然，既然是归责理论，其重心自然是解决结果归属的规范评价问题，而非归因问题。事实上，客观归责理论的支持者也承认，客观归责理论的运用往往以合法则的条件为基础。如此看来，在危害食品安全犯罪中，由于刑法因果关系认定的难点并非在于归责问题，而是归因的判断，因此，客观归责理论在适用此类案件时难以体现出优势性。比如，在前面提到的国内学者论证客观归责理论的优越性时所使用的“高尔夫案”中，论者认为，无论是从条件说还是从相当性说出发，当高尔夫球手将球打偏导致他人受伤的场合，都能够得出因果关系存在、能够进行归责的结论。而从客观归责的角度看，因为无法从规范层面要求甲只能安全击打而不能打偏，球手无法掌控因果流程，所以以其并未制造法和社会所不允许的风险，也不能归责于行为人。[②] 这种说法未免有贬低其他因果关系理论而故意抬高客观归责理论之嫌。在笔者看来，条件说本身就是探讨事实因果关系的学说，通常认为其结论本身并不等同于刑法层面上的因果关系，因此，即便得出打偏球的行为与伤害结果之间存在事实上的因果性，也不等同于就肯定两者之间存在刑法层面的因果关系，更不用说直接归责于行为人；而在相当因果关系理论中，也要判断两者之间的相当性包括行为本身是否具有实行行为性，显然，打偏行为并不必然等于实行行为，在高尔夫球手本身完全按照行为规范打球的情况下，偏离行为并不具有刑法意义上的危险性，也就难以将不法结果归责于行为人。换言之，如果认定打球行为与结果之间不具有相当性，自然可以排除归责，与客观归责理论的结果是一样。也正是基于此，主张客观归责理论在大多数情况下处理思路与其他因果关系理论并无明显差异的观点，已经成为学界的通说。换言之，危害食品安全问题中因果关系的判断难点在于归因理论，那么，并不擅长归因，且在归责层面偏向于过失犯规范评价的客观归责理论的优势，就难以体现出来。就此而言，即便理论上认为客观归责理论能够解决危害食品安全犯罪中的因果关系问题，事实上是否亟须引入该理论也不无疑问。

---

① 王晓滨：《疫学因果关系理论中国化之否定》，载《法商研究》2020 年第 3 期。

② 参见周光权：《客观归责理论的方法论意义》，载《中外法学》2012 年第 2 期。

此外，抛开理论上的分歧不论，在司法实践中使用客观归责理论也面临可行性之争，其中之一就是是否和我们当下的犯罪论体系相匹配。有学者认为，“在传统因果关系概念中增加新内容而形成的客观归责论横跨构成要件符合性、不法和责任三个阶段，由此导致了体系混乱。而我国犯罪构成四个方面要件之间存在严格界限，分为客观方面和主观方面，因果关系论旨在为追究罪犯的刑事责任提供客观根据，因而客观归责论并不符合后者的构造和功能”。① 在笔者看来，这恰恰是客观归责理论的支持者基本属于德日三阶层理论的忠实拥趸之原因，也是该理论应用于危害食品安全犯罪领域的现实短板。然而，且不说三阶层的犯罪论体系在可预期的时间内难以在实践中完全形成对四要件构成理论的司法替代，后者本身也在吸纳德日刑法理论的过程中不断推进体系化的自我完善。事实上，三阶层理论对四要件理论的批判，大多是对数十年前四要件理论的批判，而这些质疑也并非四要件理论不可治愈的问题（更多的是德日刑法论支持者对其源于血统的批判），更多的是因为我们没有去挖掘四要件本身的理论内涵，帮其构筑契合理论发展的体系自洽性和规范性，是一种缺乏建构性的批判，因此，四要件犯罪论体系在丰富的司法资源中完全可以进一步发展。相比之下，客观归责理论与四要件犯罪论体系的契合上需要大量的理论探讨，故而难以在短期内成为司法实践中因果关系的主体性理论。这也是为什么在相当因果关系理论、合法则性条件理论等学说在实践中都有尝试的情况下，客观归责理论基本停留在理论探讨的层面上。需要提及的是，即便先前出现了运用客观归责理论分析因果关系的案例，在笔者看来，这种分析思路也并没有呈现其在因果关系理论上的优越性。在该“美容致死案”中，针对法院判决，有论者认为，法官先对因果关系进行事实判断，根据鉴定报告证明被鉴定人因急性药物中毒导致多器官功能衰竭死亡。具体事实是，被告人为被害人注射了利多卡因等药物做术前准备后，被害人发生了急性药物中毒，经抢救无效死亡。接下来法官按照客观归责理论进行了分析，首先，被告人制造了法所不容许的风险，即在不具有医师执业资格的情况下，为被害人注射了利多卡因等处方类药物，严重威胁到被害人的生命安全。其次，被告人实现了法所不容许的风险即被告人为被害人注射药物，致使后者因药物中毒而死亡。最后，从构成要件的效力范围来看，死亡结果不能由第三人负责，也不能由被害人自我负责，故而

---

① 李冠煜：《我国刑法因果关系论宜采取修正的相当因果关系说》，载《政治与法律》2017 年第 2 期。

该死亡结果应归责于被告人。被告人的行为该当过失致人死亡罪的客观构成要件。① 这类药物致害的案件与危害食品安全犯罪案件，在因果关系判断上所面临的问题是基本相同的，故而上述案件客观归责理论的运用也被学者视为解决因果关系问题的尝试。但是，在笔者看来，上述观点有些夸大其词，换言之，通过相当因果关系理论等归责理论同样可以将死亡结果归责于非法注射药物的行为。因为在确定两者之间存在事实上的因果关系以后，核心问题是作为介入因素的被害人行为是否可以阻断先前注射行为与死亡结果之间的因果关系。在被害人被欺骗进而同意离开医院的情况下，被害人的行为不能被评价为异常，也就不能改变被告人之前行为所造成的现实危险，故而将死亡结果归责于注射行为是具有社会相当性的。

当然，本部分并不在于对客观归责理论的优劣点进行系统评述，只是对个别观点作部分阐释，意在明确客观归责理论在解决所谓司法疑难时体现出的“理论优势”，并非其他因果关系理论的短板。既然如此，在学术层面讨论热烈的客观归责理论是否会影响司法实践尚未可知，当前直接将其引入危害食品安全犯罪并非现实的最优选择。

三、危害食品安全犯罪归因判断的层次性

合法则性条件理论较条件公式理论更具优越性，但其具体内容因限定在经验性知识层面而被认定难以满足法学的明确性要求。经验的合法则性意味着，原因与结果之间的关联并不是个别的、偶然的联系，而是一般的、普遍的联系。也正是这个意义上，合法则性条件理论也被称之为一般因果关系理论。② 以此为基础，在德国刑法理论上，运用合法则性条件公式来说明因果联系时，实际上分为两种类型，一种是用以陈述一般法则，另一种是用以对阐明的事件进行具体描述。这种逻辑结构事实上构成了法学理论上因果关系的判断基础。前者被称为一般因果关系，以科学层面得到确认的普遍认可的自然法则为依据，后者属于具体因果关系，解决具体事实情况能否归属于这一自然法则之

① 参见孙运梁：《客观归责论在我国的本土化：立场选择与规则适用》，载《法学》2019年第5期。

② 参见［德］埃里克·希尔根多夫著：《德国刑法学：从传统到现代》，江溯、黄笑岩等译，北京大学出版社2015年版，第274页。

下。通过两个位阶的逐个检验确定因果关系的存在。[①] “运用合法则性条件理论判断刑法因果关系的过程，就是综合运用一般因果关系和具体因果关系对已经发生了的不法侵害结果进行解释的过程”。[②] 可以说，这种判断方式进一步使合法则性条件理论的判断更具科学性和规范性，也明确了判断的具体思路，在理论上为一些学者所主张。在英美法上，也存在相似的判断思路，认为每一个因果关系的分析，如果不明显，都暗含着一般因果关系与特殊因果关系的判断。[③] 这种分析较好地贴合危害食品安全犯罪所面临的问题。从《刑法》第 143 条、第 144 条的规定来看，危害食品安全犯罪因果关系的逻辑起点，是涉案食品是否足以严重危害人体健康；如果无法在法则层面确定这一危险性的存在，就难以确定具体个案中危害后果的归因问题。可以说，这一逻辑正好对应了上述事实因果关系判断的进路。故而本文接下来将从两个层次来阐释危害食品安全犯罪中的归因问题。

（一）危害食品安全犯罪中一般因果关系的判断

危害食品安全犯罪中，一般因果关系判断的核心问题，尚未脱离合法则性条件理论所面临的传统问题，即这里的合法则性是否基于纯自然法则，在理论上不无争议，而这也是合法则性条件理论在实践层面是否具有合理性所必须解决的问题。

1. 合法则性条件理论中的经验法则

既往较多的学者认为，如果将自然法则作为一般因果关系的基础，未必能详尽论述这种法则的类型。[④] 因此，关于如何理解该学说中的经验法则，在理论层面上也存在着一些争议。“狭义说认为，合法则性条件说中的法则只能是自然法则、决定论法则；而广义说则认为，合法则性条件说中的法则不仅包括自然法则也包括社会科学法则，不仅包括决定论法则也包括统计法则。”[⑤] 在笔者看来，如果将经验法则限定于自然法则的范畴，难以充分回应社会公众的经

---

① 参见［德］埃里克·希尔根多夫著：《德国刑法学：从传统到现代》，江溯、黄笑岩等译，北京大学出版社 2015 年版，第 275 页。

② 邹兵建：《合法则性条件说的厘清与质疑》，载《环球法律评论》2017 年第 3 期。

③ 参见［美］吉恩·马基雅弗利·艾根著：《毒物侵权法精要》（第 4 版），李冰强译，南开大学出版社 2016 年版，第 228 页。

④ 参见［德］埃里克·希尔根多夫著：《德国刑法学：从传统到现代》，江溯、黄笑岩等译，北京大学出版社 2015 年版，第 274 页。

⑤ 邹兵建：《合法则性条件说的厘清与质疑》，载《环球法律评论》2017 年第 3 期。

验需求。因果关系的内在联系，并非只能在自然层面进行充分确证。虽然早期的条件关系理论受 18、19 世纪自然科学观的影响，倾向于将自然确证的物质联系作为判断因果关系的基础，但随着社会科学的发展，因果关系的内涵不断丰富、发展，仅仅局限于自然确证的范畴不仅无法回应公众需求，而且会出现一些明显违背常理的事情。比如，对于一些新型化学物质，是否具有危害人身的属性，如果一定寻求自然层面的确证性风险，就可能导致因科学层面无法达成共识而给人类安全造成风险。因此，社会科学的判断规则与自然科学的判断规则，基于适用场景的不同而应当有所差异。换言之，即便自然科学规则存在高度的准确性而不会带来风险，但是获得法律认可的社会法则本身所得出的结论也未必就是荒谬的。甚至说，基于事物发展的相对性，即便当下通过确证性而得出的自然法则，也未必在将来不会被推翻，而社会法则只是基于当下的局限性未能达到自然法则的程度而已。就此而言，作为该学说的经验法则，也不应当限定在纯粹的自然法则的范畴，应当包括统计法则、社会法则等广义内容。事实上，合法则性条件理论的判断，在刑法中不可能仅限于自然法则的范畴，比如在敲诈勒索罪或者恐吓型抢劫犯罪中，威胁恐吓行为与交付财物之间的关系显然并非自然法则可以解释——带有社会法则的色彩。而在毒害物侵权领域，也不可能只有在科学层面无异议的确证规则下确定不法行为与危害结果之间的因果关系。可以说，因果关系本身就是一个逻辑推演的过程，而经验法则只是确保逻辑推演结果的合理性和可接受性，而并非逻辑本身。正如有学者所提到的："将因果解释定义为一个逻辑推理的过程，但不能对统计法则进行逻辑推理，因为永远存在没有出现的可能性，但是在应用统计法则时，可以进行逻辑推理得出确定性的结论"。①

当然，在逻辑层面上，虽然我们可以阐释以统计法则等作为经验法则内涵的合理性，但是这并不能消除学者们对经验法则被作为判断标准的质疑。比如，有学者就基于对自然法则、统计法则等适用性的质疑，认为应当抛弃合法则性条件关系理论。在该论者看来，在自然法则层面，关于自然法则的认识程度和认定主体是难以确定的。就前者而言，人们对自然法则的认识达到何种程度时才能肯定自然法则的存在？比如，当已经确定某种产品造成了人身损害后果，但不知道损害源究竟是什么时，这对于自然法则的认定是否足够。就后者

① ［德］埃里克·希尔根多夫著：《德国刑法学：从传统到现代》，江溯、黄笑岩等译，北京大学出版社 2015 年版，第 284 页。

来说，当自然科学领域对某个自然法则是否存在本身就颇具争议时，法院应当以谁的看法为准，能否以主流意见或学术代表人物的意见认定自然法则？可以说无论是采用肯定说还是采用否定说，都无法给出令人满意的答案。对于统计法则的质疑与上述角度类似，即在未经证实存在大量样本中的统计相关性时，无法确定某种关系符合统计法则。由于统计法则根本无法提出任何可操作的甄别标准，故而依据统计法则得出判断本身就是一个空洞结论。① 在笔者看来，上述质疑看似合理，却有夸大之嫌，将那些科学层面与社会经验都无法识别的问题作为合法则性条件理论的特有缺陷，有失客观性。

首先，就自然法则的认识程度来说，并非一个精确的数字范畴，而在认识到何种程度就可以肯定自然法则的存在，既依赖于人们的认识又不依赖于人们的认知。在通过自然科学的技术证明可以确定自然法则的存在时，不管社会大众是否有认识都可以在规范层面肯定合法则性的存在；相反，即便在自然科学层面无法准确评估其是否会造成某种伤害后果，但是仍然可以基于特定的验证规则而肯定法则性的存在。比如，在乳制品中非法添加三聚氰胺的案件中，虽然在科学层面提到幼儿食用三聚氰胺的乳制品可能会导致体内结石，但是婴幼儿在食用多少或者食用多长时间的此类乳制品才可能在体内形成结石进而引发尿路感染，难以达成自然科学的确定性。在这种情况下，我们显然不会因为科学层面无法精准确证而否定法则的客观存在。人们的认识程度高低无法精准测量，这个在社会科学领域尤其突出，并非仅限于合法则性条件理论的场合，故而以此为理由否定该学说是不恰当的。

其次，至于自然科学的认定主体，在无法达成共识的情况下，的确会给司法裁判带来困难，但是分歧性不代表这种判断规则就应当被放弃。一方面，在司法裁判过程中，处理事实上的分歧本身就是司法裁判的一部分，法官始终面临着法律层面事实确定的司法任务，故而自然科学领域的分歧并不意味着法官无所适从；另一方面，在面对不同专家意见的时候，是采纳主流意见或学术代表人物的意见认定自然法则，取决于司法裁判的规范标准。比如在主流意见和代表人物意见不一致时，司法者可以根据哪种观点具有论证上的逻辑自洽性和可接受性来加以甄别，此时面对两者的不一致，并非必然放弃自然法则。事实上，在代表人物意见不足以推翻主流意见时，往往难以认定主流意见是不妥当的。这种情况下，司法者基于程序正当性而作出的选择不违反诉讼程序。这一

① 参见邹兵建：《合法则性条件说的厘清与质疑》，载《环球法律评论》2017 年第 3 期。

点在《2022年食品解释》第24条也有所体现，即“‘足以造成严重食物中毒事故或者其他严重食源性疾病’‘有毒、有害的非食品原料’等专门性问题难以确定的，司法机关可以依据鉴定意见、检验报告、地市级以上相关行政主管部门组织出具的书面意见，结合其他证据作出认定。必要时，专门性问题由省级以上相关行政主管部门组织出具书面意见”。从中可以看出，在自然科学层面尚未达成科学共识的，司法机关可以根据有关部门的书面意见结合其他证据认定。这种由特定主体作出的书面意见难道不能作为证明“经验法则”存在的客观依据吗？因此，该论者以自然法则的认定主体不确定为由对自然法则本身进行质疑，可谓机械的科学主义视角。

最后，对于统计法则的质疑本身也是存在问题的。一方面，如果统计法则无法得出确定的结论，那就说明这个事实是无法证明的。既然是无法证明，也就表明本身不存在任何经验法则，也不可能把无法阐释清楚的事实关联作为判断因果关系的法则。这个问题不仅在合法则性条件理论中存在，在条件说、相当因果关系理论中也同样存在，即如果无法确定事实联系或者相当性，自然就否定双方之间的关系。这应当是毫无争议的。另一方面，统计法则并非毫无根据地对客观事实加以分析研判。如前所述，除了社会科学领域，在心理学、医学等领域也会依靠统计法则来判断事物发展规律与特点，并且将这些统计法则视为独立的、基础性的法则类型。如果认为统计法则所得出的结论是空洞的，就无法解释这一统计分析方式在其他多学科中的合理运用。[①] 事实上，通过统计分析的方式对于可能性进行判断，虽然只是一种方式推理，未必是客观存在，但是基于对不同学科领域特定统计方法科学性的确定，自然也会得出其结论的可靠性。正是基于这一点，在理论上，因果解释就是将个案的待解释项条件归属于一个统计或者决定论法则之下，原则上，不需要确定在给定情况下待解释事件出现的可能性大小，因此，法律适用者不需要就合法则性的存在及准确程度进行实证性研究，只需要以其所具有的日常生活经验作为合法则性的基础。[②] 以砒霜中毒事件为例，人食用掺入砒霜的食物后，并不必然会死亡，而是高概率为死亡，这除了受食物中砒霜的含量影响以外，还取决于行为人食用食物的多少等因素。但是我们确定受害人死亡后，往往不会考虑砒霜致死的概

---

① 参见［德］埃里克·希尔根多夫著：《德国刑法学：从传统到现代》，江溯、黄笑岩等译，北京大学出版社2015年版，第283页。

② 参见［德］埃里克·希尔根多夫著：《德国刑法学：从传统到现代》，江溯、黄笑岩等译，北京大学出版社2015年版，第290~291页。

率性高低，而只是在基于日常生活经验判断砒霜会使人死亡。基于此，上述对于合法则性条件理论的质疑是难以成立的。

2. 危害食品安全犯罪中一般因果关系的分类

综合上述分析，通过对自然法则、统计法则予以质疑进而否决合法则性条件理论的主张是站不住的。当然，从上述分析也可以看出，作为一般因果关系判断规则的自然法则、统计法则，在社会共识上也是存在差异的。因此，有学者以这种共识性差异对一般因果关系的类型进行了划分，提供了因果关系类型化判断体系。该观点认为，“一般因果关系属于社会基本共识之一种，传统社会中的基本共识由宗教、权威、经验或常识来担保，由科学本身来担保的共识是一种强共识，是各个层次的科学理论；而对存在科学不确定性的一般因果关系的认定，为了在有限时间（审限）、有限空间（效力限于原被告双方）内解决争议，由法庭在存在矛盾的科学争论中选择其一作为法庭共识。这是一种弱共识即个案中的司法共识，这种共识本质上是由司法权威而非科学予以担保的。在个案中法官通过心证而形成的司法共识是可以被后来案件中所提供或揭示的更好证据所推翻的，而强共识的修正或放弃则需要科学界自身的修补或革命”。以该分析为基础，该观点将环境侵权类案件中的一般因果关系划分为三类：第一种类型的一般因果关系，可以根据常识经验来确定。第二种类型的一般因果关系，需要由司法进行实质判断，即通过法官的科学专业知识、专家证言或鉴定机构的专业知识即可担保形成一般因果关系的共识。第三种类型的一般因果关系，存在一定程度的科学不确定性，科学层面本身也在对这一问题进行研究，尚未形成共识。① 笔者认为，这一分类方式对经验法则进行了类型化区分，不仅有利于规范认识不同因果关系法则的内涵差异，而且对适用不同方式判断因果关系提供了合理化根据。因此，这种方式不仅适用于环境侵权案件，对于危害食品安全犯罪也同样具有借鉴意义。因为危害食品安全犯罪与环境侵权案件一样，面临着毒害物不易识别、危险性判断类型复杂等特点，这种分类方式有助于在不同案件中确定针对不同毒害物类型的因果关系判断规则。为此，结合危害食品安全犯罪中涉案食品非法添加化学物质或者被污染后形成的致害物之毒害性不同，可以分以下三类案件进行讨论。

第一类案件是在食品掺入了常见的剧毒物质如高毒剧毒农药、兽药等案件。由于对这些农药兽药的毒害性认识几乎成为一种社会常识，比如毒鼠强、

① 参见陈伟：《环境侵权因果关系类型化视角下的举证责任》，载《法学研究》2017年第5期。

氟乙酰胺等，因此，此类案件中，对于该类毒害物所可能产生的一般性伤害后果往往作为基本共识而存在。比如在“毒鼠强致死案”中，亢某某将其购买的四包含毒鼠强的鼠药兑入维维豆奶中，让不知情的被害人付某喝下，致付某喝下后中毒身亡。[①] 在案证据并没有对毒鼠强的毒害性进行专门的分析研究，而只需确定付某体内是否含有毒鼠强，以及死亡结果是否符合毒鼠强的致害性特征即可。

第二类案件中毒害物的危害性特征在理论层面尚需要验证，即未形成普遍的社会共识或者权威性意见。这种情况下，一般因果关系的判断往往依赖于特定人士对其毒害性的个案分析和研判，并由法官根据自由心证来加以确认。比如，在前文提到的最高人民法院指导案例70号“北京××生物技术开发有限公司、刁某有等生产、销售有毒、有害食品案”中，对于食品中掺入的盐酸丁二胍，尚未获得国务院药品监督管理部门批准生产或进口，不得作为药物在我国生产、销售和使用，但其危害性如何，尚需要个案鉴定。为此，办案机关邀请扬州大学医学院葛晓群教授出具了专家意见，并结合南京医科大学司法鉴定所的鉴定意见认定，盐酸丁二胍具有降低血糖的作用，长期使用添加盐酸丁二胍的保健食品可能对机体产生不良影响，甚至危及生命。关于该案，最高人民法院认为，“行为人在食品生产经营中添加的虽然不是国务院有关部门公布的《食品中可能违法添加的非食用物质名单》和《保健食品中可能非法添加的物质名单》中的物质，但如果该物质与上述名单中所列物质具有同等属性，并且根据检验报告和专家意见等相关材料能够确定该物质对人体具有同等危害的，应当认定为《中华人民共和国刑法》第一百四十四条规定的‘有毒、有害的非食品原料’”。[②]

第三类案件中作为一般因果关系基础的法则共识性最弱，甚至可能出现相互冲突的多方观点，这时只能由法官综合各方意见判断一般因果关系是否存在。正所谓科学上具有一定程度的不确定性，科学界对关联性或因果性研究已经取得了一些成果，但还存在反对意见，尚未形成较强的共识。[③] 这方面最典型的就是“问题豆芽案”中的6-苄基腺嘌呤和赤霉素等农药的毒害性。对此，

---

① 参见四川省宜宾市中级人民法院（2021）川15刑初7号刑事判决书。

② 参见最高人民法院指导案例70号北京阳光一佰生物技术开发有限公司、刁文有等生产、销售有毒、有害食品案；江苏省扬州市广陵区人民法院于2014年1月10日作出（2013）扬广刑初字第0330号刑事判决书。

③ 参见陈伟：《环境侵权因果关系类型化视角下的举证责任》，载《法学研究》2017年第5期。

前文已有分析，不再赘述。

在上述三类案件中，最容易判断一般因果关系存在的是第一类案件，即在确定致害物的前提下，对于其致害性有高度共识。正如有学者所认为的，只要此类犯罪所涉食品里面的危害成分或危害因素能够得到科学检测，且此类犯罪所涉被害人的健康乃至生命损害能够得到科学说明，所涉食品里面的危害成分或危害因素与所涉健康乃至生命损害事实上存在着客观联系，则此类犯罪中的因果关系便能够得到认定，亦即此类犯罪中的因果关系可按照“科学法则（医学法则）”进行认定，或曰此类犯罪中的因果关系是“合科学法则（医学法则）”的因果关系。[①]

第二类案件在认定一般因果关系时相对较为复杂，需要依赖专家技术人员对致害物的危害性进行科学论证与分析。这类案件应该说是司法实践中较为典型、普遍的案件。因为不法人员生产、销售不符合安全标准的食品之目的，通常在于获取高额利润，而不在于危害消费者生命健康，所以在食品中非法添加化学物往往是基于降低成本，满足特定食用效果等。这就决定了他们通常会选择一些毒副作用不明显、隐蔽性较强的化学物质，从而给司法机关带来证明上的障碍。这种情况下通过专家意见等方式来确定其化学属性及其后果，确定其经验法则，应当说是客观需求。换言之，在这类案件中，可以通过专家意见等方式结合统计法则等学理分析来确定一般因果关系的存在。

第三类案件中的认定难点较大，尤其是在滥用添加剂或者农兽药领域，如何把握其危害性是问题所在。对此，有观点认为，应当允许一定时空内的司法判决担保共识的存在，当然，随着更优势的证据出现，在另案中可以修正或推翻前案有关一般因果关系是否存在的共识，形成新的共识（包括运用疫学因果关系的方法）。[②] 在危害食品安全犯罪中，对于此类问题解决固然可以通过司法判决确定一种有限的共识，这是较为便宜的一种选择，但较为妥当的判断仍然是回归第二类案件的处理思路，通过专家意见的形式确定其危险性的存在，以较低的司法成本建立同类案件的处理机制。不过，难点在于地方司法机关时常难以找到有效证据来支撑这种判决，所以为解决这一问题应当由省级以上司法机关建立专门的毒害物评估专家资源和相应的评价机制。

---

① 参见马荣春：《危害食品安全罪犯罪构成新探》，载《法治研究》2014 年第 2 期。

② 参见陈伟：《环境侵权因果关系类型化视角下的举证责任》，载《法学研究》2017 年第 5 期。

（二）危害食品安全犯罪中具体因果关系的判断

针对具体因果关系的判断，有学者在研究环境侵权案件的基础上，提出了二阶段的归因论，即在环境侵权领域，由于损害结果的发生依存于“环境”这一中介，侵权行为产生的污染物需要通过环境介质才能对受害人产生损害，因此，从不法行为到危害后果这一因果链条因环境而被进一步区分为到达的因果关系和致害的因果关系两个客观阶段。[①] 前者是对致害物通过媒介进行传播、扩散的事实性描述，表明受害人暴露于致害物中的客观过程；致害的因果关系则与之不同，系描述受害人受到毒害物客观侵害的现实性，因此，这两类因果关系系发生在前后阶段，前者描述事实进程，后者呈现损害机理，因果法则迥然不同。当然，也使环境侵权因果关系的逻辑机理更加清晰。这一研究思路同样可以适用于危害食品安全犯罪领域，因为在该犯罪中同样存在“市场”这一媒介，即从食品的生产到消费者食用，中间往往经历多个流通环节。显然，要证明生产经营行为与损害结果之间具有刑法意义上的因果关系，就必须明确不法经营者所生产出的产品被消费者购买，而后因食用发生了损害后果。鉴于此，对于具体因果流程，同样可以划分为到达的因果关系和致害的因果关系。

1. 到达的因果关系及其判断

如上所述，到达的因果关系是生产者所生产的食品经流通进入市场后被消费者所购买的事实联系。因此，到达的因果关系所解决的主要问题是食品在市场上的流通范围以及致损害者人身损害的食品之来源问题。在危害食品安全犯罪中，要证明食品的生产经营者对损害后果承担责任，就必须证明涉案食品来自某一生产经营主体。如果不能证明这一点，即便可以确定食物中存在致害性物质，也难以据此确定不法行为人。当然，从司法实践来看，这类案件主要有两种类型：第一种类型是在确定了涉案食品含有致害物以后，不能确定受害者所受到的人身伤害系该产品造成的，即无法确定受害人曾暴露于致害物之中。比如在“三鹿奶粉案件”中，司法机关没有确定三鹿集团所生产的三鹿奶粉造成了婴幼儿伤亡的后果。第二种类型是虽然确定了受害者的人身伤害以及致害物，但不能证明致害物的来源。这种案件的情形也比较多，甚至往往因无从确定危害源而使客观存在的不法行为被掩盖，沦为犯罪黑数。比如，在“神秘甲

---

① 参见陈伟：《二阶段归因论——关于事实因果关系的一般理论》，载《政治与法律》2021 年第 9 期。

醇案”中，在案证据可以证实张某三、刘某三、潘某一、梁某等人因饮用了被告人吴某俊、潘某文经营的“××自助烤肉店”内提供的枸杞大枣泡酒，出现了甲醇中毒的事实。但是，本身为非食品原料的高浓度甲醇从何而来，仍存在合理怀疑。法院认为，被告人店内的“枸杞大枣泡酒”系杜某提供的散装白酒泡制而成，而杜某是从陈某才处购得，陈某才是从邓某二酒厂、赵某白酒销售门市购得。陈某才、邓某二酒厂，赵某白酒销售门市的所有酒类，包括二被告人店铺中剩余白酒，经检测均未发现甲醇超标，因此，在案证据不能确定该案中甲醇的来源。无论是自制泡酒，还是自然发酵酿酒，均不可能使该案被告人提供饮用的枸杞大枣泡酒内的甲醇含量如此之高。甲醇系化工原料，属于有毒物质，不是食品、酒类的制作原料，不会在枸杞大枣泡酒的正常制作与自然发酵中产生如此之高的浓度。因此，该案所涉“甲醇毒源”，以及其产生原因等关键问题未能查清，现有证据不能证明被告人的经营行为与被害人的伤亡存在刑法上的因果关系，不能排除该案由其他原因造成被害人甲醇中毒的合理怀疑。[①] 该案中，虽然通过监控视频等可以确认受害人等饮酒后中毒的事实，但是难以确定涉案食品的具体来源。相应地，在不能确定毒害物来源的情况下，就难以确定陈某才、杜某、赵某以及二被告人的经营行为与损害结果具有事实上的关联性。当然，需要说明的是，在该案中，只要能够确定被告人提供的泡酒导致受害人甲醇中毒，虽然无从核实甲醇来源，也可以证明被告人的行为与受害结果之间符合致害的因果关系，毕竟从其提供泡酒到受害人饮酒的过程是客观存在。但是，对于陈某才、杜某、赵某等提供白酒的人而言，无从证明他们的生产销售行为与损害结果之间符合到达的因果关系。就此来说，到达的因果关系，事实上就是对涉案食品流转过程的回溯与确认，系纯客观的外在事实，也同样因涉案食品特征的高度唯一性，使达到的因果关系的判断具有了高度确定性。

对于大多数案件来说，要证明涉案食品与损害后果之间符合到达的因果关系，是相对较为直观的。只要从市场交易的最后一个环节入手去核实查证即可。这种客观层面的事实联系也就决定了判断到达的因果关系不涉及经验法则，但必须在证据层面达到合理确信的程度。据此，有学者主张“用正向观察法来观察行为是否通过因果链条‘到达’了客体，如果行为直接或通过因果链

---

① 参见四川省凉山彝族自治州中级人民法院刑事附带民事判决书（2017）川34刑初66号刑事判决书。

到达了客体，则存在到达的因果关系，反之，则不存在到达的因果关系”。[①] 在上述案件中，就是无法确定陈某才等人提供的酒与甲醇具有事实联系，故而排除这一层次的因果关联。在传统市场领域，这一环节相对较为清晰，而在互联网时代，从生产到销售往往经过多个市场主体，一些销售者在出售食品之前可能没有接触食品，这种情况下，到达因果关系的判断就有所不同。对此，在证明过程中仍然要注意两点：一是所有证明都与涉案食品中致害物的来源有关联性；二是司法机关必须通过证据确定涉案食品与损害结果之间具有因果联系，而不在于排除其他联系。易言之，确定存在到达的因果关系的前提在于，法院根据现有的证据已经查清了食品毒害性产生及流通的事实过程。在无法查明这一点时，只能根据疑罪从无来否定这一层次因果关系。当然，这并不要求司法机关查明与结果出现有关系的所有事实——结果的出现往往取决于多个因素，刑法的任务并非要穷尽所有相关因素，而仅仅在于确定行为与结果之间的关系。[②] 比如在前述“皮肤炭疽案”中，虽然被告人将死因不明的死牛屠宰后出售，但是在案证据不能证明涉案死牛患有炭疽病，也就无法证明受害人曾经暴露于致害环境中。在危险源无法确定的情况下，既不能将客观上销售不符合安全标准食品的行为认定为结果的原因，也难以确定受害者人身损害系食用不符合安全标准的食品造成的。

2. 致害的因果关系及其判断

致害的因果关系是指损害发生地的污染物对受害人的人身或财产造成损害的因果关系，解决的是受害人的人身或财产损害是否是由此污染物所致的问题。[③] 因此，在危害食品安全犯罪中，致害因果关系往往与食品中的致害源有直接关系。当然，这也表明了致害因果关系的判断实际上是一般因果关系在具体案件中的应用过程。不过，两者之间也存在显著差异。一方面，在一般因果关系中，致害成分与损害结果的因果关系，是依据经验法则进行判断的，是抽象的、一般的关系，而在具体案件中，两者之间的联系是具体的、现实的。因此，具体案件中的损害结果是否完全符合一般因果关系的法则，还需要进行具体判断。比如，在自然法则层面，三聚氰胺作为一种化工产品具有一定的致癌

① 陈伟：《二阶段归因论——关于事实因果关系的一般理论》，载《政治与法律》2021 年第 9 期。

② 参见徐凌波：《因果关系在产品刑事责任案件中的认定问题》，载《政治与法律》2014 年第 11 期。

③ 参见陈伟：《二阶段归因论——关于事实因果关系的一般理论》，载《政治与法律》2021 年第 9 期。

性，且在人体通过分解等过程而沉淀下来形成结石。但在具体案件中，不能因为受害人食用了含有三聚氰胺的乳制品，就将其身患结石疾病的原因直接归因于食品，而要考察其食用时间、食用量等因素。另一方面，在一般因果关系中，判断进路是正向的，即特定致害物可能造成的损害后果是什么；而在致害的因果关系中，判断进路往往是逆向的，即特定损害结果的出现是否与致害物有关联。毕竟，损害结果的出现，往往可能受到多重因素的影响。比如前文提到的“幼儿结石案”中，法院正是以幼儿虽然食用过奶粉，但在成长过程中也食用其他食物为由，认为是否是奶粉中含有的三聚氰胺导致了肾结石病症难以查明。因此，在具体因果关系的判断中，需要在一般因果关系的基础上，建立适用于具体案件的判断规则。

如何判断具体因果关系的存在，不能忽略一般因果关系中的经验法则。对此，有观点认为，对事实因果关系的证明一般可采“条件说”。在具体案件中，法官须在最初和最低意义上证明实行行为是损害结果发生的原因之一。[①] 也有观点认为，致害阶段并不存在人的行为因素，最小充分条件集是事先已经存在的各种确定因素，因此可以用合法则性条件理论来识别、判断一般因果关系存在与否。[②] 笔者认为，前者并没有说明如何把握实行行为与损害结果发生的原因，而以条件说作为判断手段难以避免该理论的固有缺陷，正如上文提及的三聚氰胺一样，忽略乳制品中三聚氰胺含量以及人食用的时间来谈论这个危害都是不科学的。换言之，在不考虑科学法则的情况下，仅仅因为食品中含有三聚氰胺这个因素，就将其作为造成危害结果的原因，是有违科学法则的，也必然导致条件判断的扩大化。而后一种观点则表明了具体因果关系与一般因果关系的内在联系，更具可操作性。当然，亦如一般因果关系规则在判断中会因为食物中致害成分的毒害性差异以及在科学评价层面共识性的不同，在证明方式上有所区别，具体因果关系的认定也存在同样的问题。尤其是在危害食品安全犯罪领域，是以人身损害作为损害结果的直接形式，故而行为和结果之间的关系呈现为人和人、人与环境之间的复杂关系，极易伴随其他因素的介入，从而使得因果关系的判断比较困难。[③] 鉴于此，对于致害的因果关系，除了可以从日常生活性、科学确定性和科学不确定性等角度进行判断以外，还需要注意危险

① 参见杨建军：《刑法因果关系的司法证明》，载《比较法研究》2020 年第 6 期。

② 参见陈伟：《二阶段归因论——关于事实因果关系的一般理论》，载《政治与法律》2021 年第 9 期。

③ 参见邹兵建：《刑法因果关系的司法难点》，载《政治与法律》2015 年第 12 期。

源是否存在单一性对因果关系认定的影响。

其一，对于初步判断系单一危险源的场合，即对于毒害物的致害性比较明确或者比较强烈的场合，往往危险结果出现以后，很容易确定危险源的范围。这种情况下，只要能够在科学法则层面确定危害后果系毒害物致害性的自然表现，就可以确定两者之间具备了致害因果关系。比如，在“××斋克伦特罗案”中，关于辩护人所提该案被害人到医院进行诊疗与被告人马某东销售的食品之间不存在因果关系之辩护意见。法院认为，被害人孙某等15人在××小吃店用餐后出现心慌、心悸、四肢无力等疑似食物中毒症状，并在当日即前往天津市泰达医院就诊。天津市滨海新区市场和质量监督管理局委托第三方对该店案发当日所查扣的羊肝、羊肚及牛肉馅进行检验，均检出含有克伦特罗成分。天津市疾病预防控制中心对该小吃店事发当日销售剩余的羊杂、羊肚、羊杂汤、羊肚汤、牛肉馅等进行检验，亦均检出含有克伦特罗成分，而克伦特罗属于有毒、有害的非食品原料，是绝对禁止添加的。据此，被害人到医院进行诊疗与马某东销售的不符合安全标准的食品之间显然存在因果关系。[①] 在该案中，由于从食用涉案食品到病症发作，时间较短，没有信息表明行为人接触过其他可疑危险源，更重要的是，受害人食用食品后所表现出来的病症与克伦特罗对人体造成伤害症状相吻合，故而可以直接确定受害人系食用涉案产品之后产生的身体伤害，被告方的经营行为与伤害结果之间存在具体的因果关系。当然，如上所述，在这一具体关系的判断中，要对抽象的经验法则予以具体化，因为“即便可以确定暴露在一定时间、一定剂量的化学物质中的人群有可能患上某种疾病，判断最终的因果关系是否存在，仍需要进一步确定病患个体的特征、暴露渠道、暴露剂量等其他因素”。[②]

其二，对于无法确定是单一危险源，或者存在多个疑似危险源的场合，其他危险源存在的可能性不会直接否定涉案食品与危害结果之间存在致害的因果关系。的确，“从暴露到毒物中的疾病发作之间存在着潜伏期，原告通常很难在有毒物质与伤害之间建立起必要的因果联系。随着时间的流逝，出现多重中间原因的可能性越来越大”。[③] 因此，致害的因果关系的判断，往往是在确定危

---

① 参见天津市滨海新区人民法院刑事附带民事判决书（2018）津0116刑初80081号马卫东生产、销售不符合安全标准的食品一审刑事判决书。

② 陈伟：《疫学因果关系及其证明》，载《法学研究》2015年第4期。

③ ［美］吉恩·马基雅弗利·艾根著：《毒物侵权法精要》（第4版），李冰强译，南开大学出版社2016年版，第5页。

险源的情况下，就该危险源对于危害结果的出现是否具有内在联系的事实判断，其他危险源的存在，并不必然否定前者对危害结果的影响。在这一逻辑中，“原因不再是结果的必要条件，而是导致结果的最低充分条件的必要组成部分……只需判断行为是否是这一充分条件中的必要组成部分。因为根据因果法则，可以存在多个最低充分条件，因此，替代原因和多余原因的存在便不再成为原因认定的逻辑障碍”。[①] 这一点在另一起“幼儿结石案”的司法裁判中有所体现。原告于 2013 年 8 月 26 日出生，此后便开始在被告商场购买圣元一段、二段、三段幼儿配方奶粉，到 2016 年 9 月止食用了 120 多罐奶粉，共有几十个批次。2017 年 6 月 1 日，原告父母发现孩子出现腹疼、呕吐、发热、出汗等症状，将其送往医院检查治疗。经诊断，患儿结石的形成原因可能与饮食习惯或长期食用奶粉有关。原告据此向法院提起诉讼，认为孩子病系肾结石导致的急性肾功能衰竭，与吃从被告商场处购买的圣元奶粉有关，并且圣元奶粉产品质量不合格，才导致患儿出现病症。被告圣元营养食品有限公司辩称，患儿身体病症并非是由食用其生产的产品引起的，其生产的产品是经检测检验合格后出厂，批批检测、批批合格，无食品安全质量问题，符合国家相关法律法规及食品安全质量标准的规定，不会对人体健康造成任何损害。法院审理认为，原告李某从出生后长期食用圣元奶粉出现结石症状，根据医院出具的病情证明“患儿结石形成原因可能与饮食习惯或长期食用奶粉有关”。因此，可以依法认定原告李某的结石症状与长期食用圣元奶粉有法律上的因果关系，原告要求销售商被告金宏达公司承担赔偿责任的诉讼请求，予以支持。[②] 在该案中，虽然受害人食用奶粉的时间很长，在此期间也食用其他食物（即便其他食物如劣质奶粉，也可能造成结石症状），但是从涉案奶粉的成分在经验法则层面具有导致结果出现的一般规律，在现实层面当受害人长时间食用奶粉且出现结石病症时，就不宜否定行为与结果之间的具体联系。

概言之，在致害的因果关系判断中，往往存在择一因果关系、假定因果关系、叠加因果关系等情形，此时，基于合法则性条件理论的判断，可以较好地处理此类情形，确定事实因果关系的存在。

---

① 徐凌波：《因果关系在产品刑事责任案件中的认定问题》，载《政治与法律》2014 年第 11 期。

② 参见云南省宣威市人民法院（2018）云 0381 民初 2713 号民事判决书。

四、相当因果关系理论的提倡与适用

刑法因果关系的重心在于归责，因此，在归因理论的基础上，如何确定归责判断的方式，也是不可回避的问题。抛开客观归责理论所面临的诸多争议，相当因果关系理论与我国传统犯罪论体系的适应性更强一些，故而本书倾向于将相当因果关系理论作为归责判断的理论。当然，对于该理论所面临的一些质疑，则有必要展开论述，以确定其适用于危害食品安全犯罪司法认定的合理性。

（一）相当因果关系理论之提倡

早期理论对相当性的阐释，也是一种规律性或者概率性的判断。法学层面对这种规律性的认识，是基于生活法则。即如果一定的行为有增加特定结果发生的可能性，则可以认为该行为和特定结果之间具有一般的因果关系。但只是由具体行为引起结果，尚不足以构成归责的理由。只有那种根据人类社会一般关系而言，足以导致特定的侵害事实发生的违法行为，才是相当的，否则即是不相当的。[①] 由此，相当因果关系说认为，按照一般人社会生活上的经验，如果能够认定某行为导致某结果的发生通常是相当的，就要承认两者存在刑法上的因果关系。[②] 然而，对于如何理解这里的生活经验，进而规范把握相当性的判断标准，在理论上不无争议，甚至引起了对相当因果关系合理性的怀疑。

1. 相当因果关系理论的合理性之辩

如上所述，相当因果关系“相当性”的判断，是在行为会增加结果出现的可能性这一一般经验基础上，具体判断行为与结果之间的联系的相当性，因此，其存在两次相当性的判断，即行为相当性判断和因果关系相当性判断。具体而言，刑法上的因果关系，应当按照以下要件进行判定：一是必须存在符合构成要件的行为即实行行为（行为相当性）。二是以没有该实行行为的话，就不会有该结果的条件为前提。在讨论因果关系前，必须确定存在实行行为，同时该实行行为和结果之间，存在事实上的联系；三是以条件为前提，通过相当

① 参见许玉秀著：《主观与客观之间——主观理论与客观归责》，法律出版社 2008 年版，第 175 页。

② 参见［日］前田雅英著：《刑法总论讲义》（第 6 版），曾文科译，北京大学出版社 2017 年版，第 114 页。

性的判断，确定实行行为通常会发生该结果（因果关系相当性）。① 当然，也正是因为这一双层次的相当性判断，引起了理论上的质疑，主要有以下方面：

首先，经验判断的标准冲突与矛盾。有学者认为，经验论的相当因果关系说将行为相当性的判断纳入因果关系相当性的判断之中，以行为风险的高低作为行为相当性的判断标准，会带来诸多问题，② 但是笔者认为，该论者所主张的理由也是缺乏有力根据的。比如，其一，该论者认为，在客观风险（对风险的实证统计结果）与主观风险（国民对风险的主观感知）不一致的场合，行为风险中的风险到底是指客观风险还是指主观风险，是不一致的。论者以“雷劈案”为例，认为从主观风险的角度看，由“雷雨天不要躲在大树下”这一生活常识可知，甲的行为所包含的风险较高，而从客观风险的角度看，这一行为所包含的风险较小，所以会存在矛盾。然而，这一前提本身就是错误的，公众劝诫雷雨天不要躲在大树底下，并不意味着有被雷击的“高”风险，而是因为一旦被雷击中的严重后果是人们所无法承受的，所以即便是低概率事件，也会作出这一提示。因此，劝诫本身作为经验常识，并不表明行为风险概率性的高低，而是结果出现的严重性，论者以这一案例来说明相当性判断中客观风险与主观风险不一致是不妥当的。那么，该如何判断行为的风险，本质上是指实行行为危险性的判断标准，对此，通常认为，危险的有无应当根据一般人对客观危险的感知来进行判断。③ 其二，该论者认为，以行为风险的高低作为行为相当性的判断标准，其背后的逻辑是根据风险的程度来判断风险的性质（风险是否为刑法所禁止），而这难以在实践中合理适用。对此，其以“赠车案”为例分析，在甲为置乙于死地，且明知乙嗜酒成性、驾驶技术不佳的情况下，给乙赠送了一辆崭新的、安全性能完好的小轿车，希望乙能死于车祸。一周后，乙因醉驾追尾，当场死亡。论者据此认为，不管是从主观风险还是客观风险，都认为甲的行为与死亡结果具有相当性，进而认定两者间的因果关系。对此，论者有意混淆了相当性的判断逻辑。虽然乙嗜酒成性且车技不行，但赠车行为本身不具有现实危险性，乙死亡的现实危险性始于饮酒成于肇事，而不是甲的赠车行为，后者不具有行为上的相当性，自然也就不具有被评价为因果关系相当

① 参见［日］大谷实著：《刑法总论》（新版第2版），黎宏译，中国人民大学出版社2008年版，第119~220页。

② 参见邹兵建：《论相当因果关系说的三种形态》，载《清华法学》2019年第4期。

③ 参见［日］大谷实著：《刑法总论》（新版第2版），黎宏译，中国人民大学出版社2008年版，第125页。

性的前提条件。否则，按照这个逻辑，如果售酒的人有杀人故意，将酒出售给乙，乙回家后喝酒开车肇事致死，则卖酒行为与之有因果关系，显然违背常理。因此，这种所谓的不合理，是论者自行设定了赠车行为具有高概率致死风险这一虚假前提为基础，自然也是难以成立的。其三，该论者认为，经验论的相当因果关系说在判断介入因素是否罕见时，为了得出妥当的结论，没办法严格遵守一个统一的判断标准。对此，其以“救护车案”为例来展开论述，认为“甲把乙打成重伤后扬长而去，路过的群众丙打电话叫来救护车。在载着乙去往医院的途中，救护车被一辆由肇事司机丁违章驾驶的汽车撞翻，乙当场死亡”。此时，若认为丁违章驾驶将汽车撞翻是异常因素，那么，其在阻断甲的行为与死亡结果之间具有因果关系的同时，也会因为丁行为的异常性而否定其行为具有相当性，进而否认丁的行为与死亡结果具有因果关系。而为了得出归责丁的合理结论，只能认定丁的行为是不异常的，这势必导致前后判断上的逻辑矛盾。这一说法看似合理但同样是一种逻辑混淆。介入因素的异常性，是基于先前实行行为危险性的自然发展所展开的判断。因此，介入因素的异常性是相对于前一行为危险性而言的，并不表明其对侵害结果所造成的现实结果是异常的。而上述观点将两种异常性混为一谈，进而质疑介入因素判断标准的不统一，也是难以成立的。具体到这个案件中，丁的肇事行为相对于甲的伤害行为，不在伤害行为发展的自然流程中，所以是异常的，但是肇事行为存在致人死亡的现实危险，具有行为的相当性，而死亡结果与肇事行为之间同样存在相当性，所以两者之间存在刑法上的因果关系。

其次，在风险降低的场合，处理结果缺乏合理性。有论者认为，相当性理论的作用仅在于排除不寻常的因果过程，在风险降低但仍有相当性的场合，相当性理论则无能为力。例如，在“救人致伤案”中，A与甲同游，在经过一处悬崖时，A发现甲头顶上方有一块巨石即将脱落，A随即用力将甲推开，随后巨石正好坠落在甲先前站立处。甲则因为A的推力，坠落悬崖，摔成重伤。依照相当性理论无法排除对A的归责，而只能借助紧急避险理论使行为正当化。因此，相较于客观归责理论，相当性理论在归责判断层面并不具有优势。[①] 这种理解未免偏颇。应当肯定的是，如果甲坠崖后对于A的推开之举予以追认，则可以直接适用推定的被害人同意理论而阻却违法性，这里虽然是在肯定该行

---

① 参见郑泽星：《刑事归因与归责：以修正的条件说为重心的考察》，载《法学评论》2020年第3期。

为具有构成要件符合性的前提下所做出的判断，但并不会影响规范评价的结果。当然，在甲坠崖后不予认可这一推开之举的情况下，即违反法益主体的现实意思的场合，是否可以适用推定的同意理论，略有争议，但更宜被归为不同处理思路上的分歧。一种是直接以“被允许的危险”为由否定实行行为，进而否定因果关系上的相当性。当然，该观点有借鉴客观归责理论的意思，但也成为近年来日本刑法理论上的有力学说，即法益侵害行为符合法益主体的意思的事前的、高度的客观盖然性，这是违法性阻却的根据。因此，允许行为人冒着可能违反法益主体的意思的危险。① 当然，对于这一处理思路在理论上也不无争议，一些观点仍然是在推定同意的范畴内去阐释这一行为的合理性，主要涉及推定同意的立场问题。有人认为，推定同意，是对被害人同意法理的补充，因此，推定同意也必须是从被害人的立场进行判断。在查明被害人与一般人行动不同的场合，系能够推测被害人的真实意思的场合，只要没有实施与其真实意思一致的行为，就不排除违法性。但是，在难以推测被害人的真实意图的场合，只要按照社会一般观念进行合理推测就可以了，即便事后被害人不承认，也视为具有社会相当性而排除违法性。② 因此，不管哪种思路，最终都是对符合社会公众一般观念的行为予以规范上的肯定，不会对行为人追究责任；至于是通过否定行为该当性还是拒绝归责抑或阻却违法性的方式，只是评价视角上的差异，并不代表客观归责理论上的优势。事实上，对于客观归责理论以“降低风险”而没有“制造法所不允许的风险”为由否定归责，看似是在构成要件该当性阶段解决归责问题，但是正如有学者所提到的，“客观归责论通过‘风险不法’概念溢出了构成要件领域范围而发展进入违法性领域，并成为关于‘各种合法化事由的共同结构原理’”，甚至可以说是“它以模糊三阶层犯罪论体系为代价进行归责判断，从而极大地削弱了阶层犯罪论体系所具有的人权保障机能；它不是一个自洽的理论，而是统合了各种不同内容的混合体”。③ 因此，所谓在风险降低的场合，处理结果的不妥当，也只是没有按照客观归责理论处理结果的“不妥当”，而非相当因果关系理论的功能性缺失。

最后，相当因果关系理论面临实践危机。在传统相当因果关系理论中，是

---

① 参见［日］山口厚著：《刑法总论》（第3版），付立庆译，中国人民大学出版社2018年版，第180页。

② 参见［日］大谷实著：《刑法总论》（新版第2版），黎宏译，中国人民大学出版社2008年版，第125页。

③ 刘艳红：《客观归责理论：质疑与反思》，载《中外法学》2011年第6期。

从一般经验判断是否能够引起该结果，因此，在介入因素过于异常的场合，往往否定前行为与后结果之间的相当性。但是，在知名的“大阪南港案”中，日本最高裁判所调查官在判例解说中进一步指出，就“相当性说”应如何处理这种异常的介入情况，判决并未予以明确，但相当性是以因果进程的通常性为基准，而实务界是以行为对结果的贡献程度为中心具体探究二者之间的关系，属于两种不同的思考方式，由此引起了相当因果关系的危机。[①] 在这一司法挑战面前，相当因果关系理论并没有裹足不前，而是通过对司法裁判结论合理性的反思，对传统因果关系理论进行了修正，由此出现了修正后的新相当因果关系理论。其中，最具代表性的见解有以下三种：[②] 一是危险的现实化说，该说从重视实行行为实质的价值判断的观点出发，认为因果关系的内容包括事实的侧面和规范的限定两个方面，因果关系应当理解为实行行为的客观危险性现实化为构成要件结果的过程。在该观点看来，危险性的现实化是判断的基准，而介入事情的经验上的通常性只不过在危险性的现实化的判断中才具有意义。[③] 二是结果的抽象化说，对因果进程及结果发生样态抽象化到一定程度，在此限度内无视具体的介入情况，就此判断经验的通常性。在该观点看来，因果进程、介入情况是否罕见，只是相对而言的，即便介入情况本身非常罕见，如果该介入情况为行为所支配、诱发，介入情况的异常性也便得以缓和，而转化为通常性。[④] 三是综合判断说。该观点主张，行为后介入了意料之外的情况从而发生结果时，仅仅从“现实中出现的因果进程是否离奇古怪，是否超越了相当性”这一视角出发，不能判断结果的归责关系。具体来说，能否将结果归责于实行行为，应当综合三点考虑：一是实行行为对结果发生的贡献程度，即行为危险性的大小；二是介入情况的异常性的大小，即是否由实行行为所诱发；三是介入情况对结果的贡献程度。这里需要注意的是，即便行为的危险性不是决定性

---

① 参见［日］西田典之著：《日本刑法总论》（第2版），王昭武、刘明祥译，法律出版社2013年版，第90页。

② 参见李冠煜：《我国刑法因果关系论宜采取修正的相当因果关系说》，载《政治与法律》2017年第2期。

③ 参见［日］山口厚著：《刑法总论》（第3版），付立庆译，中国人民大学出版社2018年版，第180页。

④ 参见［日］西田典之著：《日本刑法总论》（第2版），王昭武、刘明祥译，法律出版社2013年版，第89~90页。

的，但如果介入的不是凌驾于先行的行为之上的情况，因果性就不能被切断。[①]通过上述分析来看，相当因果关系理论在司法实践面前并没有陷入理论困境不能自拔，而是通过对其判断标准的理论修正，及时对司法实践作出积极回应，表现出了强大的理论包容性（具体适用规则，下文详述），故而作为刑法因果关系判断的理论依据在处理问题时是可行的。

2. 相当因果关系理论的相当性之论

就相当因果关系来说，如何判断实行行为与结果之间的关系是相当的，即以何种事实为基础来判断因果经过不异常、不适当，学说上存在分歧。对此，主要有主观说、客观说和折中说三个观点。客观说是以行为时发生的全部情况与可以预见的行为后的情况为基础判断相当性，这是从一般人的视角来进行判断，以行为时为判断时点；主观说是以行为人在行为时认识到的，或者可以认识到的情况为基础判断相当性，因此，是从行为人视角进行判断，以行为时为判断时点；折中说则是以行为时一般人能够知道的事实以及行为人特别知道的情况为基础。因此，也是以一般人的视角为基准，以行为时为判断时点。[②] 对于上述观点，主观说因导致相当性的判断结果过窄，容易导致判断结果的异常性而鲜有人支持，客观说和折中说则不乏支持者。可以说，上述观点也是相当因果关系理论引入我国后诸多学者争议的焦点所在。不过，虽然他们从不同角度进行了阐释，但都是以人的认识能力的极限为前提从概率论的角度展开的讨论，对于行为时，即便是具有最高认识能力的人也无法认识的情况，就应该排除在外。[③] 这样一来，如果介入因素过于异常，必然会否定先前行为与最终结果之间的因果关系。但这一主张被司法实践所否定，传统的相当性理论是以因果进程的经常性为基准，而实务界是以行为对结果的贡献程度为中心而具体探究二者之间的关系，属于两种不同的思考方法。[④] 在这种状况下，有学者调整了相当因果关系的判断视角，认为相当因果关系说通过要求从实行行为发展至构成要件结果的因果关系的相当性，我们也可以说，其内部本身存在上述诸多

---

① 参见［日］前田雅英著：《刑法总论讲义》（第 6 版），曾文科译，北京大学出版社 2017 年版，第 122 页。

② 参见［日］前田雅英著：《刑法总论讲义》（第 6 版），曾文科译，北京大学出版社 2017 年版，第 114 页。

③ 参见［日］松原芳博著：《刑法总论重要问题》，王昭武译，中国政法大学出版社 2014 年版，第 60 页。

④ 参见［日］西田典之著：《日本刑法总论》（第 2 版），王昭武、刘明祥译，法律出版社 2013 年版，第 90 页。

对立观点的相当因果关系说其实就是这样一种观点："（1）能认定实行行为具有足以引起构成要件结果的危险性，以及（2）该危险现实地实现于构成要件的结果为必要。因果关系的相当性，尤其与实行行为的危险现实地实现于构成要件结果（现实化）相关。"① 如此一来，该观点实际上把相当性的判断转化为危险现实化的判断，从而与司法判例宗旨相吻合。

当然，国内外都有不少学者认为危险现实化理论以构成要件行为的现实危险为核心的建构体系，已经区别于相当因果关系理论，而是一种全新的因果关系理论。如有观点认为其不同于过去学说上将因果关系分成事实关联和规范的限定这样两个阶段来加以检讨，可以直截了当地追问有无危险性的现实化就足够了。② 不过，在笔者看来，不管是前述危险现实化理论，以及在危险现实化理论基础上提出的综合判断说，在实行行为与危害结果相当性的解释上仍沿用传统的经验法则上的通常性或可预见性标准，并未完全超越相当因果关系理论的基本范式，③ 将其视为相当因果关系理论或者修正的理论是妥当的。当然，与传统的相当因果关系理论将其重心放在异常性的判断上有所不同，修正后的理论体系以实行行为的现实危险性为基础，综合判断结果现实化以及介入因素对于结果出现的贡献力大小。因此，在因果关系的判断过程中，上述因素的判断标准需要予以说明。

其一，实行行为的危险性。实行行为危险性的大小是危险现实化的重要因素。比如将致死量的砒霜添加在他人的食物中，导致他人死亡的场合，由于砒霜本身具有较强的致害性，因此，可以将该行为本身认定为实行行为的危险性较高。但是，在行为人有特殊体质等介入因素的场合，实行行为的危险性该如何判断，不无争议。在理论上，出现了主观说、客观说、新客观说等多种观点，主要集中在危险判断的基础事实、判断时点以及判断基准等方面。就基础事实来说，主要是指进行危险判断时，以行为人认识的事实还是一般人认识的事实，抑或客观存在的事实为主；在判断时点上，主要是以行为时的事前判断为标准还是以裁判时即事后的判断为标准；在判断基准上，主要是指行为危险性的判断，是以行为人的认识，还是社会一般人的认识，抑或科学法则进行判

---

① ［日］山口厚著：《刑法总论》（第3版），付立庆译，中国人民大学出版社2018年版，第58页。

② 参见［日］山口厚著：《刑法总论》（第3版），付立庆译，中国人民大学出版社2018年版，第59页。

③ 参见马春晓：《危险现实化与结果归属》，载《国家检察官学院学报》2020年第6期。

断。[①] 对此，有观点认为，“判断视角是一般人的角度，判断资料是一般人能够认识的情况和行为人已经认识的情况，判断时点是行为时。其中，判断视角是抽象的一般人水平，满足了规范评价的需要；判断资料不限于行为人已经认识到的情况，以假定行为人的认识能力与一般人的认识能力存在某种程度的偏差为前提；判断时点确定在行为时，避免了将行为后发生的结果归咎于行为人的可能。这既有利于实现行为规范的功能，避免客观归责论之规范性不足，也符合通说主张实行行为是主观与客观、形式与实质相统一的观点”。[②] 但是也有观点认为，如果不坚持以事后所查明的客观行为事实为基础，而是以行为人认识或者一般人认识的事实为基础进行判断，就可能将不具有危险性的行为评价为具有法益侵害的危险，与客观事实相悖。[③] 这种说法固然有一定道理，但是如果完全按照事后查明的事实来评价，就可能导致客观上无法认识的危险，也被纳入行为危险的范畴，有扩大行为危险性评价的范畴，比如，在出售河豚给高档餐厅厨师的场合，从一般人的视角，基于对厨师职业素养的信任，该出售河豚行为不会带来任何危害后果，但是事实上该厨师并不具有宰杀河豚的高超厨艺，结果导致食客因食用河豚而致死。这种场合，如果纯粹从客观事实来看的话，显然厨师厨艺是客观范畴，应当认定行为具有现实危险，但是从一般人的视角，认定这一行为存在现实危险是不合情理的。所以完全按照事后查明的事实来判断也会带来不妥当的结果。当然，在该观点所列举的误以保健品为砒霜的场合，当一般人视角都合理认为这种情形就是保健品时，这种行为就不具有了危险，而如果一般人视角也认为这是砒霜，此时不仅说明行为人的反规范意识是现实存在的，进而认定其行为具有规范意义上的危险性也是合乎情理的。否则，危险性的判断就彻底沦为唯结果论。基于上述分析，笔者认为，对于现实危险性的判断，还要坚持一般人视角，以行为时为节点，从一般人认识到或者行为人所特别认识到的事实作为判断基础。

其二，明确介入因素的贡献度。实行行为危险的现实化，一般分为两种类型：一是实行行为危险的直接实现，即直接现实化为构成要件的结果。二是在实行行为实施后介入了其他因素，成为导致结果出现的直接原因，[④]“实行行为

① 参见何荣功著：《实行行为研究》，武汉大学出版社2007年版，第58页。

② 李冠煜：《我国刑法因果关系论宜采取修正的相当因果关系说》，载《政治与法律》2017年第2期。

③ 参见何荣功著：《实行行为研究》，武汉大学出版社2007年版，第58页。

④ 参见［日］山口厚著：《刑法总论》（第3版），付立庆译，中国人民大学出版社2018年版，第59页。

的危险性经由介入因素而间接地实现于结果”，故而也称之为间接的危险现实化。在直接的危险现实化中，行为主体预见不到介入因素不影响其对因果流程支配或利用可能性的判断。而在间接的危险现实化的评价中，行为主体对介入因素具备预见可能性，是肯定行为人对因果流程具有支配或利用可能性的前提。[①] 当然，具有预见可能性只是现实化的条件，并不意味着不具有预见可能性的介入因素就一定能阻却危险的现实化进程。因此，在介入因素的场合，判断介入因素对结果的贡献力，需要考虑两个要素：①介入因素是否足够异常，以致行为人无法预料；②介入因素对结果的作用力如何，这里涉及最终结果是否可以评价在实行行为危险的自然发展中。对于前者，这种无法预料的即足够异常的情形，通常是指介入情况是与实行行为本身完全没有任何关联性的情况下产生的，当然，这种异常性并不要求介入情形是很怪异的。而对于行为人可以预料的情况，其最低限度是具有预料的可能性，即在经验法则上可以预想得到的，而最容易认定的情形，就是实行行为与介入因素之间伴随着必然会被引起的情形。[②] 当然，由于介入因素的复杂性，在介入人的行为与自然因素、生理因素等场合，人的行为更具复杂性。因为人的行为是在意识支配下的行为，作为介入因素的行为人是否有意创设或者利用新的因果关系，必然会对结果出现产生影响。此时，介入因素对结果贡献力的大小，取决于两个核心要素：一是行为人的行为实施前是否存在结果的可避免性；二是行为人实施行为前是否对可能造成的危害结果具有可预见性。就前者来说，如果先前行为实施后，即便没有介入因素，最终结果也是不可避免的，那么，因该结果不具有避免可能性，可以说，此时新的介入因素对于结果的贡献度很低甚至可以忽略，不能中断两者之间的因果关系。就后者而言，在结果具有可避免性的场合，需要根据预见可能性的程度是“根本不能预见或者难以预见到法益损害结果的情形，以及能轻易预见到或已经预见到法益损害结果的情形”[③] 来区别判断，前一情形下的异常性则较为突出。

（二）相当因果关系理论之应用

在直接危险现实化的场合，实现结果归责是相对清晰的，但是在介入第三

---

① 参见蒋太珂：《危险现实化评价的类型构造》，载《中外法学》2020年第2期。

② 参见［日］前田雅英著：《刑法总论讲义》（第6版），曾文科译，北京大学出版社2017年版，第123页。

③ 蒋太珂：《危险现实化评价的类型构造》，载《中外法学》2020年第2期。

者因素的场合，尤其是介入被害人个人情境的场合如何评价行为人的责任，则值得进一步探讨，而这也是判断因果关系理论是否具有普适性的重要参考。对此，笔者拟从被害人自陷风险与被害人特殊体质两种类型来审视相当因果关系理论的司法适用。

1. 被害人自陷风险与相当性的判断

在介入被害人自身行为的场合，影响因果关系判断的重要因素往往是两点：一是被害人的行为与被告人行为的关系，比如诱惑、欺骗、自愿等；二是被害人的行为是否看起来存在异常性。通常情况下，如果法益主体所表达的处分意思存在瑕疵，那么，他人侵害该法益时也仍可能成立犯罪。[①] 但是，在被害人自愿处分法益时，是否能够实现归责，在理论与实践中都不无争议。比如，在前文提到的“河豚案”中，司法机关认定，被害人作为成年人，对食用野生河豚可能造成的人身危险性应当有一定的主观认知，且有证据表明事发当天两名在场证人均对受害人进行过相关安全提醒，食用河豚时要清洗干净。但是，面对辩护人认定死亡结果与出售行为不具有因果关系的意见，司法机关依然认为，虽然被害人知道自己从被告人高某某处购买的系有毒的野生河豚，最终也系食用未处理干净的河豚中毒身亡，但该情节并不影响被告人高某某销售野生河豚与被害人食用该鱼后中毒死亡后果的因果关系的成立。[②] 可以说，该案中受害人面对存在的可能性伤害后果，是否自愿陷入这一危险之中并最终造成结果的现实化，对司法机关并无实质性影响。在司法机关看来，只要行为人具有刑事责任能力，且在损害结果的发生上存在故意或者过失，行为人的行为与损害结果具有事实层面的因果关系，行为人就要对损害结果的发生承担刑事责任，即便介入了受害人自愿且有意的加害行为。[③] 但是，被告人只是实施了一个具有危险性的行为，如果没有受害人的共同作用，这一危害后果是不可能出现的，所以完全忽略受害人的自我加害而简单归责，也是不合理的。

在这个问题上，实际上涉及刑法理论上被害人自陷风险时如何归责的问题。所谓被害人自陷风险，是指被害人自己令法益陷入危险境地，从而在其与行为人的共同作用下导致损害结果的发生。[④] 由于该情境下危险现实化与被害

---

① 参见［日］山口厚著：《从新判例看刑法》（第 3 版），付立庆、刘隽、陈少青译，中国人民大学出版社 2019 年版，第 17 页。

② 参见上海市浦东新区人民法院刑事判决书（2018）沪 0115 刑初 3567 号刑事判决书。

③ 参见冯军：《刑法中的自我答责》，载《中国法学》2006 年第 3 期。

④ 参见朱晓艳：《被害人自我答责的司法适用研究》，载《政治与法律》2020 年第 9 期。

人自己的主动行为有直接关系，因此，有可能导致被害人自行承担法益侵害后果。这便涉及客观归责理论中的被害人自我答责理论。对于被害人自我答责，在德国刑法实务中也经历了一个逐步被接受的过程。在“海洛因案”中，甲给了乙一些自己使用的海洛因，两个人都很清楚海洛因的危险性，乙给自己注射海洛因后就死了。对此，德国联邦最高法院表示，一个通过交付海洛因而造成另一个海洛因上瘾者死亡的人，只要他知道或者本来能够知道的，就对过失杀人是有责的。但是，在许乃曼批评的影响下，联邦最高法院后来改变了上述判决，拒绝了把这个案件归责于杀人犯罪的客观行为构成。他们认为：“当那种有意思地借助这种危险而进入的风险得以实现时，行为人自我答责的和已经实现的自我危险并不属于一种身体伤害犯罪或者杀人犯罪的行为构成。一个仅仅造成、使其能够或者要求这种自我危险的人，并不会使自己由于身体伤害犯罪或者杀人犯罪而成为应受刑事惩罚的人。”① 可以说，这一判决以否定构成要件该当性而拒绝将该结果归责于甲，主张由乙自我答责。对于被害人自我答责的情形，罗克辛做了类型区分，在他看来，在被害人自我造成风险的场合下，结果由被害人自我答责；在被害人同意他人造成危险的场合下，需要满足“损害结果是被接受风险的后果”且“被害人与危险制造者共同担责”这两个条件，这时可将这两种情形同等评价，即损害结果由被害人自我答责。② 虽然在前者中被害人对于风险具有较强的支配力，在后者中被害人并不存在显著支配力，但因其主动接受了现实的风险，且结果正是这一风险的现实化，因此，也视为其接受了风险。

对于为何在行为人接受风险的情况下，就可以否定结果归责，在理论上有否定因果关系论、被害人承诺、否定实行行为性等多种观点。比如，从因果关系视角来进行解释时，通常思路是以介入被害人的行为为由判定案件的因果关系不存在，进而排除被害人自损结果对行为人的归责。③ 但是，这种观点未能充分说明为何在被害人介入行为的场合就可以否定刑法层面的因果关系，而且不仅不予归责，还认为行为人的行为不存在犯罪未遂。基于被害人承诺理论的观点则认为，这种情况下系被害人同意给自己造成的风险，不具有法益保护的必要性，但是罗克辛认为，不能以被害人承诺的法理解决这个问题，因为被害

---

① ［德］罗克辛著：《德国刑法学总论》第 1 卷，王世洲译，法律出版社 2005 年版，第 264 页。

② 参见［德］罗克辛著：《德国刑法学总论》第 1 卷，王世洲译，法律出版社 2005 年版，第 269 页。

③ 参见朱晓艳：《被害人自我答责的司法适用研究》，载《政治与法律》2020 年第 9 期。

人认为虽然存在风险但这种风险并不会实际发生，具有某种侥幸心理，所以并不存在对危害结果的承诺。[1] 其实，从前述德国联邦最高法院的判决来说，已经明确了否定归责的理由是不存在不法行为，即“行为人自我答责的和已经实现的自我危险并不属于一种身体伤害犯罪或者杀人犯罪的行为构成”。这一观点也为我国学者所赞成，“在中国四要件犯罪构成的语境下，实际上可以作为实行行为的判断规则，在犯罪客观方面发挥其机能。一般认为，实行行为是具有紧迫法益侵害风险的行为。因此，对行为人是否实施了实行行为的认定，可以置换为对行为人是否创设出紧迫之法益侵害风险的判断……当被害人自我答责时，法益风险的创设自然划归被害人，行为人没有进行风险创设，行为人的行为也不具有实行行为性”。[2] 应当说，从实行行为性的角度来解读被害人自我答责的理论自洽性，具有一定道理，然而，如果完全忽略先前行为的危险性而绝对否定其实行行为性，则仍有失妥当。正如在“海洛因案”中所提到的，其只是否定出售海洛因的行为符合伤害身体或者杀人犯罪的构成要件该当性，而不能排除其符合其他构成要件该当性的可能性。换言之，在我国四要件犯罪构成的语境下来看待这一被害人自我答责的正当性，也不能一概归结于实行行为性的否定。在笔者看来，被害人自我答责的场合，更合理的解释是被害人行为对于结果的高度支配力且完全自愿，从而使先前行为与危害结果之间不具有相当性，故而其排除了结果归责于客观行为，而不是否认客观行为的实行行为性。这一理解与危险现实化理论是契合的。在被害人的行为促使发生了构成要件结果的场合，要想肯定行为人的行为和构成要件结果之间的因果关系，首先要求行为人的实行行为造成了被害人“不得不”实施导致结果发生之行为。此时，能够认为行为人的实行行为给被害人带来相当高的危险性，这种危险性最终现实化成了结果，而被害人的行为相对于实行行为的危险性而言并非不相当的。[3] 在被害人制造风险或者同意他人风险的场合，其在实施行为时并非处于“不得不”的境地，故而符合上述危险现实化的条件，可以否定归责，但不影响实行行为性的判断。对此，正如有观点所提到的，“当被害人自主地实施某一行为，并支配着风险的实现，那么由此带来的损害结果理应由其自我负责，

---

① 参见陈兴良：《从归因到归责：客观归责理论研究》，载《法学研究》2006 年第 2 期。

② 朱晓艳：《被害人自我答责的司法适用研究》，载《政治与法律》2020 年第 9 期。

③ 参见［日］山口厚著：《刑法总论》（第 3 版），付立庆译，中国人民大学出版社 2018 年版，第 61 页。

这是社会对个人的基本要求，也是宪法对个人自由的基本尊重”。[①] 当然，也有观点认为，自我答责理论中的被害人自决权是有限度的，刑法对该权利的保护不能优于生命权；当被害人的生命遭受危险时，即便影响“自决权”的行使，法律仍应当干预。[②] 应当说，这一说法有一定道理，但是这不等于将被害人答责等同于被害人自决权的绝对保护。一方面，被害人自我答责本身有严格的限制条件；另一方面，即便在自我答责的场合，也是对被害人自我加害的结果不予归责，至于是否一概否定行为的构成要件符合性，尚需具体判断，此时仍然存在处罚的可能性。

以上述理论为基础，重新审视“河豚案”，由于被害人对食用野生河豚可能造成的人身危险性应当有一定的主观认知，且有证据表明事发当天两名在场证人均对受害人进行过相关安全提醒，因此，被害人是在明知食用河豚有较大生命危险的情况下仍然自愿且主动实施的，应依被害人自陷风险而自我答责。在具体行为方式上，这种情形应评价为被害人自我制造风险的情形。因为作为河豚，其危险性在于宰杀不干净所产生的毒素会残留在鱼肉中进而危及食客生命安全，而出售行为并不会产生致人死亡的现实风险，因此，导致被害人死亡的风险应当系其自主造成的，故而不能将其归责于销售河豚的行为，不能按照结果加重犯来追究被告人的刑事责任。[③] 当然，这是否意味着出售河豚的行为就是无罪的呢？这涉及该行为是否可以评价为《刑法》第 143 条生产、销售不符合安全标准的食品罪。应当明确的是，在国家规范明确禁止在市场上经营特定类型河豚的情况下，将出售该类型河豚的行为评价为销售不符合安全标准的食品是合理的。这里的焦点问题在于，能够以鱼体内含有毒素就直接认定其足以造成严重食物中毒或者食源性疾病吗？从司法实践来看，各地法院倾向于将该行为直接认定为这一危险状态，从而认定其构成犯罪。但在笔者看来，销售河豚的行为固然可以按照食品安全法中经营不符合安全标准的食品予以处罚，但是该行为并不必然会危及公众人身健康。因为其危险性并非来自食品的质量问题，而是食用方法，所以难以认定河豚足以造成严重食物中毒事故或者其他

---

① 朱晓艳：《被害人自我答责的司法适用研究》，载《政治与法律》2020 年第 9 期。

② 参见庄劲：《被害人危险接受理论之反思》，载《法商研究》2017 年第 2 期。

③ 有观点认为，结果加重犯是结果责任的残余，本应实行严格的结果归属。行为人在实施基本行为之后，被害人自杀的，因缺乏直接性要件，不能认定为结果加重犯。参见张明楷：《论缓和的结果归属》，载《中国法学》2019 年第 3 期。当然，在本案中，被害人并非自杀，但是其明知河豚的高致死性，仍然去实施这一行为，实质上与“自杀”无异。

严重的食源性疾病。

2. 被害人特殊体质与相当性的判断

在一些侵犯公民人身权利的案件中，因被害人特殊体质而导致出现死亡结果的场合，往往会成为司法争议的焦点。其实，在危害食品安全犯罪中，也涉及这一问题，比如在前文提到的“西布曲明致死案”中，法院认为，仲某的死因是肾上腺嗜铬细胞瘤合并服用西布曲明，服用涉案食品和死亡结果存在因果关系。故三被告人均应当为死亡结果承担刑事责任。① 应当说，这种不因被害人特殊体质而否定死亡结果归责于不法行为的情形，在司法实践中并不鲜见。事实上，有学者通过分析典型案例后发现，此前包括最高人民法院在内，诸多法院面对被害人特殊体质与死亡结果的关系时，都会从实质上主张因果关系具有条件性和具体性，从具体条件的角度来认定因果关系，并将这一立场视为传统因果理论范畴。② 但是，在笔者看来，虽然司法机关强调因果关系的具体性，但处理思路已经弱化了必然与偶然因果关系的范畴，而带有条件理论的色彩，更重要的是，司法机关把依据条件关系确定的行为与结果之间的事实联系，等同于刑法因果关系的全部，不会因介入了被害人的特殊体质而否定因果关系。当然，在极个别的案件中，是在肯定因果关系的前提以行为人对结果不具有预见可能性而否定刑事责任的。然而，并非每起案件的司法人员都能够合理审视行为人的预见可能性进而划定责任范围，相反，预见能力的判断标准远比刑法因果关系的判断要抽象得多，更容易得出有罪结论。

在日本判例中，在介入了被害人特殊体质的因素时，按照条件说认定因果关系的做法也较为常见。对被害人实施了暴行，因其存在特殊疾病而死亡时，日本的判例一贯采取这样的态度：在考虑被害人特殊体质的基础上再去判断因果关系，并且肯定了因果关系。判例并不去问被害人的特殊身体状况对一般人来说是否认识、预见，也不问行为人是否已经认识、预见，只是以此被害人的特殊体质为前提进行因果关系的判断，这一点是明确的。③ 当然，也有学者认为，即便判例中较多运用了条件说，但并没有明确地排斥相当因果关系说而采用条件说的判决，而且，有判例采用了相当因果关系说的立场。特别是根据“从一般观察来看，根据该行为，会发生这种结果，从经验法则上能够看到”，

---

① 参见江苏省宜兴市人民法院（2019）苏 0282 刑初 1157 号刑事判决书。

② 参见杨海强：《刑法因果关系的认定》，载《中国刑事法杂志》2014 年第 3 期。

③ 参见［日］山口厚著：《刑法总论》（第 3 版），付立庆译，中国人民大学出版社 2018 年版，第 60 页。

之类的表现肯定因果关系的情况比较多，因此，也有评价认为采用了相当因果关系说。[①] 在笔者看来，即便被害人特殊体质是行为人实施行为时客观存在的条件，但仅仅按照条件关系确定刑法因果关系，就有可能忽略行为人行为本身的类型化特征而导致不法性判断的扩张。毕竟，对于因果关系理论的研究，我们所期待的是，当存在导致结果的多数条件时，确定应予归责的实行行为，在这一过程中，还要做到不对一般人不可能预见的结果进行归责。[②] 当然，此类案件的特殊性，在于被害人特殊体质往往属于显著异常的因素且对死亡结果的出现具有重要的原因力，故而此类案件中相当性判断的核心是，死亡结果是否可以评价为实行行为危险的现实化。

按照相当因果关系理论，实行行为具有导致构成要件结果的充分危险性，且构成要件结果是该危险性的现实化。从这个角度理解相当因果关系的话，危险性的程度对于相当性的认定是个关键。[③] 要对原因行为的实行行为性进行判断，在此基础上确定结果是否属于危险的现实化。并非所有的诱发被害人身体疾病进而导致死亡结果出现的原因行为都具有实行行为性。比如，在日常生活中的辱骂、开玩笑以及一般的身体推搡的场合，因这些行为不具备类型化的风险而排除其实行行为性，即便引起疾病发作进而导致危害后果，也不能被认定为危险的现实化。因此，在对相当性进行判断时，存在实行行为是前提条件。在此基础上，如上所述，对于行为危险性的判断，还要坚持一般人视角，以行为时为节点，以一般人认识到或者行为人所特别认识到的事实作为判断基础。

当然，在笔者看来，受害人的特殊体质并非先前行为实施后方才出现的介入因素，所以不影响现实危险性的判断。具体来说，①在行为人对受害人体质有特别认识的场合。将行为人所特别认识的事实作为判断的结果，在理论上曾引发了一些争论，主要涉及因果关系是客观范畴，将主观性要素作为其判断要素，是否混淆了主观与客观的关系？有学者就认为，相当因果关系理论在相当性的判断中引入了可预见性的因素，从而把原因问题与责任问题相混淆，无法有效解决死亡结果的归责。[④] 但是，在笔者看来，将行为人特别认识到的事实

---

① ［日］大谷实著：《刑法总论》（新版第 2 版），黎宏译，中国人民大学出版社 2008 年版，第 209 页。

② 参见［日］前田雅英著：《刑法总论讲义》（第 6 版），曾文科译，北京大学出版社 2017 年版，第 115 页。

③ 参见蒋太珂：《被害人特殊体质司法现状的刑法理论分析》，载《法学杂志》2016 年第 1 期。

④ 参见孙运梁：《致特殊体质被害人死亡案件中的刑事归责问题》，载《法学》2012 年第 12 期。

作为归责判断的主观基础是合适的。在行为人对于受害人身体有特别认识的情况下，其回避结果发生的注意义务相对较重，仍然实施带有危险性的行为，要么表明行为人有利用支配这一疾病的意思，要么忽略了审慎行为的注意义务。所以说，加入主观的认识要素，实质上是通过对行为人注意义务的评价而影响行为危险性的认识。比如，行为人在明知受害人患有心脏病但仍执意以恶劣的语言辱骂对方。在行为通常不具有危险性的场合，行为人对特殊体质的认知会加重注意义务，所以完全不考虑行为人的认知状况，难以准确评价行为人负担注意义务的程度，进而对行为人的风险性进行评价。因此，与其说行为人的主观影响了结果归责，倒不如说行为人利用了危险环境而共同促使结果的出现。②在行为人对受害人体质不具有特别认识的场合，由于被害人的特殊体质本身属于行为时身体的客观情况，不要求行为人有特别认识，因此，行为人只需要认识到行为对象是人就可以了，至于身体结构是否健全或者具有某种疾病，并不要求其有清晰明确的认识，因为要求一个人对于他人身体有准确的评价是不客观的，也是不合常理的——我们对于自己的身体都未必有准确认识。更何况，当行为人对他人实施某一行为时，身体状况本身就属于现实的客观存在而不是将来出现的新情况，故而不需要有明确、具体的认识。正如有学者所言，在社会生活中，人们或多或少具有各种各样的身体疾病，既有一般性疾病，也有特殊性疾病，依据疾病是属于特殊的还是一般的，对被害人的法律保护进行区分是不适当的，无论如何都应当以现实中被害人的存在及属性为前提。[①]相应地，对于实行行为危险性的判断，不需要对行为对象的特殊体质有认识。比如，像日本判例中的“捂被子事件”一样，虽然受害人的直接死亡原因是心脏病发作，但是行为人用被子捂住被害人鼻子的暴力，本身也会有导致受害人死亡的危险性，只不过这一死亡结果在受害人心脏出现病变以后提前实现了而已。因此，在这种情况下，即便被告人在行为当时并不知道存在该特殊事项，也不影响行为危险性的判断，上述判断仍是妥当的。这样对实行行为的危险性客观地加以判断的话，就能肯定行为的危险性，既然直接基于此又发生了死亡的结果，也就肯定了危险性的现实化。[②]

其实，在最高人民法院主编的《刑事审判参考》（总第36集）所刊载的第

① 参见［日］桥爪隆著：《当前的日本因果关系理论》，高翔译，载陈兴良主编：《刑事法评论：教义学的犯罪论》，北京大学出版社2017年版，第276~277页。

② 参见［日］山口厚著：《刑法总论》（第3版），付立庆译，中国人民大学出版社2018年版，第60页。

276号指导案例“陈某娟投放危险物质案”中，也可以作出同样的解释。在该案中，陈某娟从自家水池边找来一支一次性注射器，再从家中柴房内的甲胺磷农药瓶中抽取半针筒甲胺磷农药后，潜行至陆某英家门前丝瓜棚处，将农药打入瓜藤上所结的多条丝瓜中。次日晚，陆某英及其外孙女黄某花食用了被注射有甲胺磷农药的丝瓜后，出现上吐下泻等中毒症状。其中，黄某花经抢救后脱险；陆某英在被送往医院抢救后，因甲胺磷农药中毒引发糖尿病高渗性昏迷低钾血症，而医院对此诊断不当，仅以糖尿病和高血压症进行救治，陆某英因抢救无效于次日早晨死亡。针对辩护人所提出的“被告人使用一次性注射器向数条丝瓜中注射半筒农药，其毒性有限，被害人因农药中毒诱发其自身患有的高血压和糖尿病，引起高渗性昏迷低钾综合征，加之医院诊断不准，贻误救治时机，故被告人的投毒行为与被害人的死亡结果之间并不存在刑法上的因果关系”。司法机关最终没有采纳这一观点，而是以特殊体质系危险行为实施时的特殊条件，不影响因果关系的判断为由认定了因果关系的存在。事实上，从危险现实化的角度来看，即便受害人身患特殊疾病，也仍然可以将死亡结果归责于投放危险物质行为。其原因在于，甲胺磷属于剧毒性农药，食用含有该农药的食物后出现致人死亡的后果是合乎科学法则的，其与疾病共同作用导致受害人死亡并非不可预料的异常后果。

结合上述分析，在“西布曲明致死案”中，即便受害人的死亡结果是肾上腺嗜铬细胞瘤合并服用西布曲明造成的，但是过量服用、长期服用西布曲明本身就有导致他人死亡的危险后果，所以行为人销售掺有西布曲明的食品，且在没有对其作出特别提示的情况下，因药物作用出现死亡结果可以评价为危险现实化，进而肯定结果与行为之间具有刑法上的因果关系。

小结

因果关系理论在刑法学者眼中往往被视为最混乱的体系，但也是刑法中极其关键的理论问题。在某种程度上，正是因为其重要且实践性强，才造就了观点纷呈且地域特色、时代特色鲜明的理论体系。甚至可以说，刑法理论中没有哪个理论能够像因果关系理论一样对自然科学追随得这么紧，而规范性又如此鲜明。然而，在笔者看来，因果关系理论首先是一个规范问题，然后才是认识问题，因此，明确研究因果关系理论是为了解决什么问题，是根本所在。而设定什么样的因果关系判断规则，如何处理人的认识限度与规范评价，都是围绕这一目的而展开的。从前文来看，从条件说到相当因果关系理论或客观归责理论，无不体现了规范性与科学性的纠缠，而笔者对判断规则的选择，也只是在这两个要素之间寻求一种平衡。当然，在危害食品安全犯罪领域，这一问题更为突出。在一般逻辑上，食品安全风险评估是一个科学问题，但在刑法层面，危险性的评价并不能完全寻求科学确证，或者说不能在确证完全具有损害公众健康现实性的情况下才将其作为规制的对象，相应地，因果关系的评价也不应该过于追求传统意义上的科学共识，而应容忍司法人员对个案证据的裁判，尤其是对专家意见的尊重，否则在大多数的危害食品安全犯罪中，因果关系问题都可能成为一个打不开的死结。

第八章 主观明知司法推定与规范限缩

随着新型犯罪手段不断涌现，危害食品安全犯罪跨区域性、隐蔽性、复杂性特征日益明显，案件查办难度越来越大，突出问题之一就是主观明知这一决定犯罪故意的核心要素认定难。因此，主观明知的推定规则，是对该类犯罪进行教义学研究时不可忽视的重要内容。

一、主观明知司法推定之提倡

对于该问题，有学者包括实务部门的办案人员建议，考虑到该类犯罪对公共安全、市场秩序、社会稳定的重要影响，有必要借鉴英美国家的一些规定，在认定危害食品安全犯罪行为人主观罪过方面适用严格责任，从而降低公诉机关在认定行为人对所实施的犯罪行为存在明知时的认定标准，及时惩罚犯罪。但是，也有学者明确表示反对在食品药品、环境安全等公害犯罪领域适用严格责任，主张可以通过推定规则来确定行为人的主观罪过。[①] 还有学者提出在公害犯罪中建立以罪过原则为基本原则，严格责任作为补充原则的规则体系。[②] 笔者认为，英美国家在法规范和实践中确立的严格责任经历了长时间的变化，在引入我国刑法理论的过程中也有许多学者进行了不同的解读，目前仍然面临诸多争议。但在危害食品安全犯罪中引入主观明知推定规则，不仅具有现实基础，而且可以更好地平衡诉讼效率和法治公平价值。事实上，《2022 年食品解释》采取了以司法认定加特定情形推定的方式来认定《刑法》第 144 条主观明

---

① 参见雷鑫：《严格责任移植于环境刑法中的价值分析》，载《法学杂志》2009 年第 6 期。

② 参见龙敏：《公害犯罪认定中严格责任适用之探析》，载《内蒙古大学学报（哲学社会科学版）》2011 年第 3 期。

知的做法，也表明了对严格责任的排斥。[①] 可以说，通过司法推定来确证主观明知，是妥当的，也应该成为该类犯罪认定的主要方式。

（一）过错推定的范畴与认定逻辑

对犯罪故意中的主观明知进行司法推定，实质上运用了过错推定的思维方式。

1. 刑法中过错推定责任的基本范畴

过错推定责任，原本是民事侵权法上的一项过错认定形式。在刑法意义上也存在相对应的责任类型，通常被学者们简称为推定责任。一般是指对于某些特定行为的一个或若干行为要素，不要求故意、明知或者轻率等主观要素，法官可以根据法定的犯罪行为及其危害结果推定行为人具有犯意，行为人可能在公诉方未证明任何犯意的情况下被定罪。[②] 据此，过错推定责任的特殊性是在一定程度上降低了控方的证明义务。众所周知，近代以来西方刑法理论和刑事法治实践的重要影响就是确立“无犯意即无犯罪”的实体法规则，而在强化程序保障的过程中，这一规则对司法机关认定犯罪的要求就是，不仅要运用证据证明行为人的危害行为和客观结果之间具有因果联系和违法性，而且要证明行为人对违法行为的发生和结果具有罪过即犯意。而过错推定原则显然和传统的过错责任认定标准不同，司法机关可以在无法直接证明行为人主观上存在犯意的情况下认定犯罪成立。因为根据过错推定原则，司法机关只需证明发生了法律规定的特定行为、结果或者其他构成要件等基础事实，就可以按照某种规则直接推定行为人主观上存在明知，而无须围绕认识因素的内容进行具体查证。

当然，通过基本范畴分析可以发现，过错推定责任只是认定行为人存在过错的一种形式，并没有脱离行为与过错相依存在的基本逻辑。换句话说，即便运用推定规则，在刑法中如果司法机关欲认定行为人的行为成立犯罪，也必须

---

① 该解释第10条规定：“刑法第一百四十四条规定的‘明知’，应当综合行为人的认知能力、食品质量、进货或者销售的渠道及价格等主、客观因素进行认定。具有下列情形之一的，可以认定为刑法第一百四十四条规定的‘明知’，但存在相反证据并经查证属实的除外：（一）长期从事相关食品、食用农产品生产、种植、养殖、销售、运输、贮存行业，不依法履行保障食品安全义务的；（二）没有合法有效的购货凭证，且不能提供或者拒不提供销售的相关食品来源的；（三）以明显低于市场价格进货或者销售且无合理原因的；（四）在有关部门发出禁令或者食品安全预警的情况下继续销售的；（五）因实施危害食品安全行为受过行政处罚或者刑事处罚，又实施同种行为的；（六）其他足以认定行为人明知的情形。”

② 参见李恩慈：《刑法中的推定责任制度》，载《法学研究》2004年第4期。

在法律上（推定）证明行为人主观上存在过错。就此而言，过错推定责任并没有超脱出过错责任的范畴。当然，实体性过错推定标准的确立，也带来了程序意义上证明责任分配的现实转换。通常情况下，按照“谁主张谁举证”的证明规则，认定行为人主观上具有罪过的证明责任应当由公诉机关承担，否则将承担败诉的后果，犯罪嫌疑人无须证明自身不存在罪过。但是，在过错推定责任中，公诉机关所承担的证明责任大幅降低，只需根据相应的基础性事实，按照一定的逻辑规则，即可以推定行为人主观上存在罪过，除非行为人能够提供相反的证据证明公诉机关所作出的推定是不合理的。就此而言，过错推定责任虽然缩小了公诉方的证明范围，但是并没有剥夺或者限制犯罪嫌疑人、被告人的正当权利，而仍然为其提供了合理辩护的机会。所以说，过错推定责任只是在一定范围内证明义务的转移，这也是过错推定在刑事诉讼过程中证明责任分配的必然结果。

2. 刑法中过错推定责任的认定逻辑

所谓推定，是指根据已知事实推断出未知事实的逻辑判断模式。由于这种逻辑推理的过程在已知事实和未知事实之间存在事实上的空缺，因此，作为未知事实的结论并不具有必然性而存在或然。基于此，即便是一种为法规范所认可的方式，推定的结论仍然允许作出反证，以确保客观和公正。

从内容上来说，根据推定规则是否为法律所认可，可以将过错推定责任分为法律推定和事实推定两种。法律推定是由法律明文规定的推定，具体是指，当某法律规定（A）的要件事实（甲）有待证明时，立法者为避免举证困难或举证不能的现象发生，乃明文规定只需就较易证明的其他事实（乙）获得证明时，如无相反的证明（即甲事实不存在），则认为甲事实因其他法律规范（B）的规定而获得证明。法律推定的本质在于，通过证明前提事实的存在，使某法律效果的要件事实之一（推定事实）也获得证明。[①] 可以看出，从法律上明确法律推定的基本规则，其目的性和规范性较为明显。首先，确立法律推定的基本目的，是避免举证困难或者举证不能，而之所以要避免出现这种结果，是因为从法价值或者法目的的角度来看，一旦因为这些因素而举证不能会导致立法者所不期望出现的结果，将违背法的价值取向和利益。就此而言，法律推定不是肆意的，而是建立在特定的立法需求和社会现实的基础之上。其次，法律推定并非无根据的推定，而需要对前提事实进行充分证实，以证明基础事实的存

① 参见肖建国、肖建华著：《民事诉讼证据操作指南》，中国民主法制出版社 2002 年版，第 162 页。

在。更为重要的是，基础事实和证明对象之间具有内在的密切关联性，不管是在现实中，还是在规范上，通常情况下只要有基础事实的存在，都会得出欲证明的事实。正是基于这样的规律性认识，才有认定证明对象（或证明目标）的现实性。可以说，在法律推定中，法律规范的明文化使该种推定具备了法治所需的规范基础，而基础事实的客观性使这种推定具备了公正所需的实践基础。

与法律推定不同，事实推定并没有经过法律的明确规定。如果说法律推定只需司法者去判断推定的事实基础是否存在的话，在事实推定中，司法者在案件裁量时，只能依据社会经验的基本法则，从已知的事实中推断另一种事实是否存在。[①] 由于事实推定主要是依据行为人的生活经验和主观认知，因此，其推理的逻辑性、客观性和规范性甚至在效力层面上要远弱于法律推定。但两者仍然具备推定的共同特征，比如基础事实必须由充分证据予以证实并且能够在法规范的层面上得到认可，允许证明对象或者相对人提出反证，以此来判断这种推定是否可靠。

具体到刑法中的过错推定责任，主要是指刑法中已经规定或者存在的推定责任。有学者认为，我国刑法对推定责任的规范，主要表现为法律的语境和立法的主旨两个方面。前者主要是指持有型犯罪中对行为人主观罪过的认定，后者主要是指巨额财产来源不明等犯罪类型。[②] 在笔者看来，从法律推定的规范角度来看，我国刑法中的法律推定主要是指在刑法中以明文规定的形式存在的过错推定类型，不管是基于语境化的解读还是从立法目的等方面进行的解释。而在刑法规范之外，则存在一些通过司法解释的形式规定的过错推定类型。由于过错推定责任直接关系到行为主体之间证明责任的分配，因此，必须恪守法治的基本原则，即从保障人权的角度出发，如果法律没有对某一类型犯罪的罪过认定标准作出明确规定，那么主观层面的内容就应当完全属于公诉方和司法机关的证明责任内容，不能基于个案或者社会特定时期的实践考虑而在事实推定的逻辑下，放松对证明标准的要求。

从司法实践来看，过错推定责任在持有型犯罪、奸淫幼女犯罪中的准确使用，较为及时地解决了此类案件的证明标准问题，为有效打击犯罪确立了坚实的法律基础。而《2022 年食品解释》针对《刑法》第 144 条所建立的主观明知推定规则，应当说也是解决当前司法实践中认定难的积极探索。

---

① 参见肖建国、肖建华著：《民事诉讼证据操作指南》，中国民主法制出版社 2002 年版，第 162 页。

② 参见李恩慈：《刑法中的推定责任制度》，载《法学研究》2004 年第 4 期。

（二）危害食品安全犯罪中适用过错推定责任的可行性

1. 从实践到规范：危害食品安全犯罪绝对严格责任之否定论

由于该类犯罪的专业性、复杂性，侦查机关在办理相关案件的过程中，最为棘手的问题之一就是如何从案件事实中认定行为人对所实施的犯罪行为主观上存在“明知”。对此，有观点认为，我们可以借鉴英美国家在惩治生产、销售假冒伪劣食品时的做法，增设严格责任的规定，即不管行为人主观上是否对假冒伪劣食品存在明知、蓄意，只要实施了上述行为，就可以将其认定为犯罪并追究刑事责任。从表面上看，如果在危害食品安全犯罪侦办过程中，不需要办案机关寻找证据证明行为人主观上存在明知，无疑会大大降低办案机关查办案件的证明难度，这对于严密法网、及时侦破案件具有重要作用。但是，也有学者结合环境犯罪等角度，认为在我国不宜直接引入西方的严格责任规则。他们认为，严格责任不仅与我国的犯罪构成理论不相容，而且它所支持的证明责任承担方式与我国的司法环境不相匹配，与我国重刑化的刑法传统和刑法环境更是不相协调。更重要的是，严格责任犯罪与刑法谦抑主义、刑法功能的发挥等现代刑法精神相冲突。[①] 这就涉及公害犯罪中是否引入绝对严格责任的理论争议问题。

绝对严格责任，也被称为绝对责任，是指在某些特殊的案件中，犯意并不是犯罪构成的必要要件，犯意的存在与否，检察官无须证明，被告人也不能以此作为辩护的理由。[②] 因此，绝对严格责任的典型特征就是在无须查明行为人主观罪过的前提下直接认定犯罪。笔者认为，虽然英美法系国家在售酒、食品安全等领域曾经引入过绝对严格责任规则来强化犯罪惩治和预防，但是从我国刑法理论的基本原理来看，在危害食品安全犯罪主观罪过的处理问题上不宜采取上述做法，即在无须证明行为人主观存在过错的情况下，放弃对“明知”的事实证明而直接依据客观行为和危害结果认定行为人成立犯罪。其中最根本的原因是绝对严格责任规则与我国刑法所确立的责任主义原则相背离。众所周知，责任主义原则是指根据国家已经明文规定的法律规则，行为人在理解法律规定并且具有意思自由的情况下实施的违反法律规定的行为，才具有刑法责难

---

① 参见刘亚娜、杜雪晶：《严格责任还是特别辩护权？——对我国事态犯罪归责方式的反思》，载《法制与社会发展》2006 年第 5 期。

② 参见李卫红、单天水：《论严格责任的严格程度》，载《法学评论》2005 年第 5 期。

的正当性。如果行为人无法控制自己的行为或者根本无法预知自己行为的结果，那么就会因为其不具有主观上的可谴责性而不能追究其相应的刑事责任。可以说“刑罚以责任为基础，没有责任就没有刑罚”已经成为现代刑事法治的底线。责任主义原则在我国刑法中的体现就是刑法总则中关于故意犯罪（第14条）、过失犯罪（第15条）以及不可抗力和意外事件（第16条）的规定。前两者和后两者的根本区别就在于，故意犯罪和过失犯罪的成立要求行为人主观上必须存在过错，而后两者的成立则要求行为人不存在主观过错。具体到危害食品安全犯罪中，由于刑法典将该类犯罪所涉罪名都规定为故意犯罪，因此，只有在证明行为人主观上对危害行为和危害结果具有明知的情况下，才能追究行为人的法律责任。从这些规定可以看出，在危害食品安全犯罪中导入严格责任规则严重违背了责任主义的要求，直接违反了我国刑法典关于犯罪认定的构成标准。事实上，也正是因为在归责时有失客观、公正，严格责任遭到了学者们的强烈批评，以至于在判例中确立了严格责任规则的美国，也在其《模范刑法典》中对严格责任持否定态度，把严格责任犯罪称为“违法行为”，是一种名称不叫犯罪的一种非法行为。① 鉴于此，我们不宜在危害食品安全犯罪主观罪过的认定上增设绝对严格责任规则。

事实上，在饱受质疑的情况下，经过数十年的发展，绝对严格责任已经被限制在极为有限的范围之内。同时，从完全排斥被告犯意的证明的绝对责任逐渐演变成为要求被告证明缺乏与行为相关的犯意，从免除控方的举证责任到要求被告承担举证责任的相对严格责任。② 后者对于我国危害食品安全犯罪的规范治理具有更现实的指导性。

2. 从惩治到预防：危害食品安全犯罪主观推定责任之正当性

严格责任从传统的道德犯罪延伸到公共管理领域，源于司法机关在公害犯罪的犯罪认定过程中所出现的现实困境。按照传统的过错责任规则，只有在有证据充分证明行为人主观上存在过错时，才能追究其刑事责任。但是，危害食品安全犯罪往往具有很强的隐蔽性，犯罪嫌疑人在实施犯罪过程中极易隐匿、毁灭相关证据，提高了犯罪指控的难度和司法成本，更难以实现犯罪惩治和预防的目的。而绝对严格责任可以很好地解决这一问题，不仅有助于特殊预防，

---

① 参见康均心、董邦俊：《罪过责任之思考》，载《法学评论》2000年第5期。

② 参见李卫红、单天水：《论严格责任的严格程度》，载《法学评论》2005年第5期。

而且能起到一般预防的作用。[①] 不过，在笔者看来，绝对严格责任适用的根本目的不在于预防犯罪，而在于降低惩治成本，但对主观罪过的忽视在某种程度上使这一法律规则失去了正当性的基础，并从根本上影响其犯罪预防的效果。如果行为人没有认识到或者根本不可能认识到其行为后果的社会危害性，追究这种人的刑事责任根本不可能达到教育和改造的目的。相比之下，虽然传统过错责任在认定犯罪时显得低效和无奈，但是却满足了过错之于犯罪成立的不可或缺性，契合刑法典的规范要求。故而我们通过对主观罪过证明方式的改变来进行制度上的完善，确立过错推定责任的方式，不仅满足了这一要求，而且有助于实现犯罪预防的功能，不失为一种较为妥当的选择。

与不能进行一般性辩护的绝对严格责任不同，过错推定责任允许辩护理由存在。这种责任类型只是不要求起诉方直接证明被告的主观过错，但被告可以以“无过失”等理由来进行辩护。[②] 与传统过错责任相比，允许起诉方根据已证事实直接推定行为人主观上存在过错，而无须提供直接证明行为人主观上存在过错的证据。鉴于此，笔者认为，过错推定责任能够实现预防和惩治的理性平衡。因为过错推定责任并没有脱离过错的主线，犯罪的成立仍然需要行为人具有明确的罪过行为和证据标准。同时，过错推定责任有助于加强对犯罪的惩治。相对于较为专业、复杂的公害犯罪，转移对主观罪过的证明内容，可以降低公诉机关案件侦办的难度，提高犯罪打击力度。由于这种过错推定并非肆意推定，而是受规范限制的，不管是对基础事实的证明，还是对基础事实相关证据证明力的判断，都要确保在合规范的框架内进行，从而避免刑法恣意。事实上，有学者从推定责任的角度论证了相对严格责任在犯罪预防上的效果，认为相对严格责任的引入势必对行为人形成一种心理压力，至少能够使行为人从自我保护的角度出发，更加谨慎地生产生活，以防公害后果的发生。如果因为主观方面难以查证就不追究行为人的刑事责任，势必影响犯罪特殊预防目的之实现。[③]

3. 从公平到效率：危害食品安全犯罪过错推定责任之合理性

降低司法成本，提高办案效率是绝对严格责任出现的根本原因，也是严格

---

① 参见杨春洗：《论环境与刑法》，载《法律科学》1996 年第 1 期。

② 参见刘仁文：《刑法中的严格责任研究》，载《比较法研究》2001 年第 1 期。

③ 参见龙敏：《公害犯罪认定中严格责任适用之探析》，载《内蒙古大学学报（哲学社会科学版）》2011 年第 3 期。

责任出现分化的原因之一。严格责任的适用是为了弥补过错责任原则在侵犯公共福利犯罪归责方面的局限，使侵犯公共福利犯罪的预防和诉讼更有效率。[①]但是，绝对严格责任虽然实现了这一目的，却背离刑事法治最核心的价值——公正。传统刑法理论是在反对封建特权、刑罚恣意的历史进程中形成的，因此，公平、正义、公正是刑事诉讼程序的基本要求和不可僭越的底线。在传统刑法理论中形成发展的犯罪理论，也通过要求罪过与行为并存来确保犯罪惩罚的公平性。但绝对严格责任则与此相反，从其出现之初就是为了便利起诉，从提高诉讼效率的角度来设计。也正是为此，几乎通行观点认为，在公平与效率之间，严格责任尤其是绝对严格责任更倾向于效率而非公平。然而，公平、公正是法律的第一要义，如果刑法为了追求效率而失去了公平，无异于饮鸩止渴，舍本逐末。因此，为了兼顾效率与公平，尽可能在公平与效率之间实现理想的平衡与协调，在判断危害食品安全犯罪的主观明知时，设立过错推定规则不失为一种合理选择。

首先，过错推定责任具有严格责任的一般特点，充分考虑了犯罪惩治效率的客观需求，具有现实的必要性。必须承认，严格责任制度的特点，使它与传统的过错责任相比，更能引导和促使潜在犯罪人完成加强于他身上的预防责任。[②] 因为在某种意义上，降低主观罪过上的证明义务，能够使更多犯罪人面临刑事追诉的可能，从而起到及时追究刑事责任、实现刑罚确定性、满足犯罪预防需要的目的。这一点，显然是传统过错责任所不及的。比如，食品直接被人体消化吸收，一旦存在问题，发生危害后果的可能性就大，并且对人体造成的危害后果也较为严重。[③] 如果适用过错推定责任，等于提高了生产者、销售者的谨慎注意义务要求，并且将这种义务控制在合理的专业范围之内，从而对于犯罪预防而言具有重要价值。

其次，过错推定责任区别绝对严格责任，充分兼顾了传统过错责任注重公平的法治精神。绝对责任过于极端，为了防卫社会而将严格责任扩展到极致，

---

① 参见骆梅芬：《效率与公平——严格责任在刑法领域运用中所体现的两种不同价值》，载《现代法学》1999 年第 4 期。

② 参见骆梅芬：《效率与公平——严格责任在刑法领域运用中所体现的两种不同价值》，载《现代法学》1999 年第 4 期。

③ 参见龙敏：《公害犯罪认定中严格责任适用之探析》，载《内蒙古大学学报（哲学社会科学版）》2011 年第 3 期。

完全忽视被告人方的权益，[①] 以至于在普通犯罪的基本犯罪构成上和责任主义相冲突，难以具有普遍性。而过错推定责任秉持了责任主义的基本内核，仍然坚持只有在主客观相一致的情况下才能认定行为人成立犯罪。一方面，过错推定责任没有排除罪过对于犯罪成立的影响，要求公诉方提供能够推定行为人主观上存在过错的基本事实证据，否则就不存在推定的基础，而不能认定行为人主观罪过存在；另一方面，过错推定的结论是可以反驳的。对于犯罪嫌疑人来说，其不但可以以精神障碍为由进行辩护，也可以以真诚、合理的“不知情”为根据进行辩护。这样一来，过错推定责任在适用过程中充分考虑了行为人的意志自由，使行为人的责任追究机制具有了正当性的基础，满足了传统过错责任认定中的公正性要求。毕竟，只有罪过才能表明行为人的可谴责性，才能表明责任追究的合理性。

作为过错责任的一种形式，过错推定责任很好地处理了公正和效率这一法律价值的关系。在危害食品安全犯罪中，如果我们确立了过错推定责任，那么公诉方只需要确立认定行为人实施生产、销售不符合安全标准的食品这一基础事实，然后按照规则进行推定，证明行为人不存在主观罪过的责任就由后者来承担。可以说，过错推定责任兼顾了绝对严格责任和传统过错责任的双重优势。正如有学者在分析奸淫幼女行为中行为人主观明知的认定规则时提到的，通过推定责任来对行为人性侵幼女的主观“明知”予以认定，为实施性侵害的行为人进行合理辩解预留了现实可能与空间，较之于严格责任的僵硬性，推定责任的这项优势自不待言。[②]

（三）危害食品安全犯罪中适用过错推定责任的现实性

1. 当前危害食品安全犯罪适用过错推定责任的现实基础

我们反对在危害食品安全犯罪中引入绝对严格责任，不仅源于它违背了刑事法治的公平价值，过于苛责行为人，而且在于在我国刑法规范中根本不存在绝对严格责任的存在空间。我们主张在危害食品安全犯罪中引入过错推定责任，不仅在于它保持了过错责任的内核，平衡了法公正和效率的价值，更重要的是，在现行的规范性文件中可以找到它的有效存在。

首先，在刑法典和最高司法机关联合其他部门发布的解释性规范文件中存

---

① 参见王永杰：《严格责任论：以英美刑法为中心》，载《现代法学》2007年第1期。

② 参见陈伟：《“严格责任”抑或“推定责任"》，载《法学家》2014年第2期。

在过错推定责任。一是刑法中持有型犯罪主观过错的认定存在过错推定责任。我国刑法典中包括了非法持有枪支罪、非法持有毒品罪等持有型犯罪。根据我国犯罪构成理论，这些犯罪都属于典型的故意犯罪，即在认定行为人非法持有枪支、毒品等违禁品时要证明行为人主观上存在明知。但是，在案件查办过程中，公诉机关并不需要运用证据直接证明行为人对持有的某种物品存在明确认识，即主观上存在明知，而可以通过行为人非法持有毒品的特定状态来推定行为人主观罪过的存在。除非行为人能够证明他确实不知非法持有的是毒品或者非法持有的情状没有涉嫌其他毒品犯罪，否则，就构成本罪。[①] 二是司法解释性规范文件在认定部分犯罪的主观罪过方面适用了过错推定责任。这一点最典型的应当是奸淫幼女犯罪中对行为人主观明知的认定。最高人民法院、最高人民检察院、公安部、司法部于 2013 年 10 月 23 日印发《关于依法惩治性侵害未成年人犯罪的意见》。其中规定“对不满十二周岁的被害人实施奸淫等性侵害行为的，应当认定行为人‘明知’对方是幼女。对于已满十二周岁不满十四周岁的被害人，从其身体发育状况、言谈举止、衣着特征、生活作息规律等观察可能是幼女，而实施奸淫等性侵害行为的，应当认定行为人‘明知’对方是幼女”。这里根据存在的既有事实而认定行为人主观上对“对方是幼女”存在“明知”的认定即属于过错推定。因为在此类案件中，司法机关不需要提供证据证明行为人确实知道对方是幼女，而是只要有证据证明存在上述基础事实，就可以认定主观罪过的存在，除非有相反证据证明。

其次，具体到危害食品安全犯罪领域，地方有关部门、司法机关联合颁行的规范性文件已经把过错推定原则适用于危害食品安全犯罪案件的查办，并取得了良好的司法效果。例如，福建省高级人民法院、福建省人民检察院、福建省公安厅于 2013 年 4 月 1 日联合印发了《关于办理危害食品药品安全犯罪案件适用法律等若干问题的纪要》，其中规定对该纪要中“明知”的认定，应当结合犯罪嫌疑人、被告人的认知能力，犯罪嫌疑人、被告人及其同案人的供述和辩解，证人证言，产品质量，进货渠道及进货价格，销售渠道及销售价格等主、客观因素予以综合判断。具有下列情形之一，行为人不能作出合理解释的，可以认定为明知：①以明显低于市场批发价进货的；②以明显低于市场价销售的；③销售假药、劣药、不符合安全标准的食品、有毒、有害的食品被发现后转移、毁灭物证或者提供虚假证明、虚假情况的；④曾因生产、销售假

① 参见李恩慈：《刑法中的推定责任制度》，载《法学研究》2004 年第 4 期。

药、劣药、不符合安全标准的食品、有毒、有害食品受过刑事处罚或者行政处罚的，又实施同类犯罪行为的；⑤其他应当认定为明知的情形。这里所作出的对“明知”的认定，事实上所采取的就是过错推定的方式。从证据的证明力来说，以明显低于市场批发价进货等上述事实并不能直接证明行为人主观上对所购进的食品药品类货物为有毒、有害这一事实为明知，但是，由于司法实践中通常情况下行为人都是在明知是有毒、有害食品的情况下才以明显低于市场批发进货或者销售以及其他方式经营的，因此，可以根据这一惯常的做法作出逻辑推断。当然，由于以明显低于市场价格批发进货等做法并不必然意味着行为人对生产、销售的有毒、有害食品为明知，所以允许行为人作出相反的事实证明，以否定过错推定的成立。可以说，面对复杂的司法实践，福建等地司法机关的探索较好地解决了主观罪过的证明问题。

2. 当前危害食品安全犯罪适用过错推定责任的规范评述

推定责任叫停了严格责任过于极端和偏执的认定方式，对现代刑事诉讼合理构造给予正面肯定，兼具刑事实体与程序的双重意义，能够较好地实现公正与功利的价值整合。[①] 正是源于过错推定的合理、积极的实践价值，不但最高司法机关通过解释性规范文件的形式确立了个罪中的推定适用原则，而且地方有关行政、司法机关也对危害食品安全犯罪领域过错推定责任的适用进行了积极探索。这一做法是值得充分肯定的。但是，毕竟我国现行法律制度没有对其作出明确规定，因此，仍然存在一些问题需要通过制度设计来予以完善，对此下文将做详细分析。但总体认为，为了避免一种颇具可行性的法律规则难以在实践中发挥规范效果，提高危害食品安全犯罪治理的效率并确保公正价值，在适当时候应当在法律规范中明确对危害食品安全犯罪案件设定过错推定规则，并谨慎区别《刑法》第 143 条、第 144 条在主观推定上的差异性。

有必要明确的是，过错推定与无罪推定并不冲突。有学者认为，按照传统的和已普遍公认的无罪推定原则，证明被告有罪的责任由控方承担，被告不负有证明自己无罪的责任。[②] 因此，过错推定责任和无罪推定原则之间存在冲突。笔者认为，两者之间并不存在逻辑对立。刑事诉讼中，控方承担举证责任，这是一项基本原则。但是作为一种例外，在特定的情况下法律规定犯罪嫌疑人、

① 参见陈伟：《“严格责任”抑或“推定责任"》，载《法学家》2014 年第 2 期。

② 参见骆梅芬：《效率与公平——严格责任在刑法领域运用中所体现的两种不同价值》，载《现代法学》1999 年第 4 期。

被告人承担一定的证明责任（其他方面的证明责任仍然由控方承担），也是允许的，此种情形“在证据理论上叫举证责任倒置”。① 但我们需进一步明确的是，虽然并不能将民事诉讼中谁主张谁举证的证明规则简单适用于刑事诉讼，但是在通常情况下，控方承担证明责任却是一项最基本的刑事法治原则。即便在个别情况下有变通，除了将被告人提出的部分主张之证明责任转移到控方身上，对于控方本应承担的责任如果要转移到被告人一方时，往往有法律的明确性规定。这一点，以司法解释的形式对奸淫幼女罪中“明知”作出推定，最为典型，属于以成文的形式为司法认定提供明确依据。因此，如果缺少法定依据，不能任意地将这种证明责任转移到被告人一方，即便从逻辑上看起来似乎更为合理。但这并不意味着过错推定就违反了无罪推定原则。无罪推定原则是指任何人未经法院依法判决，都是无罪的；被告人不承担证明自己无罪的义务。但是，过错推定并不是让被告人证明自己是否有罪，仍然是由公诉机关来承担证明责任。只不过与传统过错责任的区别是，公诉机关对于主观罪过的认定采取了推定的形式，即推定行为人主观上具有过错。当然，这种推定并非毫无根据，而是建立在明确的基础事实之上。也正是因为这一基础证据确实、充分，才能够合理推定行为人主观上存在过错。就此而言，过错推定中证明行为人主观罪过存在的责任仍然在公诉机关一方，只不过是证明的方式发生了变化，从传统过错责任中的直接证明改为法律推定。故而过错推定并不违反无罪推定原则。

如前文所述，危害食品安全犯罪是危及公众利益的高危险行业，为了保护社会利益，通过过错推定的形式要求从业人员承担更高的注意义务和更高的结果避免义务是合理、可行的。尤其是考虑到这类犯罪的专业性太强，由控方证明被告人的主观过错存在很大困难，容易使被告人逃脱刑罚制裁，加之被告人主观上有过错的概率较高，且熟悉其职业并具备举证能力，所以，由被告人举证是有其合理性的。② 也正是基于此，我们应当在危害食品安全犯罪中确立过错推定责任。

有学者认为，过错推定责任的基础是行为人虽然不能证明自己的行为无罪过，但起诉机关因为不负有举证责任因而也无须证明被告人有罪过，因此推定的严格责任仍然是一种无罪过责任。③ 对此，笔者难以认同。无罪过责任是指

---

① 刘仁文：《刑法中的严格责任研究》，载《比较法研究》2001 年第 1 期。

② 参见李卫红、单天水：《论严格责任的严格程度》，载《法学评论》2005 年第 5 期。

③ 参见武小凤：《对我国刑法中严格责任立法现状及未来的比较分析》，载《法学家》2005 年第 3 期。

行为人的罪过不是不法行为责任认定的构成要素，不允许行为以无罪过为由提出责任抗辩。我国现行的法律制度中，虽然刑事法律中并不存在无罪过责任，但是在民事领域的环境侵权案件中早已规定了无过错责任。而过错推定责任，仍然要求过错是犯罪成立不可缺少的要件，只不过改变传统过错责任的直接证明模式，而允许公诉方根据基础事实进行推定。相应地，如果根据基础事实不能得出合理的推定结论，就不能认定该犯罪成立。也正是在这个意义上，我们才认为过错推定责任依然是过错责任的一种表现形式，符合责任主义的要求。当然，如果不能合理确定作为推定基础的事实标准，并建立合理的推定反驳规则，就有可能导致过错推定的扩大化，而这也是我们所担忧的。

事实也印证了这一点。如前所述，地方司法机关在规范性文件中所建立的危害食品安全犯罪中主观明知的推定规则，并没有区分《刑法》第143条、第144条的适用问题，尤其导致实践中司法部门在将这些规则适用于《刑法》第144条时，往往存有顾虑。而根据《刑法》第144条，成立生产、销售有毒、有害食品罪，必须证明生产经营者明知食品中掺入了有毒、有害的非食品原料，也就是这里的过错内容或者明知的内容是非常具体的。而不法者通常以不知道涉案食品掺入了有毒、有害的非食品原料为由进行辩解，且“明知”系心理层面对客观事实的一种抽象认知，证明难度较大，因此，司法机关在认定该类案件时存在较大困难，由此也导致在注水肉（非法使用“瘦肉精”等有毒、有害的非食品原料）等常见的危害食品安全犯罪案件中，《刑法》第140条生产、销售伪劣产品罪和第143条生产、销售不符合安全标准的食品罪的适用率要远大于生产、销售有毒、有害食品罪——而在单纯的销售型犯罪中，这一倾向更加突出。[①] 为了解决这一难题，最高司法机关早在2017年就对这一问题进行调研、征求意见，并最终第一次以司法解释的形式确立了食品安全犯罪中主观明知的推定规则。《2022年食品解释》第10条第2款规定，在综合行为人的认知能力、食品质量、进货或者销售的渠道及价格等主、客观因素进行认定的基础上，可以直接根据五种具体情形推定行为人具备《刑法》第144条规定的

① 参见张伟珂著：《危害食品药品安全犯罪典型类案研究》，研究出版社2019年版，第83~112页。

“明知”。[1] 该规定通过总结司法实践中的典型情形，建立了客观事实与主观明知的法律推定关系，从而使主观明知的认定标准更具可操作性。可以预见的是，解释生效以后，生产、销售有毒、有害食品犯罪案件的数量应该会显著增加，进一步强化食品安全监管的社会效果。但是，这并不妨碍我们从规则设定的内在逻辑去审视这一解释的合理性，毕竟，主观明知推定规则的科学、合理，还受到诸多因素的影响，特别是该规定明确提到了“存在相反证据并经查证属实的”可以否定行为人主观上存在明知。因此，规则本身的法理阐释对司法适用的公平性而言十分必要。当然，更重要的原因是，从笔者掌握的既往司法裁判来看，《2022 年食品解释》所确立的推定规则特别是列举的基础事实，过于笼统、概括，存在前文所提到的主观明知司法认定扩大化的隐忧，故而有必要在阐释这一状况的基础上探讨司法限缩的方式。

二、明知推定规则的司法扩展

（一）司法解释中明知推定规则的内在逻辑

虽然《2022 年食品解释》是以“认定”的名义确定了《刑法》第 144 条“明知”的判断规则，但是其实质仍然属于“司法推定”。因为推定与认定不同，前者对传统司法证明方式起到补充作用，是以特殊方式认定案件事实成立的方法。作为推定结论的基础事实，本身与证明结论之间没有必然联系，只是基于某种经验判断，允许司法者在证明基础事实之后无须另行运用证据证明结论的存在。换言之，推定的结论并非司法证明的事实，而是一种“推定事实”。在“基础事实”与“推定事实”之间，并不存在必然的因果关系，表现为逻辑推理上的跳跃。[2]《2022 年食品解释》所确立的推定规则的内在逻辑，可以从以下角度予以分析。

① 这些情形是：（1）长期从事相关食品、食用农产品生产、种植、养殖、销售、运输、贮存行业，不依法履行保障食品安全义务的；（2）没有合法有效的购货凭证，且不能提供或者拒不提供销售的相关食品来源的；（3）以明显低于市场价格进货或者销售且无合理原因的；（4）在有关部门发出禁令或者食品安全预警的情况下继续销售的；（5）因实施危害食品安全行为受过行政处罚或者刑事处罚，又实施同种行为的；（6）其他足以认定行为人明知的情形。

② 参见陈瑞华：《论刑事法中的推定》，载《法学》2015 年第 5 期。

1. 作为基础事实的三种类型

根据基础事实的内容差异，我们可以将《2022 年食品解释》规定的作为推定生产、销售有毒、有害食品罪中主观明知存在的基础事实，分为三种类型。

一是放弃义务型，即以“生产经营者违反法定注意义务”作为推定的基础。《2022 年食品解释》第 10 条第 2 款规定“长期从事相关食品、食用农产品生产、种植、养殖、销售、运输、贮存行业，不依法履行保障食品安全义务的”［第（1）项］，“没有合法有效的购货凭证，且不能提供或者拒不提供销售的相关食品来源的”［第（2）项］，可以推定行为人对食品掺入“有毒、有害的非食品原料”存在主观明知。这两项内容都是《食品安全法》明确规定的食品生产经营者在从事该行业时的法定义务。例如，该法第 50 条规定了供货者应提供许可证、产品合格证，以及禁止采购条款，都属于生产经营者履行保障食品安全的法定义务。① 第 53 条第 1 款关于“食品经营者采购食品，应当查验供货者的许可证和食品出厂检验合格证或者其他合格证明”的规定，则与第（2）项推定规则密切相关。这种以不履行食品安全法定义务作为基础事实的推定规则在此前的规范性文件已有先例可循。②

二是反常交易型，即以“市场交易的异常性”作为推定的基础。《2022 年食品解释》第 10 条第 2 款第（3）项所提到的“以明显低于市场价格进货或者销售且无合理原因的”情形，与生产经营者应当履行的保障食品安全的义务没有必然联系，只是基于生活经验的主观判断——商品的价格与价值具有内在的关联性。同样的推定规则在其他司法解释中也有所体现。比如《最高人民法院、最高人民检察院关于办理非法利用信息网络、帮助信息网络犯罪活动等刑事案件适用法律若干问题的解释》第 11 条规定，“为他人实施犯罪提供技术支持或者帮助，具有下列情形之一的，可以认定行为人明知他人利用信息网络实施犯罪，但是有

---

① 《食品安全法》第 50 条规定，“食品生产者采购食品原料、食品添加剂、食品相关产品，应当查验供货者的许可证和产品合格证明；对无法提供合格证明的食品原料，应当按照食品安全标准进行检验；不得采购或者使用不符合食品安全标准的食品原料、食品添加剂、食品相关产品”。

② 比如，2012 年 1 月 9 日颁布实施的《最高人民法院、最高人民检察院、公安部关于依法严惩“地沟油”犯罪活动的通知》就明确提到，“虽无法查明‘食用油’是否系利用‘地沟油’生产、加工，但犯罪嫌疑人、被告人明知该‘食用油’来源可疑而予以销售的，应分别情形处理：经鉴定，检出有毒、有害成分的，依照刑法第 144 条销售有毒、有害食品罪的规定追究刑事责任……”此处仅以被告人只要明知“食用油”来源可疑，就推定其对有毒、有害成分具有主观明知，而“来源可疑”则表明供货者无法提供合法有效、客观真实的进货证明、检验报告等。

相反证据的除外：……（三）交易价格或者方式明显异常的……”[①]

三是明知故犯型，即以“明知”而“再犯”为由推定主观明知。所谓明知故犯，是指行为人明知某行为的不法性而仍然继续实施。由于行为人先前已经实施过相应的行为或者已经知晓相关行为的性质，因此，在继续实施此类行为时可以推定其对行为事实具有主观明知。《2022 年食品解释》采纳了这一推定规则，其第 10 条第 2 款第（4）项规定：“在有关部门发出禁令或者食品安全预警的情况下继续销售的;”第（5）项规定：“因实施危害食品安全行为受过行政处罚或者刑事处罚，又实施同种行为的。”从内容来看，这两条规则所确定的基础事实分别是官方公布的食品安全禁令、预警等信息，或者因不法行为被追究法律责任，故而推定行为人继续实施不法行为时其对涉案食品掺入有毒、有害的非食品原料系主观明知。这种推定规则在司法解释中也较为常见。[②]

2. 基础事实与明知推定的经验逻辑

在学理上，一般认为，有效的推定规则，赋予了基础事实一种额外的规范力量，而后者恰恰是基础事实本身所不具备的。[③] 那么，这种本身不具有内在直接关联性的联系又是如何确立起来的？这关系到推定规则的内在逻辑。如上所述，关于明知的推定，是对犯罪故意这一主观要素的证明方法。其正当性在于，在基础事实存在时，人们通常会相信该要素本来就是客观存在的，[④] 但之所以以法定形式确定下来，就是因为基础事实缺乏通常被要求用来使待证事实

---

① 诸如此类规定还有：《最高人民法院关于审理洗钱等刑事案件具体应用法律若干问题的解释》第 1 条第 2 款规定，“具有下列情形之一的，可以认定被告人明知系犯罪所得及其收益，但有证据证明确实不知道的除外：……（三）没有正当理由，以明显低于市场的价格收购财物的；（四）没有正当理由，协助转换或者转移财物，收取明显高于市场的‘手续费’的……”《最高人民法院关于审理破坏森林资源刑事案件具体应用法律若干问题的解释》第 10 条规定也体现了这一逻辑，即“刑法第三百四十五条规定的‘非法收购明知是盗伐、滥伐的林木’中的‘明知’，是指知道或者应当知道。具有下列情形之一的，可以视为应当知道，但是有证据证明确属被蒙骗的除外：……（二）收购以明显低于市场价格出售的木材的……”

② 比如《最高人民法院、最高人民检察院关于办理侵犯知识产权刑事案件具体应用法律若干问题的解释》第 9 条规定：“具有下列情形之一的，应当认定为属于《刑法》第 214 条规定的‘明知’：（1）知道自己销售的商品上的注册商标被涂改、调换或者覆盖的；（2）因销售假冒注册商标的商品受到过行政处罚或者承担过民事责任、又销售同一种假冒注册商标的商品的。”《最高人民法院、最高人民检察院、海关总署关于办理走私刑事案件适用法律若干问题的意见》第 5 条第 2 款第 6 项也提到“曾因同一种走私行为受过刑事处罚或者行政处罚的”，可以认定行为人明知所从事的行为是走私行为。

③ 参见劳东燕：《认真对待刑事推定》，载《法学研究》2007 年第 2 期。

④ 参见李立丰：《犯罪故意“要素分析”模式的澄清与适用》，载《法律科学（西北政法大学学报）》2020 年第 1 期。

的认定正当化或为待证事实的认定所要求的证据力。[①] 概言之，基础事实与推定结论，前者与后者通常具有关联性，但是前者又不足以充分证明后者的合理性，故而以法定形式将两者勾连起来。具体到《2022 年食品解释》中，上述推定是为了解决在何种情况下可以推定不法行为人对食品中掺入了有毒、有害的非食品原料系明知。因此，作为证明对象即明知的内容的，是“有毒、有害的非食品原料”；而作为推定基础的，则是上述三类事实。要探讨司法解释规则的内在逻辑，首先需要明确有毒、有害的非食品原料的规范属性。

如前文所述，何为《刑法》第 144 条规定的“有毒、有害的非食品原料”，在刑法实务和理论上都是争议较大的问题。在司法实践中，随着“泡打粉案”“无根豆芽案”的集中爆发，关于这一问题的争议达到极点，也将《2013 年食品解释》第 20 条所规定的“有毒、有害的非食品原料”的认定标准推向了争议的漩涡，甚至在一定程度上影响了其他同类案件的裁判。当然，司法分歧也引发了学界对这一认定标准的讨论，也推动司法机关在新修订的《2022 年食品解释》第 9 条较原规定进一步限制了这一构成要件要素的范围，即前文所提到的，有毒、有害的非食品原料必须是实质上有害且规范上禁用的非食品原料，从而明确了这一构成要素的实质有害性特点，避免司法机关误将那些因必要性因素而不允许在食品中添加的物质认定为有毒、有害物质。由此，《刑法》第 144 条有毒、有害的非食品原料，并非只是一个纯粹的事实性范畴，而带有鲜明的法律评价色彩。在构成要件要素的类型上，当属于规范性构成要件要素。

规范性构成要件要素对于犯罪故意的价值，不同于事实性构成要件要素。在规范性构成要件要素的场合，法官不仅需要判断案件事实是否符合构成要件，而且需要以特定的违法性为导向，以某种规范为前提理解构成要件要素和评价案件事实。[②] 既然是一种价值性判断，那么，行为人在对这一构成要件要素认识到何种程度，才可以确定其主观上存在明知，就成为确立推定规则的逻辑起点。毕竟，我们是在没有被告人口供可以认定其确实知道的情况下，结合各种证据，在司法上推定其知道，[③] 故而推断到何种程度可以确定被告人对涉案食品中非法掺入了有毒、有害的非食品原料就至为关键。对此，笔者遵循这样一种理解：作为故意成立前提的明知内容只包括规范构成要件要素的物理属

① 参见劳东燕：《认真对待刑事推定》，载《法学研究》2007 年第 2 期。
② 参见张明楷：《规范的构成要件要素》，载《法学研究》2007 年第 6 期。
③ 参见周光权：《明知与刑事推定》，载《现代法学》2009 年第 2 期。

性和社会意义，[1] 而不需要客观把握刑法概念上的准确内涵。亦如对于"猥亵文书"等规范性构成要件要素而言，虽然明确只对客体的物理性存在知觉是不够的，还要有对其内容为所谓的"黄书"种类的足够了解，但是并不要求行为人认识到该黄书在刑法中被评价为禁止性的"猥亵文书"。[2] 相应的，在生产、销售有毒、有害食品罪中，明知的认识内容，并非非食品原料被某规范所禁止以及毒害性的具体后果，只需要行为人认识到食品中掺入的物质属于非食品原料（物质属性）且无益于人体健康（社会属性）即可。因此，作为基础事实，是在经验上合乎逻辑地确定，行为人一旦实施了这些行为，表明其认识到食品中可能掺入了非食品原料且是有害的。

以上述分析为基础，可以发现，《2022 年食品解释》在主观明知的推定上坚持了三种不同的逻辑进路。其一，关于"放弃义务型"的推定规则。该解释认为只要生产经营者违反了这一法定义务就可以推定其明知食品中掺入了非食品原料且是有害的。执行进货查验等义务，不仅是保障食品安全的主要措施，而且是保护食品经营者合法权益的重要制度。如果食品经营者不认真履行该义务，对不符合食品安全标准的食品予以验收进货，则责任即转移到食品经营者一方。[3] 据此，任何符合食品安全标准的经营行为原则上都应当能够以该义务履行为前提，故而放弃该义务时可以推定行为人对食品存在安全隐患具有明知。其二，关于"反常交易型"的推定规则。该规则是从经济学、一般人的感性认识出发进行判断。虽然价格未必总是反映商品的价值，但是价格严重偏离同类商品的一般市场价值且无合理理由，比如成本较低时，则可能表明商品本身存在质量问题。鉴于此，将市场交易过程表现出的交易价格的明显异常作为判断行为人对食品中掺入"有毒、有害的非食品原料"系主观明知的根据是合理的。其三，关于"明知故犯型"的推定规则。该规则基于行为人的先前行为及经验，认为在涉案食品被发现掺入了有毒、有害的非食品原料后，既然已经受过此类处罚，就应当在本案中存在"主观明知"。正如司法机关在确定销售假冒注册商标罪的"明知"认定规则时所提到的，"行为人如果已经因销售假冒注册商标的商品受到过主管行政机关的处罚或者承担过民事责任，那么可以

---

① 参见高巍：《论规范的构成要件要素之主观明知》，载《法律科学（西北政法大学学报）》2011 年第 3 期。

② 参见［日］井田良著：《刑法总论的理论构造》，秦一禾译，中国政法大学出版社 2021 年版，第 57~58 页。

③ 参见信春鹰主编：《中华人民共和国食品安全法解读》，中国法制出版社 2015 年版，第 138 页。

完全肯定他对于假冒注册商标的商品的明知”。[1] 客观而言，上述推定逻辑是有一定道理的，但我们也从中可以看出这三类基础事实与推定结论之间的关联程度有远近之分，比如“明知故犯型”中，当行为人多次实施同种不法行为时，基于先前的处罚与警示，完全可以直接认定行为人对涉案的非食品原料存在明知。在这种情况下，与其说是“推定”行为人主观上存在明知，倒不如说是直接“证明”；但在“放弃义务型”中，由于义务的范畴涵盖了食品安全生产经营的全过程，是否每个阶段的食品安全保障义务均与“掺入有毒、有害的非食品原料”这一特定方式有关，则不无疑问。在这种情况下，“放弃义务”的基础事实与“主观明知”的推定结论之间关联性相对较弱。此时，如何准确理解《2022 年食品解释》所确立的推定规则，避免司法推定规则导致犯罪认定的不当扩张或者限缩，需要进一步展开探讨。

（二）司法解释中明知推定规则的扩张逻辑

推定规则的确立，与对认知局限的处理相关，其大多以基础事实与待证事实之间的概率可能性作为逻辑基础，即基础事实与待证事实之间通常存在经验层面的常态性联系。[2] 因此，基础事实范围的确定，事关主观明知乃至犯罪故意认定的合理界限。过于宽泛的基础事实，势必弱化其与待证事实之间的概率性联系，致使犯罪故意认定不断扩张。毕竟，推定的明知一旦确认，就构成了犯罪故意的规范基础，特别是在抽象危险犯中，这种对特定构成要件要素的明知，等同于犯罪故意的证明，但不管是既往的司法实践经验，还是基础事实与主观明知的内在联系，《2022 年食品解释》所确立的主观明知的推定规则，都有导致生产、销售有毒、有害食品罪犯罪故意认定扩大化的潜在风险。在此，考虑到第二、三种类型的推定逻辑较为直观，本部分仅以“放弃义务型”推定规则为例展开讨论。

1. 基于规范目的的理论审视

2015 年《食品安全法》的修订，明确要求建立最严格的全过程监管制度，对食品生产、销售、餐饮服务、食用农产品销售等各个环节，有针对性地补充

---

① 陈国庆、韩耀元、张玉梅：《“两高”〈关于办理侵犯知识产权刑事案件具体应用法律若干问题的解释〉的理解与适用》，《人民检察》2005 年第 1 期。

② 参见劳东燕：《认真对待刑事推定》，载《法学研究》2007 年第 2 期。

完善相关制度，突出企业的主体责任和监管部门的监管责任。[①] 为此，《食品安全法》以“生产经营过程控制”专节的形式，通过第49条至第56条等多个条文，为食品农产品生产者、食品生产者、食品经营者、餐饮服务提供者设定了多重食品安全保障义务。这些归纳起来包括三个方面：一是作为食品（农产品）提供者应当承担的与生产、加工、种植等行为相关的安全生产义务，即禁止非法添加、使用禁用物质，允许使用的非食品原料的合理控制，确保食品相关产品符合安全标准等；二是作为食品（农产品）提供者证明安全生产的义务，以证明生产、贮存过程符合食品安全标准，主要包括进货查验记录义务、出厂检验记录义务、散装食品标注义务等；三是作为食品销售者从上游食品（原料）提供商购进货物时的进货查验记录等。从形式上看，上述义务与《2022年食品解释》第10条第2款第（1）项、第（2）项规定的内容相对应。[②] 这些条文的目的就是通过对食品生产经营过程的全链条监管，实现食品安全标准的全面贯彻，即生产者以符合安全标准的方式进行生产、加工，而销售者以符合安全标准的要求购进产品、原料予以加工、销售，从而确保生产、经营符合安全标准的食品。就此而言，《2022年食品解释》所提到的上述两项法定义务，其规范目的是确保生产经营过程符合食品安全标准这一强制性规范。相应地，当行为人不履行上述法定义务时，也就可以推定其明知相关食品（原料）可能不符合食品安全标准。那么，这里明知不符合食品安全标准是否等于明知食品掺入“有毒、有害的非食品原料”呢？实则非然。

能否基于行为人放弃履行保障食品安全义务，就推定其明知食品中掺入了“有毒、有害的非食品原料”，取决于违反食品安全标准义务（基础事实）与食品中掺入“有毒、有害的非食品原料”（推定结论）两者之间的关联性。如果关联性较高，则可以推定违反义务即推定结论存在，反之则不然。正如有学者所提到的，“要求基础事实与待证事实之间存在合理的联系，即从对基础事实的证明中得出推定事实存在的结论具有逻辑与经验的基础，而非出于任意的推理。与涉及立法者有权取消的构成要素的推定相比，在涉及为构建罪责所必需的构成要素的推定中，基础事实与待证事实之间应当具有更为强大的合理联

---

① 参见信春鹰主编：《中华人民共和国食品安全法解读》，中国法制出版社2015年版，第2页。

② 第（1）项规定“长期从事相关食品、食用农产品生产、种植、养殖、销售、运输、贮存行业，不依法履行保障食品安全义务的”情形；第（2）项规定“没有合法有效的购货凭证，且不能提供或者拒不提供销售的相关食品来源的”情形。

系，而不只是相对更为可能”。[①] 在笔者看来，违反食品安全标准义务与推定结论之间并无必然联系，两者的联系性较小。一方面，从食品安全标准的外延来看，包括了食品安全通用标准、产品标准、生产经营规范等多项内容。通用标准适用于各类食品，如农兽药残留、食品添加剂使用、污染物、标签等问题；产品标准则规定了各大类食品的感官、理化和微生物等要求；食品经营规范标准则是强化食品生产经营过程控制和风险防控，对原料、卫生管理等提出要求。[②] 显然，这些标准的设定并非仅仅或者主要关注于食品中是否掺入了有毒、有害的非食品原料，两者并不存在高概率联系。另一方面，从食品安全标准的内容来看，根据《食品安全法》第 26 条的规定，包括了食品、食品添加剂、食品相关产品中的致病性微生物，农药残留、兽药残留、生物毒素、重金属等污染物质以及其他危害人体健康物质的限量规定，食品添加剂的品种、使用范围、用量等八项。从中可以看出，有毒、有害的非食品原料并非食品安全标准中明确规定的内容，甚至在整个食品安全法规范中，都没有“有毒、有害的非食品原料”这一概念。这也不难理解在《食品安全法》第 34 条规定的禁止生产经营的食品中，即便有 13 种禁止生产经营的食品类型，也没有掺入有毒、有害的非食品原料的食品的条文，只有禁止生产经营添加其他可能危害人体健康物质的食品之规定。很显然，也难以看出两者间有必然联系——违反食品安全标准所生产经营的食品的范围，要远大于掺入有毒、有害的非食品原料的食品类型，后者属于“添加食品添加剂以外的其他可能危害人体健康物质的食品”范畴。概言之，行为人违反食品安全生产经营义务与其明知食品中掺入有毒、有害的非食品原料之间并无高概率联系，后者只是违反义务的低概率结果，将两者联系起来建立主观明知的推定规则，势必会导致主观明知认定的扩大化。特别是在生产、销售不符合安全标准的食品罪和生产、销售有毒、有害食品罪这两个具有包容关系的罪名之间，行为人放弃履行食品安全义务时，推定其对前一罪名的构成事实具有主观明知更为合理。相应地，如果将违反注意义务作为后者的推定基础，就会出现唯结果论的局面，即只要客观上检测出食品中存在有毒、有害的非食品原料，就会因行为人没有履行食品安全义务而直接认定为生产、销售有毒、有害食品罪，架空生产、销售不符合安全标准的食

---

① 劳东燕：《认真对待刑事推定》，载《法学研究》2007 年第 2 期。

② 参见信春鹰主编：《中华人民共和国食品安全法解读》，中国法制出版社 2015 年版，第 67～68 页。

品罪的司法适用。其实，在理论上，先前已有不少学者对如何确定生产、销售有毒、有害食品罪的主观明知进行过探讨，但是大多坚持综合判断的思路，即放弃义务只是判断主观明知的因素之一。比如，有观点就提到，“即便行为人不是确切知道是有毒、有害的非食品原料，但行为人根据基本的科学原则、供货渠道不正常、价格明显低于市场正常水平、违反行业规范等事实情况应当知道销售的食品中可能掺有有毒、有害的非食品原料的，也可证明行为人主观上存在‘明知’”。①

基于上述分析，笔者认为，生产经营者违反法定食品安全生产经营义务，只能推断其明知（可能）涉案食品不符合食品安全标准，不能进一步推定其“明知”掺入有毒、有害的非食品原料的食品。即这一基础事实只能用于推定《刑法》第143条生产、销售不符合安全标准的食品罪的主观明知，而不是《刑法》第144条之“明知”。其实，从国外相关案例来看，对于仅仅违反食品安全生产义务的行为，也很难作为故意犯罪的依据——作为过失犯罪成立的前提已经被视为过于宽松，认定为故意必然面临更多的质疑。比如，在熟知的日本“森永奶粉事件”中，生产商在奶粉制作过程中，从相关批发商处购买了“第二磷酸苏打”用作稳定剂，但实际购得的物质是含有大量砷酸的其他药剂。为此，所制造的奶粉中混入了砷酸，致使饮用该奶粉的婴幼儿数人死伤，检方以业务过失致死罪起诉了森永乳业德岛工厂的生产科长等人。对此，德岛地裁昭和48年11月28日的判决中提到，“这种情形下的预见可能性，只要达到能证明，作为结果避免义务，对行为人科以某种指向结果防止的负担是合理的程度即可，因此，该情形下的预见可能性，……并非完全不存在这种危险，因而不能无视这种危险的程度的畏惧感即可”，进而判定构成业务过失。但是这种畏惧感说并未得到判决的沿袭，当前日本通说仍然要求成立过失，需行为人对特定构成要件结果及因果进程的基本存在预见可能性“具体的预见可能性说”。②

2. 基于司法实践的经验审视

对规范性构成要件要素的“明知”，不仅需要行为人认识到描述性事实基础，而且要求对规范性构成要件要素具备完全意义的认识，否则就无法认定故意的成立。③ 在《解释》修订之前，地方司法机关在办理此类案件中也有过积

① 陈京春：《刑事诉讼视野下的生产、销售有毒、有害食品罪》，载《河南财经政法大学学报》2012年第2期。

② ［日］松原芳博著：《刑法总论重要问题》，王昭武译，中国政法大学出版社2014年版，第224页。

③ 参见江溯：《规范性构成要件要素的故意及错误》，载《华东政法大学学报》2017年第6期。

极尝试，但是不管是从危害食品安全犯罪案件还是从危害药品安全犯罪案件等来看，对于有毒、有害的非食品原料这一类规范性构成要件要素的认知证明相对较为保守。

（1）从“注水肉”案件看推定规则的规范逻辑。笔者曾经以“注水肉”案为例在中国裁判文书网进行检索，以梳理在“瘦肉精”案件中司法机关对行为人明知食品中掺入“有毒、有害的非食品原料”的证明逻辑。研究发现，司法机关在审理“注水肉”案件时适用《刑法》第140条的比重更大，即便对于使用禁用兽药的案件来说，也并非都能够认定为生产、销售有毒、有害食品罪。[①] 其原因之一就是，成立生产、销售有毒、有害食品罪，要求行为人必须明知涉案食品中掺入了有毒、有害的非食品原料。而“注水肉”案件的特殊性在于分段加工、分段销售，这给办案机关认定不法者明知非法添加禁用兽药带来了困难。比如，在“魏某甲生产、销售不符合安全标准的食品案”中，通州区人民法院查明，被告人魏某甲在未办理生猪屠宰许可证且未对生猪进行检疫的情况下，在其租赁的蔬菜大棚内私自屠宰生猪并进行销售。通州区动物卫生监督所及公安机关查获已屠宰待销售的猪胴体及待屠宰的生猪后，经有关部门检验，被查获的猪肉及猪肝均含有沙丁胺醇。据此，法院认为，被告人魏某甲明知自己无生猪定点屠宰资质且销售的猪肉未经检验检疫，仍实施上述犯罪行为，且在案的检验报告证实查获的猪肉及猪产品中含有禁止添加的沙丁胺醇，属于检验检疫不合格的动物及其肉类制品，根据在案证据，应当认定被告人构成生产、销售不符合安全标准的食品罪。[②] 分析裁判理由可以发现，现有证据可以证明魏某甲对生猪体内注水是明知，且其无生猪定点屠宰资质，销售的猪肉也未经检验，充分表明行为人没有积极履行食品安全保障义务。但是，法院认为仅依据现有证据不能证明其对水中含有有毒、有害的非食品原料系明知，只能以其明确认识到的内容，认定构成生产、销售不符合安全标准的食品罪。

在笔者看来，这种认定是合理的。因为从司法实践来看，在养殖、屠宰过程中向猪（肉）注水的方式主要有三种：一种是注射自来水，即符合安全标准的饮用水；二是注入生活污水；三是注射兽药药水，即含“瘦肉精”或其他药物的药水。[③] 这三类“注水肉”进入市场往往是未经检验或者编造检验记录

---

① 参见张伟珂著：《危害食品药品安全犯罪典型类案研究》，研究出版社2019年版，第83~84页。

② 参见北京市通州区人民法院刑事判决书（2015）通刑初字第982号。

③ 参见张伟珂著：《危害食品药品安全犯罪典型类案研究》，研究出版社2019年版，第84~86页。

的，对于销售者而言，其难以从上游的生产经营者那里获得相应的合格检验证明。也就是说，生产者不履行食品检验检测义务，无法向下游的销售者提供相应的食品安全票证，不能说明涉案食品就高概率是含有“瘦肉精”的肉类——可能属于前两类注水肉，两者间仅具有一定的概率性联系。相应地，如果以不履行《2022 年食品解释》所确定的食品安全保障义务，就直接推定对涉案“注水肉”存在主观明知，那么，上述案例中被告人的行为就应该被认定为生产、销售有毒、有害食品罪，而不是生产、销售不符合安全标准的食品罪。其实，从“注水肉”案件来看，既往司法实践对于生产、销售有毒、有害食品罪中主观明知的证明相对较为严格，没有将不履行食品安全保障义务直接作为认定生产、销售有毒、有害食品罪中主观明知的依据。换言之，从该类案件的处理视角来看，《2022 年食品解释》扩大了主观明知的推定基础。

（2）从假药案件看主观明知的推定逻辑。由于假药和有毒、有害的非食品原料同属于规范性构成要件要素，且都发生在生产经营领域，故而具有类比的可行性。这里我们以齐齐哈尔第二制药有限公司（以下简称“齐二药”）生产经营假药事件为例来加以探讨。

齐二药生产的“亮菌甲素注射液”，因生产环节重大疏漏而在临床出现严重不良反应致人伤亡。但是该案中生产者最终却被评价为重大责任事故罪，表明了司法者对生产者是否明知药品系假药的证明逻辑。法院认为，朱传某、陈桂某、钮忠某、郭兴某等身为药品生产企业的工作人员，在生产药品过程中，未能严格执行药品生产质量管理法规及相关规章制度，严重违规操作，因而导致发生重大伤亡事故，其行为均已构成重大责任事故罪，情节特别恶劣，社会影响大，应依法严惩。[①] 从上述事实来看，涉案行为人在药品原料入厂检验、药品出厂检验等环节都没有依法履行相应的安全监管义务，但是，司法机关并未据此直接认定涉案人员对于涉案产品系假药存在“明知”，相反，仅以其违

① 据媒体报道，2005 年 9 月，负责采购原料的钮忠某和公司副总郭兴某，违反物料采购应派人对供货方实地考察和要求供货方提供样品进行检验等相关规定，在未确切核实供应商王桂某的供货资质（笔者注：两人均未履行药品安全生产义务）的情况下，经郭兴某同意，钮忠某向王桂某购入了 1 吨由二甘醇冒充的丙二醇。而陈桂某、朱传某作为齐二药公司负责化验、生产质量的化验室主任和主管副总，在明知该批假冒丙二醇“相对密度”不合格，并且公司检验设施不齐全，检验人员检验资质不全，没有做“鉴别”检验项目的情况下，违反药品生产质量管理规定，开具虚假的合格检验报告书（笔者注：两人均未履行药品安全生产义务），致使该批假冒丙二醇被投入公司生产。参见“‘齐二药’案 5 犯最重判 7 年，网友质疑判决轻”，2008 年 4 月 30 日，https：//news. sohu. com/20080430/n256593528. shtml. 2022 年 1 月 31 日。

反注意义务认定为过失。作为一个典型的、重大药品安全案件，我们相信司法机关在确定不法人员主观明知的问题上是极其审慎的，而他们没有因其在生产过程中违背了法定的检验检测义务，就认定其对涉案药品具有主观上的明知的做法，表明了违背食品药品安全监管的法定义务，并不构成对涉案食品药品中掺入其他物质这一事实具有主观明知的基础。

其实，除了前述的类案或者个案，即便在一些地方性规范性文件中，也往往把放弃安全生产经营义务的行为，笼统地评价为主观明知证明的基础，而不是直接用于推定行为人明知食品中掺入“有毒、有害的非食品原料”。比如，在福建省食品药品监督管理局、福建省公安厅等多部门联合印发的《福建省食品药品行政执法与刑事司法衔接工作实施细则（试行）》第10条规定：“关于行为人从事危害食品药品安全活动主观故意的认定应根据行为人认识能力、进货来源、销货渠道、进销货价格，以及证人证言，犯罪嫌疑人、被告人和同案人供述等综合审查判断。有下列情形之一的，可认定行为人具有从事危害食品药品安全活动的主观故意，但有相反证据证明的除外：……（三）不能提供或者拒绝提供收购或销售的问题食品药品来源的；（四）转移、隐匿、销毁涉案食品药品进出账记录的或者提供虚假记录的……”从该规定可以看出，虽然其也把不履行食品安全保障义务作为推定主观故意的事实基础，但仅仅是将其抽象地作为整个危害食品药品安全活动的主观故意的推定前提，而不是生产、销售有毒、有害食品罪这一具体犯罪中主观明知的推定基础。

三、明知推定规则的限缩思路

刑法适用推定规则的案件，往往都是我国近年来一直强调严厉惩罚的犯罪案件。[①] 危害食品药品犯罪，是我国近年来严厉打击的公害型犯罪，立法上的不断修改与司法政策的从严导向，都使司法机关在推动犯罪治理的思路上倾向于积极高效的犯罪认定模式。可以说，明确推定规则并放宽基础事实与推定结论之间的逻辑关联，都是这一政策的实践产物。但如前所述，基础事实过于宽泛，势必扩大主观明知的推定结论，致使犯罪故意的认定不断扩张，把那些本来没有现实认识到的情形涵盖在内。故而为了避免司法扩张侵蚀法治正当性，

① 参见陈瑞华：《论刑事法中的推定》，载《法学》2015年第5期。

有必要探索针对这一推定规则的限缩路径。需要注意的是，司法解释一旦施行，就具有了法定效力，即便在逻辑上存在不严谨之处，也不能直接否定其强制力。回到《2022 年食品解释》的推定规则中，这三类基础事实均可以作为控方认定行为人主观上存在明知的依据，但条文中毕竟规定了“存在相反证据并经查证属实的除外”，这就为我们探索限缩路径提供了合乎规范的视角。

（一）基于推定可反驳性的限缩方式

在诉讼证明中，事实推定是基于基础事实和推定事实之间存在的高度盖然性的因果关系，从已知事实推导出未知事实。[①] 因此，理论上通常认为，推定是通过归纳法，总结经验而得出的，是可以对推定结论予以反驳的，以确保司法裁判的公信力。[②]“存在相反证据并经查证属实”，事实上构成了对推定规则的有效反驳。具体到《2022 年食品解释》所确定的生产、销售有毒、有害食品罪中主观明知的推定反驳，可以根据基础事实的类型不同而建构差异化的限缩路径。

1. 关于放弃义务型推定规则的反驳思路

根据义务内容不同，基础事实的内容也有差异。如前所述，《2022 年食品解释》第 10 条第 2 款第（1）项规定的情形，其实涵盖的食品安全义务极其宽泛。总体而言，可以将其归为两大类：一是直接关系食品质量安全的义务，比如不得违法使用农药兽药及滥用添加剂等；二是与食品安全相关但不影响食品本身安全性的义务，比如食品包装、标签标识规范性等。这两项义务，与第 10 条第 2 款第（2）项规定的义务，需要设定不同的限缩方式。

（1）行为人违反了直接关系食品质量安全义务，证据反驳空间较为有限。由于行为人所从事的行为是直接在食品中非法添加、使用其他非食品原料，因此，行为人对涉案食品中掺入其他物质是明知的。这种情况下，有效的反驳，只能是行为人通过特定方式证明自己已经确认过添加物质不是有毒、有害的非食品原料。当生产经营者真诚地采取了确认措施时，即便最终在食品中检测出有毒、有害的非食品原料，也不能认定其对此存在明知。比如，在“注水肉案”中，下游经销商知道上游屠宰商家在屠宰前向动物注水，但是屠宰户明确告诉后者是能饮用的自来水，而非含有“瘦肉精”的水，并让驻场检验员提供检验报告（只提供针对这一事实的检验报告，不包括其他相关检验报告）。对

① 参见王彬：《事实推定中的后果考量》，载《法律科学（西北政法大学学报）》2021 年第 6 期。
② 参见叶自强：《论推定的概念、性质和基础事实》，载《法律适用》2021 年第 9 期。

此，由于行为人已经采取合理方式确认不含“瘦肉精”，即便最终查到肉中含有此类物质，也因其被欺骗而否定其主观上具有明知。

（2）行为人不履行与食品质量无关的其他安全义务时，比如明知标签标识不规范而仍然进货并销售，最终在食品中检测出有毒、有害的非食品原料，由于前一事实与后一结果之间并无必然联系。因此，有效反驳的重点在于，行为人已经履行了其他事关食品质量安全的义务，即原则上只要行为人能够证明其向上游生产销售者履行索取票证的义务，且其在销售过程中没有掺入过该非食品原料，就可以形成有效反驳。

（3）行为人没有向上游经营者索取购货凭证且不能提供有效来源信息时，由于上游经营者无法提供产品合格的出厂检验证明等材料，表明产品本身存在掺入有毒、有害的非食品原料的可能性，此时，即便这一联系的概率较低，也对反驳事实有特定要求。即反驳内容应当是行为人对不能提供这些材料的合理性作出说明。比如从农村散户收购食用农产品时，农户往往难以提供合格检验证明、购货凭证等，这种合理性就可以推翻基于解释规则所确立的主观明知之推定。此外，如果行为人可以证明自己被上游厂家所欺骗，比如像前文提到的“森永奶粉事件”，也可以构成对推定结论的有效反驳。其实，关于行为人因受欺骗而推翻主观明知的结论，在既往的司法解释中也有体现。[①]

2. 关于反常交易型推定规则的证据反驳

《2022年食品解释》第10条第2款第（3）项确定了“以明显低于市场价格进货或者销售且无合理原因的”情形作为主观明知推定的基础事实。这一规则是“便宜没好货”的社会大众生活经营的规范阐释，但客观而言，交换价值异常的商品未必一定存在质量问题，或者说即便质量有问题，也未必一定是使用原料存在问题。具体到食品行业领域，异常价格交易的情形下即便存在食品安全问题，也可以有很多种类型，比如濒临过期甚至已经过期等，故而价格异常与食品中掺入了有毒、有害的非食品原料之间不存在高概率联系。也正是基于此，这一情形作为基础事实也必然导致主观明知推定规则的扩大化。那么，当行为人有合理理由解释以明显低于市场价格进货或者销售的正当性时，如场地租期将至低价销售等，则可以直接推翻推定结论。即便行为人不能对该交易

---

① 2000年11月22日颁布实施的《最高人民法院关于审理破坏森林资源刑事案件具体应用法律若干问题的解释》第10条规定，“‘非法收购明知是盗伐、滥伐林木罪’中的‘明知’，是指知道或者应当知道。具有下列情形之一的，可以视为‘应当知道’，但是有证据证明确属被蒙骗的除外”。

异常作出合理解释，也应当允许通过其他途径进行反驳——基本思路是，在行为人明知产品必然或者可能有质量问题，并为此降低价格销售，但真诚、合理地相信食品中没有掺入有毒、有害的非食品原料时，构成对推定结论的反驳。比如，销售者对供货商提供的质量检测报告有疑问，怀疑食品可能有质量问题时，在低价处理前就该类食品中可能出现的常见有毒、有害的非食品原料进行了抽检，以排除这种可能性，但是最终依然在食品中发现了其他新型的有毒、有害化学物质，这时行为人主观上的真诚、合理判断就可以推翻原有的推定结论。

3. 关于明知故犯型推定规则的证据反驳

《2022 年食品解释》第 10 条第 2 款第（4）项将“在有关部门发出禁令或者食品安全预警的情况下继续销售的”；第（5）项将“因实施危害食品安全行为受过行政处罚或者刑事处罚，又实施同种行为的”，作为推定主观明知的事实基础。如前所述，这两种情形也存在推定扩大化的问题。

（1）就第（4）项而言，是以监管部门的行为作为推定基础的，但是监管部门发出禁令、预警后，生产经营者却未必能够了解到这些禁止性规定，所以禁令、预警和主观明知之间并无高概率联系。要推翻该推定结论，可以从两个方面加以考量：一是虽然监管部门发出了禁令、预警，但是该禁令、预警并未以合理的方式通知生产经营者，后者对此根本不具有违法性认识，进而以此推翻主观明知的结论。[①] 比如，农业农村部、市场监管总局等会在官方网站上或者通过内部文件传达的形式发布禁令、预警，此时作为市场主体的生产经营者未必能够及时了解这些信息，如果地方市场监管部门没有积极主动宣传，就可能导致经营主体不知道这些禁令信息，从而难以推断其主观明知。也正是基于此，在一些地方，公安行政执法部门在国家有关部门发布新的禁令、预警后，往往会逐户上门通知商户，让后者在相关告知书上签字，从而作为商户明知相关禁令的证明。二是虽然监管部门发出了禁令、预警，但是该禁令、预警所指

① 关于违法性认识是否影响明知乃至故意，在刑法理论上争议较大，但是在生产、销售有毒、有害食品罪中，这一问题具有特殊性。作为明知对象的有毒、有害的非食品原料，除了常见的毒害性化学物质，有一些毒害物是否属于有毒、有害的非食品原料取决于法律规定，比如关于禁用农药和限用农药的认定，前者属于有毒、有害的非食品原料，后者则不是，在这种情况下，当国家将某一类限用农药调整为禁用农药后，如果有关部门不积极宣传、告知农户等生产者，就可能出现他们根本不知道这些农药属于有毒、有害的非食品原料的情形。此时，他们就会因为不具有对这一事实（新法将其纳入禁用范畴）的违法性认识，难以成立主观明知。因此，在这类案件中，是否具有违法性认识决定了其是否存在主观明知以及犯罪故意。

向的行为方式、信息与行为人实际的不法行为之间毫无关系。此时，禁令、预警信息不构成对行为人主观上具有不法明知的推定事实，即两者缺乏关联性。比如，原国家食品药品监督管理总局、原农业部、原国家卫生和计划生育委员会联合发布了《关于豆芽生产过程中禁止使用6-苄基腺嘌呤等物质的公告》（2015年第11号），由于该公告是禁止在豆芽生产经营中使用6-苄基腺嘌呤等物质的禁令，故而当行为人在销售含有非法添加药物的保健品时，不能以其在该禁令告知书上签字而推定其对保健品中含有药物存在主观明知。

（2）就第（5）项来说，行为人因实施危害食品安全行为受过行政处罚或者刑事处罚，其对于该行为以及食品中掺入某一非食品原料的属性具有明确认识，因此，当再实施此类行为时，径直推定其对食品中掺入有毒、有害的非食品原料，是合理的。此时，对该推定结论的反驳重点在于是否属于“同种行为”。笔者认为，所谓同种行为，是指前一行为与后一行为具有同类别的性质，比如均属于生产、销售地沟油或者掺入某一特定化学物质的案件。相应地，如果只是“危害食品安全”这一宏观属性上相同，但在具体类别上差异较大，则构成对推定结论的反驳，比如行为人因食品生产经营环境不卫生被行政处罚，但是在此后又因食品中掺入了有毒、有害的非食品原料而被立案侦查，就不能因为前述违法行为而直接推定其对后者存在主观明知。

（二）基于推定有效性的限缩方式

刑法理论的生命力在于反思刑法立法，[①] 但随着司法解释不断扩张甚至出现立法化的趋势，对司法解释规则的审视、检讨，也同样承载刑法理论精细化、实践性的历史价值。毕竟，司法解释规则一旦生效实施，就当然具有了法定效力和强制性，即便规则中存在一些不尽如人意之处。因此，《2022年食品解释》关于主观明知的解释规则固然存在司法扩大化的隐忧，但仍然是有效的法律规范，属于一种有效的推定——控方只要证明前述五项基础事实中的任何一项，在无其他证明构成有效反驳的情况下，就可以直接推定行为人对涉案对象存在主观明知。但是，这不意味着我们只能把关注的视角放在反驳条款上。在笔者看来，不管是作为指控犯罪的公诉机关还是查明事实的司法机关，对推定结论的可靠性应保持高度警惕，因为“在明知的对象是规范的构成要件要素

① 参见姜涛：《中国刑法走向何处去：对积极刑法立法观的反思》，载《国家检察官学院学报》2021年第5期。

时，行为人对其是否具有明知则需要进行认定，并不能简单进行推定”。[①] 我们在肯定推定规则有效性的同时，应当不断反思结论的不可靠性。当然，在根源上，这种不可靠性源于反驳性（在无反驳事实，或者反驳事实难以有效推翻结论时，推定结论被视为可靠性），只要基础事实与推定结论之间的经验联系越密切，越可能赋予推定的强制性、可靠性。[②] 也正是基于此，在对基础事实的运用上，可以考虑借助优先性和综合性判断，在有效性的基础上强化可靠性效果。

其一，优先性是指在多项基础事实之间，因与推定结论的经验联系差异，存在可靠性的偏差，故而公诉机关可以将那些与推定结论更密切的基础事实作为优先使用的素材，完成主观明知的证明。以《2022 年食品解释》为例，在明知故犯型基础事实中，因监管部门已经发出通告或者行为人因同种行为受到过处罚，所以将其用于证明行为人对涉案食品中可能掺入过有毒、有害的非食品原料（或者自己向食品中掺入的非食品原料系有毒、有害的非食品原料），存在主观明知，就相对更为合理。但是对于反常交易型、放弃义务型基础事实，则因前述原因，其与推定结论之间的关系相对来说有些疏远，可以将其置于强化印证的补充性地位。而在放弃义务型基础事实中，行为人放弃直接关系食品安全的注意义务，如食品出厂检验检测、购货时的索票索证义务等，与不履行与食品质量本身无关的义务相比，前者与推定结论之间就更为密切。因此，基于这种关系，公诉机关在选择基础事实时，应当优先查证行为人是否存在明知故犯的情形，慎重将“放弃义务”作为推定的基础事实。相应地，如果只是将后者作为推定的事实基础，那么，在诉讼过程中承受被告方反驳辩解的可能性就较大。

其二，对基础事实进行优先选择仍然是基于单一事实的司法推定，从推定结论的可靠性来说，对基础事实综合审查运用的判断方式更为妥当。如上所述，五项基础事实中所蕴含的不法行为方式是不同的，每一项基础事实与行为人的“主观明知”虽然都有一定关系，但关联性存在疏密之分，故而适用综合性即同时运用多项基础事实，就可以从不同角度来强化推定结论的可靠性。就认识的程度而言，“明知”不仅可以是确定性认识，也可以是可能性认识。[③] 而这种可能性认识，有可能在故意之外成为过于自信过失的认识因素。因此，

---

① 周光权：《明知与刑事推定》，载《现代法学》2009 年第 2 期。

② 参见劳东燕：《认真对待刑事推定》，载《法学研究》2007 年第 2 期。

③ 参见邹兵建：《“明知”未必“故犯”》，载《中外法学》2015 年第 5 期。

对主观明知的证明，事实上也是将过于自信的过失排除出去的合理性证明，否则，忽略了这一点，就可能混淆过失犯罪与故意犯罪的关系（在故意犯罪内部，也混淆了明知食品不符合安全标准和明知食品中掺入有毒、有害的非食品原料的关系，导致犯罪认定结论的偏颇）。因此，在讨论主观明知的认定时，恪守故意与过失的二元类型划分，是刑法总则的原则性规定使然，也与公众社会认知相关，忽略二者之间的界限，实不足取。① 毕竟，故意犯的刑罚高出过失犯，在前一犯罪类型中对后一犯罪的认知当然也是高一些的。② 在这种情况下，对于基础事实的查证越全面，证据搜集越注重细节，就可以更为客观、合理地完成主观明知的推定。比如，行为人因生产、销售有毒、有害食品被刑事处罚后，说明其对该领域的法律规范、行为性质以及潜在食品安全风险应当是明知的，此后再实施该领域的同种但不同毒害物的非法添加化学物质的行为时（明知故犯），即便对非法添加物的属性不了解，但依然怠于履行食品安全义务，在不核实、不检验非食品原料的属性时径直掺入食品中（放弃义务），说明其对涉案物质的属性（有可能是有毒、有害的非食品原料）有认识的高度现实性；当其以极低价格将该食品出售时（反常交易），则又强化印证和判断，即行为人知道自己添加的化学物质可能有问题，从而完成《刑法》第144条主观明知的推定。

小结

客观而言，司法解释规则一旦确立，就具有法定效力，上述分析似乎显得多余。但是，对上述扩张风险的防范，不仅是基于司法公平性的考量，而且是督促公安司法机关在办理此类案件时能够更扎实、更全面的搜集证据，避免在推定规则的适用中产生不必要的争议。其实，在司法实践中，有些地方司法机关也通过查证尽可能多的基础事实，借助不同情形、条件之间相互印证，提高主观明知推定的客观性和公正性。例如，在李某甲、荆某、代某生产、销售伪劣产品案中，关于三被告人的行为是否构成生产、销售伪劣产品罪，司法机关

① 参见李立丰：《犯罪故意“要素分析”模式的澄清与适用》，载《法律科学（西北政法大学学报）》2020年第1期。

② 参见黎宏：《“论刑法的刑事政策化”思想及其实现》，载《清华大学学报（哲学社会科学版）》2004年第5期。

从认知条件、义务履行和行为方式来综合评判。法院认为，三被告人作为经营和从事屠宰牛多年的工作人员，应当具备在屠宰牛的过程中不能注水的认知条件；三被告人注水的目的是增加牛肉重量多赚钱，违反公平竞争原则，未履行该注意义务；从行为方式来看，三被告人知道牛肉营养价值较高，公众通过食用来增加营养，提高身体机能和抗病能力。因此，三被告人在活牛体中注入不符合国家卫生标准的井水，该水在短时间内会进入牛肉中，并逃避检疫部门的检疫，致使牛肉营养性降低，甚至会失去其应当有的食用性能。基于上述理由，三被告人对产品质量下降这一危害性是明知的，应当认定三被告人的行为是在生产、销售的涉案产品中掺杂、掺假。① 可以说，该案是司法机关综合运用证据推定不法者主观上具备明知的典型案件。

① 参见江苏省南京市溧水区人民法院刑事判决书（2014）溧刑初字第225号。

附　录

最高人民法院、最高人民检察院关于办理危害食品安全刑事案件适用法律若干问题的解释

（法释〔2021〕24号）

（2021年12月13日最高人民法院审判委员会第1856次会议、2021年12月29日最高人民检察院第十三届检察委员会第八十四次会议通过，自2022年1月1日起施行）

为依法惩治危害食品安全犯罪，保障人民群众身体健康、生命安全，根据《中华人民共和国刑法》《中华人民共和国刑事诉讼法》的有关规定，对办理此类刑事案件适用法律的若干问题解释如下：

第一条　生产、销售不符合食品安全标准的食品，具有下列情形之一的，应当认定为刑法第一百四十三条规定的“足以造成严重食物中毒事故或者其他严重食源性疾病”：

（一）含有严重超出标准限量的致病性微生物、农药残留、兽药残留、生物毒素、重金属等污染物质以及其他严重危害人体健康的物质的；

（二）属于病死、死因不明或者检验检疫不合格的畜、禽、兽、水产动物肉类及其制品的；

（三）属于国家为防控疾病等特殊需要明令禁止生产、销售的；

（四）特殊医学用途配方食品、专供婴幼儿的主辅食品营养成分严重不符合食品安全标准的；

（五）其他足以造成严重食物中毒事故或者严重食源性疾病的情形。

第二条　生产、销售不符合食品安全标准的食品，具有下列情形之一的，应当认定为刑法第一百四十三条规定的“对人体健康造成严重危害”：

（一）造成轻伤以上伤害的；

（二）造成轻度残疾或者中度残疾的；

（三）造成器官组织损伤导致一般功能障碍或者严重功能障碍的；

（四）造成十人以上严重食物中毒或者其他严重食源性疾病的；

（五）其他对人体健康造成严重危害的情形。

第三条 生产、销售不符合食品安全标准的食品，具有下列情形之一的，应当认定为刑法第一百四十三条规定的“其他严重情节”：

（一）生产、销售金额二十万元以上的；

（二）生产、销售金额十万元以上不满二十万元，不符合食品安全标准的食品数量较大或者生产、销售持续时间六个月以上的；

（三）生产、销售金额十万元以上不满二十万元，属于特殊医学用途配方食品、专供婴幼儿的主辅食品的；

（四）生产、销售金额十万元以上不满二十万元，且在中小学校园、托幼机构、养老机构及周边面向未成年人、老年人销售的；

（五）生产、销售金额十万元以上不满二十万元，曾因危害食品安全犯罪受过刑事处罚或者二年内因危害食品安全违法行为受过行政处罚的；

（六）其他情节严重的情形。

第四条 生产、销售不符合食品安全标准的食品，具有下列情形之一的，应当认定为刑法第一百四十三条规定的“后果特别严重”：

（一）致人死亡的；

（二）造成重度残疾以上的；

（三）造成三人以上重伤、中度残疾或者器官组织损伤导致严重功能障碍的；

（四）造成十人以上轻伤、五人以上轻度残疾或者器官组织损伤导致一般功能障碍的；

（五）造成三十人以上严重食物中毒或者其他严重食源性疾病的；

（六）其他特别严重的后果。

第五条 在食品生产、销售、运输、贮存等过程中，违反食品安全标准，超限量或者超范围滥用食品添加剂，足以造成严重食物中毒事故或者其他严重食源性疾病的，依照刑法第一百四十三条的规定以生产、销售不符合安全标准的食品罪定罪处罚。

在食用农产品种植、养殖、销售、运输、贮存等过程中，违反食品安全标准，超限量或者超范围滥用添加剂、农药、兽药等，足以造成严重食物中毒事故或者其他严重食源性疾病的，适用前款的规定定罪处罚。

第六条　生产、销售有毒、有害食品，具有本解释第二条规定情形之一的，应当认定为刑法第一百四十四条规定的“对人体健康造成严重危害”。

第七条　生产、销售有毒、有害食品，具有下列情形之一的，应当认定为刑法第一百四十四条规定的“其他严重情节”：

（一）生产、销售金额二十万元以上不满五十万元的；

（二）生产、销售金额十万元以上不满二十万元，有毒、有害食品数量较大或者生产、销售持续时间六个月以上的；

（三）生产、销售金额十万元以上不满二十万元，属于特殊医学用途配方食品、专供婴幼儿的主辅食品的；

（四）生产、销售金额十万元以上不满二十万元，且在中小学校园、托幼机构、养老机构及周边面向未成年人、老年人销售的；

（五）生产、销售金额十万元以上不满二十万元，曾因危害食品安全犯罪受过刑事处罚或者二年内因危害食品安全违法行为受过行政处罚的；

（六）有毒、有害的非食品原料毒害性强或者含量高的；

（七）其他情节严重的情形。

第八条　生产、销售有毒、有害食品，生产、销售金额五十万元以上，或者具有本解释第四条第二项至第六项规定的情形之一的，应当认定为刑法第一百四十四条规定的“其他特别严重情节”。

第九条　下列物质应当认定为刑法第一百四十四条规定的“有毒、有害的非食品原料”：

（一）因危害人体健康，被法律、法规禁止在食品生产经营活动中添加、使用的物质；

（二）因危害人体健康，被国务院有关部门列入《食品中可能违法添加的非食用物质名单》《保健食品中可能非法添加的物质名单》和国务院有关部门公告的禁用农药、《食品动物中禁止使用的药品及其他化合物清单》等名单上的物质；

（三）其他有毒、有害的物质。

第十条　刑法第一百四十四条规定的“明知”，应当综合行为人的认知能力、食品质量、进货或者销售的渠道及价格等主、客观因素进行认定。

具有下列情形之一的，可以认定为刑法第一百四十四条规定的“明知”，但存在相反证据并经查证属实的除外：

（一）长期从事相关食品、食用农产品生产、种植、养殖、销售、运输、贮存行业，不依法履行保障食品安全义务的；

（二）没有合法有效的购货凭证，且不能提供或者拒不提供销售的相关食品来源的；

（三）以明显低于市场价格进货或者销售且无合理原因的；

（四）在有关部门发出禁令或者食品安全预警的情况下继续销售的；

（五）因实施危害食品安全行为受过行政处罚或者刑事处罚，又实施同种行为的；

（六）其他足以认定行为人明知的情形。

第十一条　在食品生产、销售、运输、贮存等过程中，掺入有毒、有害的非食品原料，或者使用有毒、有害的非食品原料生产食品的，依照刑法第一百四十四条的规定以生产、销售有毒、有害食品罪定罪处罚。

在食用农产品种植、养殖、销售、运输、贮存等过程中，使用禁用农药、食品动物中禁止使用的药品及其他化合物等有毒、有害的非食品原料，适用前款的规定定罪处罚。

在保健食品或者其他食品中非法添加国家禁用药物等有毒、有害的非食品原料的，适用第一款的规定定罪处罚。

第十二条　在食品生产、销售、运输、贮存等过程中，使用不符合食品安全标准的食品包装材料、容器、洗涤剂、消毒剂，或者用于食品生产经营的工具、设备等，造成食品被污染，符合刑法第一百四十三条、第一百四十四条规定的，以生产、销售不符合安全标准的食品罪或者生产、销售有毒、有害食品罪定罪处罚。

第十三条　生产、销售不符合食品安全标准的食品，有毒、有害食品，符合刑法第一百四十三条、第一百四十四条规定的，以生产、销售不符合安全标准的食品罪或者生产、销售有毒、有害食品罪定罪处罚。同时构成其他犯罪的，依照处罚较重的规定定罪处罚。

生产、销售不符合食品安全标准的食品，无证据证明足以造成严重食物中毒事故或者其他严重食源性疾病，不构成生产、销售不符合安全标准的食品罪，但构成生产、销售伪劣产品罪，妨害动植物防疫、检疫罪等其他犯罪的，依照该其他犯罪定罪处罚。

第十四条 明知他人生产、销售不符合食品安全标准的食品，有毒、有害食品，具有下列情形之一的，以生产、销售不符合安全标准的食品罪或者生产、销售有毒、有害食品罪的共犯论处：

（一）提供资金、贷款、账号、发票、证明、许可证件的；

（二）提供生产、经营场所或者运输、贮存、保管、邮寄、销售渠道等便利条件的；

（三）提供生产技术或者食品原料、食品添加剂、食品相关产品或者有毒、有害的非食品原料的；

（四）提供广告宣传的；

（五）提供其他帮助行为的。

第十五条 生产、销售不符合食品安全标准的食品添加剂，用于食品的包装材料、容器、洗涤剂、消毒剂，或者用于食品生产经营的工具、设备等，符合刑法第一百四十条规定的，以生产、销售伪劣产品罪定罪处罚。

生产、销售用超过保质期的食品原料、超过保质期的食品、回收食品作为原料的食品，或者以更改生产日期、保质期、改换包装等方式销售超过保质期的食品、回收食品，适用前款的规定定罪处罚。

实施前两款行为，同时构成生产、销售不符合安全标准的食品罪，生产、销售不符合安全标准的产品罪等其他犯罪的，依照处罚较重的规定定罪处罚。

第十六条 以提供给他人生产、销售食品为目的，违反国家规定，生产、销售国家禁止用于食品生产、销售的非食品原料，情节严重的，依照刑法第二百二十五条的规定以非法经营罪定罪处罚。

以提供给他人生产、销售食用农产品为目的，违反国家规定，生产、销售国家禁用农药、食品动物中禁止使用的药品及其他化合物等有毒、有害的非食品原料，或者生产、销售添加上述有毒、有害的非食品原料的农药、兽药、饲料、饲料添加剂、饲料原料，情节严重的，依照前款的规定定罪处罚。

第十七条 违反国家规定，私设生猪屠宰厂（场），从事生猪屠宰、销售等经营活动，情节严重的，依照刑法第二百二十五条的规定以非法经营罪定罪处罚。

在畜禽屠宰相关环节，对畜禽使用食品动物中禁止使用的药品及其他化合物等有毒、有害的非食品原料，依照刑法第一百四十四条的规定以生产、销售有毒、有害食品罪定罪处罚；对畜禽注水或者注入其他物质，足以造成严重食物中毒事故或者其他严重食源性疾病的，依照刑法第一百四十三条的规定以生产、销售不符合安全标准的食品罪定罪处罚；虽不足以造成严重食物中毒事故或者其他严重食源性疾病，但符合刑法第一百四十条规定的，以生产、销售伪劣产品罪定罪处罚。

第十八条 实施本解释规定的非法经营行为，非法经营数额在十万元以上，或者违法所得数额在五万元以上的，应当认定为刑法第二百二十五条规定的“情节严重”；非法经营数额在五十万元以上，或者违法所得数额在二十五万元以上的，应当认定为刑法第二百二十五条规定的“情节特别严重”。

实施本解释规定的非法经营行为，同时构成生产、销售伪劣产品罪，生产、销售不符合安全标准的食品罪，生产、销售有毒、有害食品罪，生产、销售伪劣农药、兽药罪等其他犯罪的，依照处罚较重的规定定罪处罚。

第十九条 违反国家规定，利用广告对保健食品或者其他食品作虚假宣传，符合刑法第二百二十二条规定的，以虚假广告罪定罪处罚；以非法占有为目的，利用销售保健食品或者其他食品诈骗财物，符合刑法第二百六十六条规定的，以诈骗罪定罪处罚。同时构成生产、销售伪劣产品罪等其他犯罪的，依照处罚较重的规定定罪处罚。

第二十条 负有食品安全监督管理职责的国家机关工作人员，滥用职权或者玩忽职守，构成食品监管渎职罪，同时构成徇私舞弊不移交刑事案件罪、商检徇私舞弊罪、动植物检疫徇私舞弊罪、放纵制售伪劣商品犯罪行为罪等其他渎职犯罪的，依照处罚较重的规定定罪处罚。

负有食品安全监督管理职责的国家机关工作人员滥用职权或者玩忽职守，不构成食品监管渎职罪，但构成前款规定的其他渎职犯罪的，依照该其他犯罪定罪处罚。

负有食品安全监督管理职责的国家机关工作人员与他人共谋，利用其职务行为帮助他人实施危害食品安全犯罪行为，同时构成渎职犯罪和危害食品安全犯罪共犯的，依照处罚较重的规定定罪从重处罚。

第二十一条 犯生产、销售不符合安全标准的食品罪，生产、销售有毒、有害食品罪，一般应当依法判处生产、销售金额二倍以上的罚金。

共同犯罪的，对各共同犯罪人合计判处的罚金一般应当在生产、销售金额的二倍以上。

第二十二条　对实施本解释规定之犯罪的犯罪分子，应当依照刑法规定的条件，严格适用缓刑、免予刑事处罚。对于依法适用缓刑的，可以根据犯罪情况，同时宣告禁止令。

对于被不起诉或者免予刑事处罚的行为人，需要给予行政处罚、政务处分或者其他处分的，依法移送有关主管机关处理。

第二十三条　单位实施本解释规定的犯罪的，对单位判处罚金，并对直接负责的主管人员和其他直接责任人员，依照本解释规定的定罪量刑标准处罚。

第二十四条　“足以造成严重食物中毒事故或者其他严重食源性疾病”“有毒、有害的非食品原料”等专门性问题难以确定的，司法机关可以依据鉴定意见、检验报告、地市级以上相关行政主管部门组织出具的书面意见，结合其他证据作出认定。必要时，专门性问题由省级以上相关行政主管部门组织出具书面意见。

第二十五条　本解释所称“二年内”，以第一次违法行为受到行政处罚的生效之日与又实施相应行为之日的时间间隔计算确定。

第二十六条　本解释自 2022 年 1 月 1 日起施行。本解释公布实施后，《最高人民法院、最高人民检察院关于办理危害食品安全刑事案件适用法律若干问题的解释》（法释〔2013〕12 号）同时废止；之前发布的司法解释与本解释不一致的，以本解释为准。

后　记

写下这段文字，了却了多年前的心愿。拙著《食品安全行刑衔接机制的理论与实践》完稿时，曾设想以“制度”“案例”“规范”为主题，撰写“三部曲”作为阶段性成果，聊以自慰。而今《危害食品安全犯罪刑法规制研究》一稿付梓，[①] 也算暂时为危害食品安全犯罪研究画上一个句号。

专注这一问题近乎十年，心境多有起伏。回想初登讲台不久，与李春雷教授、陈涛教授等人聊起食品安全问题，自己颇有“拔剑四顾心茫然”之感，更不曾料此后的科研之路会与之密切相关。毕竟，在刑法典中，以“食品”为关键词的条文只有两条，自觉其知识性、受众性远不及刑法总论选题之高雅。但两位教授的激情满怀让人不免心生“直挂云帆济沧海”的冲动，亦不曾想陈涛教授当年一句“食药问题至少钻十年”的戏言，竟成真了。在这期间，我们三人曾带着《食品药品行政执法与刑事司法工作办法（草案）》遍访多地，了解司法实践的困与惑；我们也曾经把“关注实践，注重实效”作为食品药品犯罪研究的出发点，感知司法实务的苦与涩；我们也始终把“食药安全研究”视为一份情怀，倾力打造《食药决策参考》，举办食药安全保护论坛，希冀通过理论研究服务司法实践，感受司法发展的喜与乐。在一次次的调研走访、座谈交流、案件研讨中，深切感受到食品安全庞大的法规范体系和丰富的跨学科知识，亦深刻领悟“读书欲精不欲博，用心欲专不欲杂”的古训。近十年中，食品安全成为我从事教学科研的主线，即便其与我此前所专注的领域有一定偏离。因为始终相信，刑法理论的发展必然能够对危害食品安全犯罪的规范治理提供强有力的规范支撑，进而助力我们“舌尖上的安全”。事实也正是如此，新近颁布并已于 2022 年 1 月 1 日起施行的最高人民法院、最高人民检察院

① 前两部关于食品安全的专著是：《食品安全行刑衔接机制的理论与实践》，法律出版社 2017 年版；《危害食品药品安全犯罪典型类案研究》，研究出版社 2019 年版。

《关于办理危害食品安全刑事案件适用法律若干问题的解释》，以及2022年3月6日起施行的最高人民法院、最高人民检察院《关于办理危害药品安全刑事案件适用法律若干问题的解释》，吸纳了当前我国刑法理论研究的一些成果，回应了司法实践的迫切需求，可谓理论与实践互动的良好范例。当然，也正是源于对实践问题的接触了解，困惑也日渐增多，既自感知识之贫乏，也常叹文字之苍白，频有“自顾无长策，空知返旧林”之念。不过，“旧林”是肯定去不了了，但换个角度充实一下也未尝不可。

客观而言，近年来刑法理论研究热点的腾转挪移，是危害食品安全犯罪研究领域所遥不可及的，后者在理论焦点上保持着一如既往的稳定性。但是，如何在老问题的研究中挖掘出新的资源，实现与刑法理论发展的衔接，比如法定犯、单位犯罪乃至犯罪论体系等，倒是最近一段时间一直思考的问题。因为不管是危害食品安全犯罪的理论研究还是司法治理，都迫切需要精细化的转型与理念更新，我们不能一味追求科学确定而忽视了司法评价的规范目的；不能一味追求法秩序统一而忽视了刑法规范的独立价值；不能一味强调一般性的司法规则而忽略了新兴犯罪治理中的特殊性。当然，也不能一味强调某一类罪治理的实践性而忽略了刑法基础理论的反哺作用。这一点也同样适用于食品、药品犯罪，也是督促我们进行更系统的理论思考之原因。

古人常曰“文章千古事。”对于研究人员来说，落笔撰文，可以为其开启学术探索的新天地，甚至可以助力其占据一方之地。然而，几多枯燥几多得失，难以言表，就此而言，“得失寸心知”到极为妥帖。

2022年6月27日于天静轩